Life
After Forty
Après
quarante ans

Official Languages Policy in Canada
les politiques de langue officielle au Canada

Life
After Forty
Après
quarante ans
Official Languages Policy in Canada
les politiques de langue officielle au Canada

Jack Jedwab and Rodrigue Landry, Editors
Sous la direction de Jack Jedwab et Rodrigue Landry

Queen's Policy Studies Series
School of Policy Studies, Queen's University
McGill-Queen's University Press
Montreal & Kingston • London • Ithaca

SCHOOL OF
Policy Studies

Publications Unit
Robert Sutherland Hall
138 Union Street
Kingston, ON, Canada
K7L 3N6
www.queensu.ca/sps/

Library and Archives Canada Cataloguing in Publication

Life after forty : official languages policy in Canada / Jack Jedwab and Rodrigue Landry, editors = Après quarante ans, les politiques de langue officielle au Canada / sous la direction de Jack Jedwab et Rodrigue Landry.

"Queen's Policy Studies series".
Co-published by: McGill-Queen's University Press.
Texts in English and French.
Includes bibliographical references.
ISBN 978-1-55339-279-8 (pbk.)

1. Canada—Languages—Law and legislation—History. 2. Linguistic minorities—Legal status, laws, etc.—Canada—History. 3. Language policy—Canada—History. I. Jedwab, Jack, 1958-   II. Landry, Rodrigue, 1948-   III. Title : Après quarante ans, les politiques de langue officielle au Canada.

KE4413.L54 2011   344.71'09   C2011-906214-3E
KF4483.B5L54 2011

Catalogage avant publication de Bibliothèque et Archives Canada

Life after forty : official languages policy in Canada / Jack Jedwab and Rodrigue Landry, editors = Après quarante ans, les politiques de langue officielle au Canada / sous la direction de Jack Jedwab et Rodrigue Landry.

"Queen's Policy Studies series".
Publ. en collab. avec: McGill-Queen's University Press.
Textes en anglais et en français.
Comprend des références bibliographiques.
ISBN 978-1-55339-279-8 (rel.).

1. Canada—Langues—Droit—Histoire. 2. Droits linguistiques—Canada—Histoire. 3. Politique linguistique—Canada—Histoire. I. Jedwab, Jack, 1958-
II. Landry, Rodrigue, 1948-   III. Titre : Après quarante ans, les politiques de langue officielle au Canada.

KE4413.L54 2011   344.71'09   C2011-906214-3F
KF4483.B5L54 2011

CONTENTS

PREFACE

This volume comprises a series of essays and talks delivered at a conference, held in Ottawa in the fall of 2009, that marked the fortieth anniversary of the introduction of Canada's *Official Languages Act*. The mix of English and French texts aims to reflect the country's duality, and we sincerely hope that it does not give readers too much of a challenge. We were very fortunate to have collected texts from some of the country's leading thinkers on official languages, and, by so doing, we were able to bring an interdisciplinary approach to issues that are so fundamental to the identity of Canadians.

We want to thank all of the contributors for making this publication possible. A particular feature of the volume is the summaries of the views expressed by the former commissioners of official languages. Their contributions provide us with important insight into the evolution of the *Official Languages Act*. Securing the former commissioners' input was made possible by the current Commissioner of Official Languages, Graham Fraser, whose support and commitment to this publication proved invaluable. We also extend our appreciation to the Official Languages Branch of the Department of Canadian Heritage as well as the Canadian Studies Program. Finally, we want to thank the team of coordinators and editors at Queen's University for their excellent work. In particular, we want to mention Mark Howes, Valerie Jarus, Stephanie Stone, and Jean Bernard. At the Association for Canadian Studies, our thanks go to Julie Perrone for her assistance in translating the contributors' texts.

PRÉFACE

Ce volume rassemble des études et des communications présentées dans le cadre d'une conférence tenue à Ottawa à l'automne 2009 pour marquer le 40e anniversaire de l'adoption de la *Loi sur les langues officielles* du Canada. Nous avons choisi d'y présenter des textes en français et en anglais pour refléter la dualité linguistique de notre pays, et nous espérons que cela ne constituera pas un obstacle pour les lecteurs. Nous avons eu la chance de recevoir des textes de chercheurs et d'intervenants de premier plan en matière de langues officielles au pays, ce qui nous permet de présenter une perspective interdisciplinaire sur des thèmes qui sont fondamentaux pour l'identité canadienne ; nous remercions tous ces collaborateurs qui ont rendu possible la publication de cet ouvrage. Un fait à souligner, on y présente entre autres le résumé de témoignages offerts par d'anciens commissaires aux langues officielles, qui apportent des perspectives importantes sur l'évolution de la *Loi sur les langues officielles*. À cet effet, le Commissaire aux langues officielles actuel, Graham Fraser, a joué un rôle essentiel pour nous permettre de recueillir ces points de vue ; son apport et son engagement envers la publication de ce livre a été d'une valeur inestimable. Nous témoignons également notre reconnaissance au Secrétariat des langues officielles et aux responsables du Programme d'études canadiennes de Patrimoine canadien. Nous remercions l'équipe de la Publications Unit de la School of Policy Studies de l'Université Queen's pour son excellent travail ; nous désirons en particulier souligner la contribution de Mark Howes, de Valerie Jarus, de Stéphanie Stone et de Jean Bernard. Enfin, merci à Julie Perrone, de l'Association des études canadiennes, pour avoir collaboré à la traduction des textes de l'ouvrage.

INTRODUCTION

JACK JEDWAB, *Executive Director, Association for Canadian Studies/Association d'études canadiennes*

RODRIGUE LANDRY, *Executive Director, Institut canadien de recherche sur les minorités linguistiques/Canadian Institute for Research on Linguistic Minorities*

In 2009, Canada marked the fortieth anniversary of the *Official Languages Act*. At the time of its adoption, it was not certain how its authors envisioned the future coexistence of English and French in the country. To understand the motivation behind the act, it is essential to revisit the mandate and conclusions of the Royal Commission on Bilingualism and Biculturalism (RCBB). Established in the early 1960s, the RCBB's early mandate was to "... inquire into and report upon the existing state of bilingualism and biculturalism in Canada and to recommend what steps should be taken to develop the Canadian Confederation on the basis of an equal partnership between the two founding races ..." [i.e., the English and French, later changed to "peoples"]; the commissioners later added "taking into account the contribution made by the other ethnic groups to the cultural enrichment of Canada ..." (Canada. RCBB 1967, 173).

It was clear, however, that when adopted in 1969, the *Official Languages Act* was seeking to re-brand Canada to make the pursuit of equality between the English and French peoples part of the country's raison d'être. But conferring the status of official languages on English and French did not imply that equality could be achieved between them given the important regional differences in the concentration of language communities.

Life After Forty: Official Languages Policy in Canada / Après quarante ans, les politiques de langue officielle au Canada, ed. J. Jedwab and R. Landry. Montreal and Kingston: Queen's Policy Studies Series, McGill-Queen's University Press. © 2011 The School of Policy Studies, Queen's University at Kingston. All rights reserved.

Over the past forty years, federal official language policies have focused on the situation of the country's official language communities in minority contexts – in particular, the condition of the French language both outside Quebec and within the province and the expansion of knowledge of French among non-francophones. The observations and analyses that follow reflect on the evolution of the *Official Languages Act*, assess the condition of official language minorities, identify ongoing challenges facing the promotion of language duality, and suggest ways to strengthen the position of French and that of official language communities in minority contexts in Canada.

Since the introduction of the *Official Languages Act*, Canada's commissioners of official languages have played a crucial role in transmitting the concerns of official language communities in minority contexts and defining national priorities for the promotion of official languages. As leading national spokespersons, they have frequently confronted detractors in their defence of official language policies. The testimonies they offer in this volume provide valuable insights into the evolution of official languages in Canada.

Canada's first commissioner, Keith Spicer (1970–1977), suggests that the introduction of the *Official Languages Act* modified the vision of the country because anglophones were ill-prepared for any diminishment of the dominance of the English language. Canada's francophones, especially in Quebec, were uncertain about the prospects for success of the act, and allophones and aboriginals felt that the legislation left them on the sidelines.

Commissioner Maxwell Yalden (1977–1984) dealt with controversy over the establishment of bilingual districts. He suggests that compared with most countries, Canada has made considerable progress toward the equality of its two official languages. But this goal has yet to be achieved when it comes to the federal public service. And in the education sector, despite important progress, real equality has yet to be attained.

Victor C. Goldbloom (1991–1999) admits underestimating the magnitude of the crisis that befell the country during his mandate. He was commissioner of official languages during the 1992 Charlottetown referendum and the 1995 Quebec referendum. Goldbloom observes that despite the challenges to Canadian unity, gains were made by official language communities in minority contexts during his term. He points to the fact that at the beginning of his mandate, in 1991, only two anglophone provinces had transferred authority for minority-language schools to the provincial francophone population; toward the end of his term, in 1997, authority over the schools had been transferred in all provinces and territories. He also reflects on the successful campaign, in which he actively participated, for the survival of the French-language Montfort Hospital in Ottawa.

Although she acknowledges that progress has been made, former commissioner Dyane Adam (1999–2006) believes that profound changes remain necessary to fully implement official language policies. She calls for a more coherent approach, one that targets real conditions of equality between the two official languages in the public service. She believes that the delivery of service to the public in French will not improve much further unless more employees are more inclined to use it.

The census of Canada has been essential for monitoring changes in the condition of the English and French languages in Canada and in official language communities in minority contexts. Jean-Pierre Corbeil, Chief Specialist, Language Statistics Section, Statistics Canada, examines how language questions in the census have been adapted in an attempt to adjust them to the changing interests and concerns expressed by policy-makers and representatives of official language communities. Any assessment of the situation of Canada's official language communities needs to consider the criteria used to define membership in these groups and look at the change in their numbers and/or the percentage they represent in a given region.

The census of Canada has been charged with providing historical comparisons of the data on official languages, ensuring the quality of the data collected, and adapting to socio-economic, demographic, cultural, and political changes. Between 1971 and 2006, the evolution of the number and type of census questions on language has attempted to respond to the preoccupations of society's principal social and political actors. The increasingly diverse body of language-related questions gives rise to multiple interpretations of what is often a complex reality. Nevertheless, the debates to which the data give rise enrich our overall comprehension of Canada's official language communities.

Rodrigue Landry believes it would be wrong to minimize the effects of the *Official Languages Act* on language minorities. Yet he argues that if there is hope that the act will further contribute to the revitalization of official language communities in minority contexts, the government of Canada will need to significantly extend its capacity to act on their behalf through partnerships with provincial and territorial governments. Only in this way can it develop language policies that are more inclusive of, and relevant to, members of these communities. For example, in line with Part VII of the act, it could develop partnerships to offer day care facilities serving families that identify with minority-language communities. Governments need to find creative ways of touching the daily lives of members of official language communities so that the act is not reduced to something symbolic that too narrowly defines their needs.

Marc Tremblay provides an overview of the legislative framework for official languages and how it has evolved over time. He reminds us that with regard to the protection of language minorities, our historical record has not been a shining example. Nonetheless, since the introduction of the *Official Languages Act*, considerable gains have been made in giving legislative recognition to official language communities in minority contexts. He notes that across the globe, Canada is often held up as a model for its official language policies.

In reviewing forty years of official language legislation, Pierre Foucher concludes that the *Official Languages Act* saw francophones evolve from a legislative condition of second-class citizenship to a situation where equality of language rights is now one of Canada's unwritten constitutional principles. This is an honourable accomplishment. However, if the country hopes to celebrate future anniversaries of the act, much more needs to be done. Foucher contends that among other things, both the content of Part VII of the act and the notion of its "positive measures" need further clarification. In addition, the extent of the federal government's obligation must be better defined, as must the role of the judiciary in enforcing the law. He suggests that the biggest challenge to the vitality of official language communities in minority contexts, and the best means of addressing their evolving condition, is not so much the legislation as it is the mechanisms governing the implementation of the act.

Serge Rousselle shows how the *Official Languages Act*, originally based on an individual rights philosophy, has evolved to recognize the communities behind those rights. For example, the original 1969 formulation of linguistic rights did not mention official language communities in minority contexts and did not recognize them as the ultimate beneficiaries of those rights. Rousselle discusses the evolution of the law as well as the jurisprudence that now recognizes the positive obligation on the part of government institutions to support and promote the development and vitality of these communities. Because the act targets substantive equality among official language communities in minority contexts, judicial interpretation is needed to determine what best reflects their needs and thus achieves the legislation's objective. The legislation clearly suggests to federal institutions that they must adjust to the needs of the country's official language communities in minority contexts.

The provinces can have a critical impact on supporting the vitality of official language communities in minority contexts. But their support is often conditional on the demographic and/or political importance of the province's francophone population. Outside Quebec, the largest provincial francophone population resides in Ontario. That province's first French language services commissioner, François Boileau, looks at Ontario's *French Language Services Act*. He argues that the Franco-Ontarian community benefits from more than a symbolic gesture on the part of the provincial legislature. Rather, the act is a significant political and legislative recognition of the importance of the province's francophone population, and it aims to contribute to a more secure foundation for that community.

Boileau documents the progress made in Ontario in extending services under the provincial language law. He insists that while it is not as comprehensive as the federal *Official Languages Act*, it secures significant support for the province's francophone population. The provincial government recognizes the need to offer services in French, and it is prepared to work with municipalities in support of members of francophone communities. Boileau points out that members of these communities are better protected within a legislative framework, and the government of Ontario has shown its recognition of the objectives of the law.

Matthew Hayday provides an overview of the history of official language policies in Canada. He maintains that Canadian policies supporting bilingualism have been widely misunderstood by the population. It was never intended that all English-speaking Canadians must learn to speak French any more than all French-speaking Canadians should learn English. Rather, the idea was that every Canadian would have access to public education in either official language and would be free to use either official language when interacting with the federal government and other public bodies where numbers warranted the offer of service. Individual bilingualism has always been an option for most Canadians, and consequently, a relatively small share of the national population – in particular, anglophones outside Quebec – have chosen to acquire the other official language. Hayday contends that the discourse on bilingualism needs to be modified so as to realistically reflect federal government objectives when it comes to knowledge of English and French and the offer of service in the two official languages.

Jack Jedwab asks whether Canada is truly a bilingual country. He finds that while the majority of Canadians appear to believe that it is bilingual, the number of Canadians able to speak the two official languages does not support that belief. This is especially true outside Quebec, where fewer than one in ten English Canadians report an ability to speak French. While there is no national or international benchmark against which a country might measure how bilingual it is, Canada appears well behind many European countries and not very far ahead of the United States, which does not consider itself a bilingual country. There is an important gap between official public discourse about bilingualism in Canada and knowledge of the two official languages. If most Canadians think that Canada is bilingual, it is not so much a function of the percentage of people who know both official languages as it is associated with the federal government's provision of services in both official languages.

If forty years of the *Official Languages Act* have not meaningfully enhanced the population's actual knowledge of English and French, it is in part, Jedwab contends, because opinion leaders have been very cautious not to exert too much pressure on the population to acquire both languages. Indeed, there have been many attempts to reassure Canadians that apart from the need for bilingualism among many federal public servants, we are by no means required to know both official languages. Government officials have repeatedly reiterated this to ward off critics of federal language policies. Still, opinion leaders who praise bilingualism point to its benefits and describe it as a fundamental Canadian value. Jedwab concludes that the act may have had a positive effect on attitudes toward bilingualism, but it has had less of an impact on motivating people to acquire the second language.

Diane Gérin-Lajoie examines the views of minority-language youth on questions of identity and, in particular, how knowledge of English and French influences their self-definition. She looks at the effect of bilingual identity, which she defines as being more than simply the ability to communicate in both English and French, but also about culture and a sense of group belonging. She describes bilingual identity as a new "identity state" in which francophones outside Quebec and anglophones in Quebec who claim such membership live in two worlds at once – intellectually, emotionally, culturally, and linguistically. Thus, Gérin-Lajoie adds, identity must be understood as the result of a process of social construction that is in constant flux. Bilingual identity is complex, but understanding the phenomenon is essential if we are to properly assess the challenges facing a growing segment of the official language population in minority contexts. Gérin-Lajoie wonders what possible ramifications an increasing number of persons with dual language identities will have for official language policies.

Research is an important resource for establishing the condition of the French-language population of Canada and, frequently, helping to determine the needs of official language communities in minority contexts. Claude Couture and Donald Ipperciel attempt to measure the impact of funding from the Social Sciences and Humanities Research Council on language rights and francophone minorities in the western provinces. They conclude that there is a glaring lack of communication in the public service, which tends to do its own research when establishing public policies, especially with regard to language rights. Couture and Ipperciel contend that by doing so, the public service insufficiently relies on expertise from the academy. Inadequate support for attracting new researchers to work on minority-language issues will mean an even greater reliance on research generated by policy-makers.

Finally, Canada's current official languages commissioner, Graham Fraser, reflects on the forty years of the *Official Languages Act*. He concludes that mutual understanding between English and French Canadians is improving, but to keep the relationship on a positive track, more Canadians need to see linguistic duality as one of the country's most important defining characteristics. Although the goal of linguistic equality that Canada set in 1969 has not yet been achieved, Fraser believes that it continues to inspire many Canadians. Over the years, the objectives of official language policies have changed and adapted to respond to changing realities. Fraser insists that it is important that Canadians take collective ownership of our two official languages, whether we are bilingual or not.

REFERENCE

Canada. Royal Commission on Bilingualism and Biculturalism (RCBB). 1967. *Report of the Royal Commission on Bilingualism and Biculturalism – Book I: The Official Languages.* Ottawa: Queen's Printer.

INTRODUCTION

Jack Jedwab, *Directeur général, Association for Canadian Studies/Association d'études canadiennes*

Rodrigue Landry, *Directeur général, Institut canadien de recherche sur les minorités linguistiques/Canadian Institute for Research on Linguistic Minorities*

En 2009, le Canada a fêté le 40ᵉ anniversaire de la *Loi sur les langues officielles*. Au moment de l'adoption de la *Loi*, ses créateurs n'ont pas précisé comment ils voyaient dans l'avenir la coexistence du français et de l'anglais au pays. Pour comprendre les motivations qui ont conduit à l'adoption de cette loi, il est nécessaire de faire un saut en arrière et d'examiner le mandat et les conclusions de la Commission royale d'enquête sur le bilinguisme et le biculturalisme. Créée au début des années 1960, la Commission avait comme premier mandat de « faire enquête et rapport sur l'état présent du bilinguisme et du biculturalisme, et de recommander les mesures à prendre pour que la Confédération canadienne se développe d'après le principe de l'égalité entre les deux peuples qui l'ont fondée » (au départ, ce passage se lisait comme suit : « entre les Français et les Anglais » et il a ensuite été remplacé par « les deux peuples ») ; les commissaires ont plus tard ajouté « compte tenu de l'apport des autres groupes ethniques à l'enrichissement culturel du Canada » (CREBB, 1967, p. xi).

Il était pourtant évident, quand la *Loi sur les langues officielles* a été adoptée en 1969, que l'objectif était de changer l'image du Canada de façon que l'égalité entre les peuples français et anglais soit une partie de

Life After Forty: Official Languages Policy in Canada / Après quarante ans, les politiques de langue officielle au Canada, J. Jedwab et R. Landry (dir.). Montréal et Kingston : Queen's Policy Studies Series, McGill-Queen's University Press.

sa raison d'être. Mais donner à l'anglais et au français le statut de langue officielle ne signifiait pas pour autant que cette égalité était devenue une réalité, étant donné les différences régionales importantes dans les concentrations des communautés linguistiques.

Au cours des 40 dernières années, les politiques fédérales sur les langues officielles ont surtout porté sur la situation des communautés de langue officielle en situation minoritaire au Canada, et en particulier sur l'état de la langue française hors du Québec et dans cette province, ainsi que sur l'extension de la connaissance du français chez les non-francophones. Les textes de cet ouvrage présentent des observations et des analyses qui portent sur l'évolution de la *Loi sur les langues officielles*, permettent d'évaluer l'état des communautés de langue officielle en situation minoritaire, établissent les défis toujours actuels liés à la valorisation de la dualité linguistique et offrent des suggestions pour consolider la position du français et des communautés de langue officielle en situation minoritaire au Canada.

Depuis l'adoption de la *Loi sur les langues officielles*, les commissaires aux langues officielles du Canada ont joué un rôle important en expliquant aux Canadiens les préoccupations des communautés de langue officielle en situation minoritaire et en établissant les priorités nationales en matière de promotion de ces langues. En défendant les politiques sur les langues officielles à titre de porte-parole nationaux de premier plan, ils ont souvent fait face à beaucoup d'opposition. Les témoignages qu'ils offrent dans ce livre donnent un aperçu très intéressant de l'évolution des langues officielles au Canada.

Keith Spicer, le premier commissaire (de 1970 à 1977), avance que l'adoption de la *Loi sur les langues officielles* a modifié la vision de notre pays parce que, au départ, les anglophones n'étaient pas prêts à ce que la langue anglaise perde sa place prédominante. Les francophones, pour leur part, et surtout au Québec, n'étaient pas convaincus que cette loi pourrait atteindre ses objectifs. Et les allophones et les autochtones se sont sentis mis de côté.

Maxwell Yalden, commissaire de 1977 à 1984, est celui qui a fait face à la controverse sur la création de districts bilingues. Il avance que, comparativement à la majorité des pays, le Canada a fait des progrès importants quant à l'égalité de ses deux langues officielles, mais que cet objectif n'a pas encore été atteint au niveau de la fonction publique fédérale. Et, ajoute-t-il, dans le secteur de l'éducation, malgré d'importants progrès, la véritable égalité n'a toujours pas été réalisée.

Victor C. Goldbloom (de 1991 à 1999) admet avoir sous-estimé l'ampleur de la crise qui a touché le pays pendant son mandat. Il était commissaire aux langues officielles au moment du référendum canadien de 1992 portant sur l'Accord de Charlottetown et du référendum québécois de 1995. M. Goldbloom fait remarquer que, malgré les défis qui ont alors ébranlé l'unité canadienne, les communautés de langue officielle en situation minoritaire ont fait des progrès pendant son mandat. À son entrée en fonction, en 1991, seulement deux provinces anglophones avaient transféré la gestion des écoles de langue minoritaire à la population francophone ; en 1997, ce transfert avait été réalisé dans toutes les provinces et tous les territoires. L'ex-commissaire mentionne aussi la victoire obtenue grâce à la campagne visant le maintien de l'hôpital francophone Montfort, à Ottawa, dans laquelle il a joué un rôle important.

Dyane Adam (de 1999 à 2006), pour sa part, reconnaît que des progrès ont été réalisés, mais croit néanmoins que d'importants changements doivent encore être mis en place si l'on veut pleinement mettre en œuvre les politiques sur les langues officielles. Elle souhaite une approche plus cohérente qui viserait les conditions réelles de l'égalité entre les deux langues dans la fonction publique ; et elle affirme qu'en matière de services offerts en français, la situation ne s'améliorera que si un plus grand nombre d'employés sont plus enclins à utiliser cette langue.

Les recensements ont une importance primordiale pour nous permettre d'observer l'évolution de l'état du français et de l'anglais au Canada et dans les communautés de langue officielle en situation minoritaire. Jean-Pierre Corbeil, spécialiste en chef à la section des statistiques linguistiques de Statistique Canada, examine, dans son chapitre, comment, au fil du temps, les questions portant sur la langue dans le questionnaire des recensements ont été adaptées pour qu'elles s'ajustent aux préoccupations et aux intérêts des décideurs et des représentants des communautés de langue officielle, puisque ces préoccupations et ces intérêts évoluaient. Quand on fait une évaluation de la situation des communautés de langue officielle au Canada, explique-t-il, on doit prendre en considération les critères utilisés pour définir l'appartenance à l'une ou l'autre de ces communautés, ainsi que les changements dans le nombre ou le pourcentage de la population formant ces communautés dans une région donnée.

Les recensements ont pour objectif de permettre des comparaisons historiques des données sur les langues officielles, d'assurer la qualité des données recueillies, et de s'adapter aux changements socio-économiques, démographiques, culturels et politiques. Entre 1971 et 2006, le nombre et le type de questions portant sur la langue pendant les recensements ont évolué pour répondre aux préoccupations des principaux acteurs sociaux et politiques. De plus en plus diversifiées, ces questions donnent lieu à de multiples interprétations de ce qui est souvent une réalité complexe ; néanmoins, les débats sur ces données et leurs interprétations enrichissent notre compréhension globale des communautés de langue officielle au Canada.

Rodrigue Landry, de son côté, affirme que ce serait une erreur de croire que la *Loi sur les langues officielles* a eu peu d'effets sur les langues minoritaires. Il soutient toutefois que, si l'on veut que la *Loi* contribue réellement à la revitalisation des communautés de langue officielle en situation minoritaire, le gouvernement du Canada devra étendre sa capacité d'agir en leur nom en établissant des partenariats avec les gouvernements provinciaux et territoriaux, puisque ce n'est que de cette manière qu'il pourra élaborer des politiques linguistiques plus inclusives et mieux adaptées à ces communautés. L'auteur explique que le gouvernement fédéral pourrait par exemple établir, en se fondant sur la Partie VII de la *Loi*, des partenariats relatifs aux garderies qui sont au service de familles qui s'identifient aux communautés de langue officielle en situation minoritaire. Les gouvernements doivent trouver des façons créatives s'ils veulent avoir un réel impact sur la vie quotidienne des membres des communautés de langue officielle pour que cette loi ne se réduise pas à un symbole définissant trop étroitement leurs besoins.

Dans le chapitre suivant, Marc Tremblay nous offre un aperçu de la structure législative liée aux langues officielles et de la façon dont celle-ci a évolué au cours des ans. En matière de protection des langues minoritaires, il nous rappelle que notre histoire n'est pas toute rose. Néanmoins, selon lui, depuis l'adoption de la *Loi sur les langues officielles*, des progrès importants ont été réalisés, puisque les communautés de langue officielle en situation minoritaire ont obtenu une reconnaissance législative. L'auteur souligne que, grâce à ses politiques sur les langues officielles, le Canada est souvent reconnu comme un exemple à suivre à travers le monde.

Après avoir étudié 40 années de mesures législatives sur les langues officielles, Pierre Foucher en vient de son côté à la conclusion que la *Loi sur les langues officielles* a permis aux francophones, qui étaient au départ des citoyens de seconde classe sur le plan législatif, de se retrouver dans une situation où l'égalité des droits linguistiques est l'un des principes constitutionnels non écrits du Canada, ce qui est un progrès non négligeable. Toutefois, selon l'auteur, si nous voulons pouvoir continuer de célébrer les anniversaires à venir de la *Loi*, il y a encore du travail à faire. M. Foucher soutient que le contenu de la Partie VII de la *Loi*, et entre autres la notion de « mesures positives », doivent être clarifiés. De plus, l'étendue de l'obligation du gouvernement fédéral doit être mieux définie, tout comme le rôle du système judiciaire dans l'application de la *Loi*. L'auteur affirme que le plus grand défi lié à la vitalité des communautés de langue officielle en situation minoritaire et le meilleur moyen d'aborder les conditions de celles-ci (qui sont en constante évolution) relèvent moins des mesures législatives que du mécanisme qui gouverne la mise en œuvre de la *Loi*.

Dans le chapitre suivant, Serge Rousselle montre comment la *Loi sur les lois officielles*, qui était à l'origine fondée sur une philosophie du droit individuel, a évolué pour en arriver à reconnaître les communautés liées aux droits linguistiques. Par exemple, la formulation des droits linguistiques de 1969 ne mentionnait pas les communautés de langue officielle en situation minoritaire et ne reconnaissait pas celles-ci comme étant les bénéficiaires ultimes de ces droits. M. Rousselle analyse l'évolution de la *Loi* ainsi que la jurisprudence qui reconnaît maintenant l'obligation positive des institutions gouvernementales d'appuyer et d'encourager le développement et la vitalité de ces communautés. Puisque la loi vise l'égalité pour les communautés de langue officielle en situation minoritaire, une interprétation judiciaire est nécessaire pour déterminer ce qui reflète le mieux les besoins de celles-ci, et nous permettre ainsi d'atteindre les objectifs des mesures législatives. La législation suggère clairement aux institutions fédérales qu'elles doivent s'ajuster aux besoins des communautés de langue officielle en situation minoritaire.

Les provinces peuvent jouer un rôle important pour soutenir la vitalité des communautés francophones en situation minoritaire. Mais ce rôle est souvent lié à l'importance démographique ou politique de la population francophone des provinces. C'est en Ontario que l'on trouve, après le Québec, bien sûr, la population francophone la plus importante. Dans le texte qu'il a écrit pour cet ouvrage, le premier commissaire des services de langue française de cette province, François Boileau, examine la *Loi sur les services en français* de l'Ontario. Il avance que cette loi constitue beaucoup plus qu'un simple geste symbolique pour la communauté franco-ontarienne : il s'agit en fait de la reconnaissance politique et législative de l'importance de la population francophone de la province, et cette loi vise à donner à cette communauté des bases plus solides.

Ainsi, M. Boileau décrit le progrès qu'a fait l'Ontario en multipliant les services offerts en français grâce à cette loi. Il soutient que, même si cette loi n'est pas aussi complète que la *Loi sur les langues officielles* du fédéral, elle constitue néanmoins un appui important pour la population francophone de la province. Le gouvernement ontarien reconnaît le besoin d'offrir ses services en français, et il est prêt à coopérer avec les municipalités pour appuyer les membres des communautés francophones. L'auteur fait remarquer que les membres de ces communautés sont mieux protégés grâce à ce cadre législatif, et que le gouvernement de l'Ontario a démontré qu'il reconnaît l'objet de la *Loi sur les services en français*.

Matthew Hayday, pour sa part, nous donne un aperçu de l'histoire des politiques sur les langues officielles au Canada. Il explique que les politiques canadiennes adoptées pour soutenir le bilinguisme sont souvent mal comprises par la population. Contrairement à ce que certains croient, ces politiques n'ont jamais eu pour objectif d'obliger tous les Canadiens anglophones à apprendre le français, ni tous les Canadiens francophones à apprendre l'anglais. Le but était plutôt de permettre aux Canadiens de fréquenter une école publique dans la langue officielle de leur choix, et d'utiliser la langue officielle de leur choix dans leurs échanges avec le gouvernement fédéral et les organismes fournissant des services là où le nombre justifie la prestation de services dans la langue de la minorité. Devenir bilingue a toujours été possible pour la majorité des Canadiens, et une portion relativement limitée d'entre eux, surtout chez les anglophones à l'extérieur du Québec, ont choisi d'apprendre l'autre langue officielle. M. Hayday soutient que le discours sur le bilinguisme doit être modifié pour refléter de façon réaliste les objectifs du gouvernement fédéral en matière de connaissance de l'anglais et du français et de prestation de services dans les deux langues officielles.

Jack Jedwab pose pour sa part la question suivante : « Le Canada est-il un pays véritablement bilingue ? » L'auteur affirme que, même si la majorité des Canadiens semblent croire que le pays est bilingue, le trop faible nombre de Canadiens bilingues montre que ce n'est pas la réalité. Cela est vrai surtout à l'extérieur du Québec, où moins de 1 Canadien anglophone sur 10 parle le français. Malgré le fait qu'il n'existe aucun critère (canadien ou international) qui permette de mesurer le bilinguisme d'un pays, le Canada semble être beaucoup moins bilingue que plusieurs pays européens, et seulement un peu plus bilingue que les États-Unis, un pays qui ne se considère pourtant pas comme bilingue. L'auteur conclut qu'il y a un écart important entre le discours public officiel sur le bilinguisme au Canada et la connaissance des deux langues officielles. Si la majorité des Canadiens considèrent que le Canada est bilingue, c'est qu'ils appuient leur définition d'un pays bilingue sur le fait que le gouvernement fédéral offre des services en français et pas seulement en anglais.

Si, en 40 ans, la Loi sur les langues officielles n'a pas davantage permis de faire progresser le bilinguisme parmi la population, avance M. Jedwab, c'est en partie parce que les leaders d'opinion ont fait très attention pour que les Canadiens ne se sentent pas obligés d'apprendre une deuxième langue. Et le fait qu'à l'exception d'un grand nombre de fonctionnaires qui doivent être bilingues, il n'est pas du tout obligatoire pour les Canadiens de parler les deux langues officielles en a rassuré plusieurs. Le gouvernement a beaucoup utilisé ce discours sur le bilinguisme afin d'apaiser les détracteurs des politiques linguistiques fédérales. Les leaders d'opinion, par contre, vantent les mérites du bilinguisme et soulignent ses avantages en le décrivant comme une valeur canadienne fondamentale. M. Jedwab en conclut que la *Loi sur les langues officielles* a eu un effet positif sur les attitudes des Canadiens face au bilinguisme, mais qu'elle n'a pas tout à fait réussi à motiver ces derniers à apprendre la langue officielle qui n'est pas leur langue maternelle.

Dans le chapitre qui suit, Diane Gérin-Lajoie examine les points de vue des jeunes de langue minoritaire sur des thèmes reliés à l'identité, et analyse en particulier la façon dont la connaissance de l'anglais et du français influence la manière dont ils se définissent et se perçoivent. Elle évalue l'effet que peut avoir une identité bilingue, qu'elle décrit comme étant plus que la simple capacité de communiquer dans deux langues, puisqu'il s'agit aussi d'une question de culture et de sens d'appartenance à un groupe. Pour Mme Gérin-Lajoie, l'identité bilingue est un nouvel « état identitaire » pour les francophones de l'extérieur du Québec et les anglophones du Québec qui se réclament d'une telle appartenance et qui vivent dans deux mondes sur les plans à la fois intellectuel, émotif, culturel et linguistique. Elle ajoute que l'identité doit être vue comme étant le résultat d'un processus social en constante évolution. L'identité bilingue est complexe, mais il est nécessaire de comprendre le phénomène pour analyser adéquatement les défis auxquels fait face une partie croissante de la population de langue officielle en situation minoritaire. En conclusion, l'auteure s'interroge sur les répercussions possibles, sur les politiques linguistiques officielles, de l'accroissement du nombre de personnes ayant une identité linguistique double.

La recherche joue un rôle important pour nous permettre d'établir l'état de la population francophone au Canada et, souvent, pour nous aider à définir les besoins des communautés de langue officielle en situation minoritaire. Dans le chapitre qu'ils ont coécrit, Claude Couture et Donald Ipperciel tentent de mesurer l'impact qu'a eu le financement du Conseil de recherches en sciences humaines du Canada sur les droits linguistiques et les minorités francophones dans les provinces de l'Ouest canadien. Leurs données montrent qu'il y a un manque criant de communication entre les chercheurs et la fonction publique, puisque les fonctionnaires ont tendance à faire leurs propres recherches lorsque vient le temps d'élaborer des politiques publiques, surtout par rapport aux droits linguistiques. Les auteurs avancent que la fonction publique ne s'appuie donc pas autant qu'elle pourrait le faire sur l'expertise des chercheurs universitaires. Pour attirer plus de chercheurs et les motiver à travailler sur les enjeux liés aux langues minoritaires, il faudrait que le CRSH offre plus d'aide, et ne pas le faire implique que les politiques publiques dépendent ainsi beaucoup plus de la recherche produite par les décideurs eux-mêmes.

Enfin, dans le dernier chapitre de ce livre, Graham Fraser, l'actuel commissaire aux langues officielles, nous fait part de ses réflexions sur les 40 années d'existence de la *Loi sur les langues officielles*. Il fait remarquer que la compréhension mutuelle entre les Canadiens anglophones et francophones s'améliore, mais ajoute que, si l'on veut que cela continue de s'améliorer, il faudra que plus de Canadiens considèrent la dualité linguistique comme étant l'une des caractéristiques majeures du Canada. M. Fraser affirme également que, si l'objectif de la première version de la *Loi*, en 1969, c'est-à-dire l'égalité linguistique, n'a pas encore été atteint, celui-ci continue d'inspirer un grand nombre de Canadiens. Au cours des ans, les objectifs des politiques sur les langues officielles ont évolué pour répondre aux réalités qui, elles aussi, changent. M. Fraser conclut son texte en affirmant qu'il est important que les Canadiens, qu'ils soient bilingues ou non, s'approprient collectivement les deux langues officielles du pays.

RÉFÉRENCE

Commission royale d'enquête sur le bilinguisme et le biculturalisme (CREBB). 1967. *Rapport de la Commission royale d'enquête sur le bilinguisme et le biculturalisme, Introduction générale, Livre 1 : Les langues officielles*, Ottawa, Imprimeur de la reine, p. xi.

LES ANCIENS COMMISSAIRES : LEURS PERSPECTIVES SUR L'ÉVOLUTION DES LANGUES OFFICIELLES

RÉSUMÉ DES ÉCHANGES D'UNE TABLE RONDE RÉUNISSANT QUATRE ANCIENS COMMISSAIRES AUX LANGUES OFFICIELLES, DANS LE CADRE DU COLLOQUE « 40 ANS DE LANGUES OFFICIELLES AU CANADA : NOTRE HISTOIRE ET L'AVENIR[1] »

As part of the festivities surrounding the fortieth anniversary of the Official Languages Act, *the Office of the Commissioner of Official Languages organized a panel discussion, held on 9 September 2009, with former commissioners Keith Spicer (1970–1977), Maxwell Yalden (1977–1984), Victor C. Goldbloom (1991–1999), and Dyane Adam (1999–2006). Current Commissioner Graham Fraser moderated the discussion, in which the former commissioners were given an opportunity to share their views on their time as commissioner, their strategies, the advances made since the early days of building Canada's linguistic framework, and future perspectives. Some shared a few anecdotes, and others suggested measures for overcoming continuing challenges – but all were optimistic about the future of official languages. The text that follows summarizes the comments made during the panel discussion.*

Life After Forty: Official Languages Policy in Canada / *Après quarante ans, les politiques de langue officielle au Canada*,
J. Jedwab et R. Landry (dir.). Montréal et Kingston : Queen's Policy Studies Series, McGill-Queen's University Press.
© 2011 The School of Policy Studies, Queen's University à Kingston. Tous droits réservés.

Dans le cadre des festivités du 40ᵉ anniversaire de la *Loi sur les langues officielles*, le Commissariat aux langues officielles a réuni, le 9 septembre 2009, ceux et celle qui ont occupé le poste de commissaire. Keith Spicer (1970-1977), Maxwell Yalden (1977-1984), Victor C. Goldbloom (1991-1999) et Dyane Adam (1999-2006) ont ainsi répondu aux questions du commissaire actuel, Graham Fraser, sur les progrès du régime linguistique canadien et les défis qu'il reste à relever.

Tout en se remémorant les grandes étapes de l'édification du régime linguistique canadien, M. Spicer, M. Yalden, M. Goldbloom et Mᵐᵉ Adam, qui, tour à tour, pendant sept ans, ont eu pour mandat de veiller au respect de la *Loi sur les langues officielles*, ont aussi tenu à lever leur chapeau à feu D'Iberville Fortier, qui a été commissaire aux langues officielles de 1984 à 1991.

Le texte suivant se veut un résumé des commentaires que les anciens commissaires ont offerts à cette occasion. Encore fins observateurs de la scène politique, ils ont discuté avec passion, humour et fierté du passé, du présent et de l'avenir de la *Loi sur les langues officielles*.

DES DÉBUTS DIFFICILES

À l'époque où l'adoption de la *Loi* se négociait, Maxwell Yalden travaillait dans la fonction publique fédérale. Témoin privilégié des discussions d'arrière-scène, celui qui a aussi été diplomate raconte que les tensions étaient vives au sein du gouvernement libéral d'alors. De nombreuses propositions suscitaient la controverse, notamment celles qui concernaient l'établissement de districts bilingues et d'unités francophones[2]. D'une part, on craignait que la population ne saisisse pas bien le concept de districts bilingues fédéraux et que cela génère une confusion entre les services offerts par les différents paliers gouvernementaux. D'autre part, on se demandait de quelle façon les unités francophones pourraient prendre forme sans qu'elles engendrent la création de ghettos linguistiques. Le cabinet se questionnait aussi sur la manière dont le gouvernement fédéral pourrait financer l'enseignement des langues minoritaires. Bien que cela n'ait pas été prévu par la *Loi*, pour le gouvernement, il s'agissait d'un élément fondamental de sa réponse aux recommandations de la Commission Laurendeau-Dunton[3].

Étonnamment, le projet de loi a fait face à moins d'opposition que prévu lorsqu'il a été présenté au Parlement, selon M. Yalden. En réalité, il a presque fait l'unanimité, tant du côté du Nouveau Parti démocratique que du Parti conservateur. Seul M. Diefenbaker et ses proches supporteurs ont continué de s'y opposer. Keith Spicer nuance toutefois ces propos : à son avis, la relative sérénité des débats parlementaires s'expliquait d'abord et avant tout par l'imposition de la ligne de parti. La directive d'appuyer la *Loi* ayant clairement été donnée par les hautes sphères des différents partis, les députés avaient rapidement saisi l'obligation de s'y conformer.

Par ailleurs, cette apparente unanimité du Parlement ne doit pas faire ombrage au profond mécontentement qui sévissait alors au sein de la population canadienne, selon M. Spicer. L'idée d'une *Loi sur les langues officielles* plongeait le Canada anglais dans l'incompréhension, la colère et la crainte de perdre son hégémonie linguistique. En fait, pour les anglophones, c'était la vision qu'ils avaient du Canada qui s'effondrait. Le Canada français, pour sa part, et particulièrement le Québec, doutaient des chances de succès du projet qui se dessinait. Quant aux communautés culturelles et aux peuples autochtones, ils se sentaient totalement exclus de la démarche.

À cette opinion publique déjà très enflammée s'est ajoutée une presse très divisée sur la question. L'ex-commissaire Spicer se souvient de la couverture de la CBC qui, pour expliquer en quoi consistait la *Loi sur les langues officielles*, avait notamment choisi de présenter « un fonctionnaire anglophone portant un masque comme celui d'Igor Gouzenko[4] et affirmant qu'il avait été victime de discrimination et que le tout était un complot [contre les anglophones] » !

LA FONCTION DE COMMISSAIRE AUX LANGUES OFFICIELLES

Chaque commissaire, par sa personnalité, son parcours et sa vision de la question, a donné à la fonction un ton qui lui était propre. Comment les anciens commissaires percevaient-ils leur fonction durant leur mandat ? En quoi leurs expériences professionnelles et personnelles leur ont-elles servi pour accomplir la mission qu'on leur avait confiée ?

Keith Spicer avoue avoir été séduit par le concept d'ombudsman. Peu de temps après sa nomination, il est allé en Europe pour rencontrer les ombudsmans des pays scandinaves. Il est revenu de son séjour convaincu que la meilleure façon de concevoir la fonction était de demeurer fidèle au libellé de la *Loi*. Ni la version de 1969 ni celle de 1988 ne prévoyait la création d'un commissariat, rappelle M. Spicer. Toutes deux instituaient plutôt la fonction de commissaire aux langues officielles. Le législateur voulait donc un ombudsman qui soit accessible aux Canadiens et aux Canadiennes, « quelqu'un d'amical et accessible ». Cependant, plus tard, l'idée d'un commissariat a émergé, pour finalement s'imposer, relate l'ex-commissaire Spicer. Il raconte avoir été sceptique face à ce type d'institutionnalisation de la fonction, craignant qu'elle n'érige des barrières entre le commissaire et les citoyens.

Maxwell Yalden rappelle, pour sa part, que le rôle du commissaire ne consiste pas à féliciter le gouvernement, mais plutôt à déterminer les fautes ainsi que les manquements et les échecs dans l'application de la *Loi*. Non pas parce que le commissaire doit absolument trouver des infractions à la *Loi* ; bien au contraire : il s'agit plutôt d'éviter que le gouvernement ne se contente des progrès réalisés.

Pour sa part, M. Goldbloom raconte s'être interrogé sur ce qui a motivé le gouvernement fédéral et le Parlement à le nommer au poste de commissaire, lui qui avait été ministre, au Québec, dans le cabinet de Robert Bourassa. Croyant que c'était justement en raison de son expérience en matière de « dialogue avec l'opinion publique » qu'il avait été désigné, Victor Goldbloom s'est donné pour mission, dès son entrée en fonction, d'intervenir sur la place publique chaque fois que la *Loi* serait attaquée.

Aussi a-t-il cherché, dès le départ, à prendre le pouls de la population. Pour ce faire, il a d'abord établi un diagnostic. Il en est ressorti un portrait clair de l'état des lieux en matière de langues officielles. En effet, le diagnostic révélait l'importance de prêter une attention particulière aux majorités. Il avoue toutefois aujourd'hui que ce diagnostic n'était pas sans failles : il avait quelque peu omis les besoins des communautés de langue officielle en situation minoritaire de trouver en la personne du commissaire un allié sérieux.

Dyane Adam, enfin, explique que sa propre situation de membre d'un groupe linguistique minoritaire a nécessairement marqué sa façon d'appréhender la fonction. Francophone originaire de Casselman, en Ontario, elle croit toutefois que c'est l'ensemble de son parcours qui a influencé son approche : « Comment aurais-je pu voir les choses avec les lunettes d'une [Canadienne d'un groupe linguistique] majoritaire ? Je ne sais pas. Je sais que j'arrivais avec mon bagage, pas seulement de membre d'un groupe linguistique minoritaire, mais aussi de femme et de personne qui avait été très active, militante à la fois féministe, francophone et universitaire. Alors, c'est un mélange. » Il n'en demeure pas moins que, chez elle, le réflexe d'écouter les diverses communautés de langue officielle a été immédiat. Elle admet toutefois avoir connu quelques anicroches avec certaines d'entre elles, mais cela, précise-t-elle, fait partie du plaisir d'être commissaire.

LEURS STRATÉGIES

Comment les anciens commissaires s'y sont-ils pris pour composer avec les points de vue récalcitrants? Et pour amener le gouvernement à donner plus de mordant à la *Loi*, en la modifiant en 1988, puis de nouveau en 2005 ?

Keith Spicer raconte avoir d'abord dit à son équipe : « Nous devons faire baisser la température des discussions au pays grâce à nos actions et à nos paroles. J'ai toujours été d'avis qu'une action constitue une information et qu'une information constitue une action. » Pour ce faire, il fallait élaborer des messages propres aux différents publics. Ainsi, le commissaire s'est présenté à la fois comme le grand défenseur des droits linguistiques au

Canada français et comme l'allié de la jeunesse au Canada anglais. De plus, afin de répondre à l'incompréhension, à la peur et au cynisme qui régnaient à l'époque, M. Spicer et son équipe ont privilégié un langage accessible.

Convaincu de l'importance de rester proche de la population, M. Spicer avoue n'avoir pourtant jamais retenu les services de spécialistes en communication. De plus, il répondait lui-même au téléphone, pour favoriser un contact humain et direct. Keith Spicer dit s'être considéré d'abord et avant tout comme un animateur public à qui l'on avait confié la délicate tâche de mettre fin à un vent de panique et de le transformer en un dialogue constructif.

Autres éléments clés de l'approche de M. Spicer : s'éloigner de la *Loi* et appuyer ses actions sur une interprétation large de sa portée. Son approche se voulait délibérément « non juridique ». Pour mettre en œuvre une telle stratégie, il valait mieux séduire que menacer. Un brin d'humour pour un trait de provocation, voilà la recette concoctée par M. Spicer. C'est l'époque qui commandait une telle formule, aux dires de l'ancien commissaire. Il fallait trouver une façon de susciter l'intérêt chez les Canadiens et de les faire adhérer à ce que proposait la *Loi*. Certes, reconnaît-il maintenant, cette approche serait désuète aujourd'hui, car, parfois, il est bel et bien nécessaire de durcir le ton.

Selon Keith Spicer, le fait que la première mouture de la *Loi* ne fournisse aucune garantie en matière de langue de travail était un non-sens[5]. Bénéficiant de l'assentiment de son conseiller juridique, Royce Frith, Keith Spicer s'est appuyé sur l'article 2 de la *Loi*, qui prévoit l'égalité de statut des deux langues officielles dans les institutions fédérales, pour affirmer que les fonctionnaires avaient le droit de travailler dans la langue officielle de leur choix. Sa stratégie consistait donc tout simplement à déclarer que la *Loi* garantissait ce droit. Il s'agissait d'une méthode risquée, mais il savait qu'il pouvait compter sur l'appui du premier ministre Pierre Elliott Trudeau si l'on en venait à remettre en question les fondements de cette idée. C'est ainsi qu'il a astucieusement introduit la notion de langue de travail dans les études qu'il a réalisées. Lorsqu'il cognait à la porte des ministères pour leur offrir son appui dans l'élaboration de leur stratégie en matière de langues officielles, M. Spicer en profitait pour leur rappeler que celle-ci devait inclure la langue de travail. Personne n'osait alors s'opposer à ce principe.

Keith Spicer explique aussi avoir cherché à dépolitiser la fonction. En fait, il fallait absolument que le public comprenne que le régime linguistique, alors en pleine édification, n'était pas une entreprise du Parti libéral du Canada, mais bien celle de tous les Canadiens et de toutes les Canadiennes. M. Spicer a donc rencontré le Premier ministre pour lui demander s'il pouvait interagir avec lui de la même façon qu'avec les autres chefs de parti, c'est-à-dire en y mettant une certaine distance.

Cette approche, qui a plu au Premier ministre, a donné au commissaire la flexibilité requise pour mettre de l'avant une interprétation plus souple de la *Loi*.

C'est plus de deux décennies après Keith Spicer que Dyane Adam est entrée en fonction, et en pleine période de restrictions budgétaires à Ottawa. Malgré le contexte difficile, elle est parvenue à amener le gouvernement à adopter le Plan d'action pour les langues officielles, et même à amender pour une deuxième fois la *Loi*. Comment a-t-elle fait pour réussir ce tour de force ?

D'abord, comme l'avait fait son prédécesseur Victor Goldbloom, explique-t-elle, il fallait dresser l'état des lieux en établissant un diagnostic. Pour ce faire, l'équipe de la commissaire a épluché minutieusement de nombreux rapports gouvernementaux. Elle explique :

> Ça devait être une preuve irréfutable qu'il y avait eu vraiment un recul, une érosion graduelle, et même des pertes en matière de droits linguistiques. Le gouvernement avait transféré une partie de ses responsabilités soit au privé, soit à d'autres instances gouvernementales, et il n'était pas du tout préoccupé des conséquences que cela pouvait avoir sur les droits linguistiques. C'était un constat sévère : j'accusais le gouvernement de négligence.

Au cours de ce processus, la commissaire, au lieu d'accuser le gouvernement, a plutôt tenté de l'amener à cerner lui-même les faiblesses de ses politiques, une stratégie efficace qui s'est soldée par l'adoption du Plan d'action.

La répétition inlassable de ses demandes a été un autre ingrédient de sa recette. Toutefois, pour ce qui est des changements à la *Loi* apportés en 2005, c'est la combinaison de divers éléments qui explique réellement cette importante victoire. Plusieurs décisions judiciaires avaient déjà conduit à une interprétation libérale et plus généreuse de la *Loi*. Et la détermination du sénateur Jean-Robert Gauthier et de l'ensemble du Sénat ont aussi été pour beaucoup.

En somme, les anciens commissaires ont eu recours à des approches quelque peu différentes, mais qui ont toutes permis de faire progresser le régime linguistique canadien.

LES PROGRÈS RÉALISÉS DEPUIS 40 ANS

Selon les anciens commissaires, les progrès réalisés depuis 40 ans sont nombreux et impressionnants. De l'avis de Max Yalden, le Canada est probablement le seul pays occidental à avoir réalisé d'aussi grands progrès linguistiques en seulement 40 ans. Lorsqu'on compare le régime linguistique canadien à ceux des pays européens, on constate qu'aucun de ces derniers n'a permis d'atteindre un degré d'égalité aussi élevé que le Canada, selon l'ex-commissaire. Cependant, il se garde bien d'affirmer que l'égalité réelle est achevée au pays :

> Nous n'avons pas encore atteint l'égalité. Nous n'avons pas atteint l'égalité des deux langues à titre de langues de travail au sein de la fonction publique. En ce qui concerne les services gouvernementaux, nous avons une approximation raisonnable d'égalité, mais pas une pleine égalité. En ce qui concerne le traitement de la langue de la minorité au-delà de la *Loi sur les langues officielles* – par exemple en ce qui a trait à l'éducation –, nous n'avons pas encore atteint l'égalité réelle, mais nous avons fait des progrès remarquables.

Max Yalden rappelle que ces progrès ont souvent été le fruit du travail acharné de nombreux individus et d'une multitude d'intervenants dans la société. Il se souvient des efforts qu'il a lui-même investis à l'époque où il était fonctionnaire pour convaincre, avec Gérard Pelletier, les provinces d'accepter des fonds fédéraux pour financer l'enseignement dans la langue de la minorité. Certaines s'y opposaient alors vivement. Avec le temps, toutes ont emboîté le pas. L'éducation en français au primaire, au secondaire et, dans une certaine mesure, à l'université est maintenant chose possible au Canada. Il s'agit là d'un gain appréciable, à la réalisation duquel plusieurs recours judiciaires ont évidemment contribué.

Dyane Adam signale que des points ont été marqués dans plusieurs domaines depuis les premiers balbutiements du régime linguistique canadien. En santé, en immigration, sur le plan du développement économique, de l'apprentissage des langues et des taux de bilinguisme, les avancées se comptent par dizaines. Selon Mme Adam, ces changements positifs en matière de langues officielles n'étaient pas fortuits. Ils sont en effet survenus à des époques où le gouvernement et la fonction publique étaient portés par un leadership fort. « Dès qu'il y a un relâchement, on voit les reculs », dit-elle.

Le climat politique et social

Tracer le bilan des 40 ans de la *Loi sur les langues officielles* permet d'apprécier le climat politique relativement clément qui règne aujourd'hui. En effet, au cours de leur mandat respectif, les commissaires ont dû affronter de nombreuses tempêtes politiques et linguistiques qui menaçaient de fragiliser le régime linguistique canadien.

M. Goldbloom se souvient de ses comparutions devant le Parlement canadien, et des nombreux échanges musclés auxquels cela a donné lieu. Le climat était lourd, entre autres parce que certains attaquaient avec persistance la *Loi*, qu'ils percevaient comme contraire à la volonté populaire. Parmi les francophones, certains voyaient le soutien des communautés francophones hors Québec comme une cause perdue d'avance ou encore un gaspillage de fonds publics. De l'avis de M. Goldbloom, le ton des discussions est aujourd'hui beaucoup plus conciliant, et la population canadienne semble davantage accepter l'objectif des politiques linguistiques.

M. Goldbloom avoue avoir peut-être sous-évalué le climat de crise dans lequel il aurait à remplir sa mission. C'est lui qui était commissaire au moment du référendum de Charlottetown et du référendum québécois de 1995, et pourtant, rappelle-t-il, il ne s'est jamais alors perçu comme un gestionnaire de crises, et il avait même l'impression que les choses avançaient.

Max Yalden, qui a été nommé commissaire à l'époque où l'Assemblée nationale du Québec a adopté la Loi 101, reconnaît aussi que la conjoncture actuelle est beaucoup plus propice au dialogue. Par ailleurs, selon lui, la période la plus difficile a probablement été celle qui a suivi l'adoption de la *Loi*. À preuve, la vive opposition de certains segments de la population canadienne n'a pas été sans conséquence pour le gouvernement Trudeau. Selon l'ancien commissaire, c'est principalement l'adoption de la *Loi* qui explique la déroute du Parti libéral aux élections de 1972.

Graham Fraser partage le point de vue de ses prédécesseurs sur les changements survenus dans le climat politique et social. À son avis, les objectifs et le bien-fondé de la *Loi* font maintenant consensus parmi tous les partis politiques canadiens, et ce, nonobstant toutes les imperfections qu'on puisse trouver au régime linguistique canadien. Cette évolution positive du climat politique à l'égard de la *Loi* expliquerait d'ailleurs en partie le changement d'attitude au sein de la population canadienne, d'observer M. Fraser.

Les communautés de langue officielle en situation minoritaire

À des degrés différents et selon des caractéristiques qui leur sont propres, les communautés francophones hors Québec et les Anglo-Québécois ont vu leur situation passablement évoluer au cours des 40 dernières années. Lorsque que Victor Goldbloom est entré en fonction, en 1991, seules deux provinces avaient transféré la gestion scolaire aux communautés francophones. Six ans plus tard, le portrait était tout autre : les communautés francophones gèrent leurs écoles dans toutes les provinces et dans les deux territoires de l'époque, et M. Goldbloom se rappelle cette étape avec fierté. La bataille pour la survie de l'hôpital Montfort, à laquelle le Commissariat a participé, est une autre source de fierté pour lui : cette victoire de taille a permis non seulement de sauver l'hôpital, mais aussi d'en faire un établissement d'enseignement pour l'Université d'Ottawa qui assure la formation de médecins et d'autres professionnels de la santé afin de servir les communautés francophones minoritaires.

Du côté des communautés anglophones du Québec, M. Goldbloom note également d'importants progrès, notamment dans les rapports que celles-ci entretiennent avec la majorité francophone. Lorsque le Parti québécois a été élu en 1976, puis lorsqu'il a fait adopter la loi 101 l'année suivante, les anglophones de la province étaient anxieux et ne savaient trop comment réagir face à l'affirmation identitaire québécoise. Le leadership que les Anglo-Québécois ont alors fait valoir par l'entremise du Positive Action Committee s'est fait conciliant ; mais l'organisation a par la suite adopté un nouveau ton, marqué par l'animosité et la confrontation. Aujourd'hui, le Quebec Community Groups Network a renoué avec le style de leadership de la fin des années 1970 et du début des années 1980, signale avec satisfaction M. Goldbloom. Qui plus est, l'attitude des anglophones du Québec à l'égard de la langue française a profondément changé. Si, par le passé, ils partageaient avec le reste du Canada anglais la crainte de se voir imposer le français, les Anglo-Québécois font aujourd'hui preuve d'une grande ouverture à l'égard de la langue de la majorité. À preuve, au cours de plusieurs rencontres auxquelles M. Goldbloom a assisté, les participants se sont exprimés tour à tour en français et en anglais.

L'apprentissage de la langue seconde

Selon les anciens commissaires, un élément qui contribue à la promotion de la dualité linguistique est certainement la possibilité pour les Canadiens d'apprendre l'une ou l'autre des langues officielles comme langue seconde. C'est donc sur un ton positif qu'ils ont discuté des progrès en matière d'apprentissage de la langue seconde, notamment grâce aux programmes d'immersion. À ceux qui qualifient d'élitistes ces programmes, ou encore qui dénoncent le fait qu'ils ne réussissent pas à rendre bilingues les jeunes qui y sont inscrits, l'ex-commissaire Yalden rappelle que le Canada est reconnu mondialement pour ces programmes, et qu'il s'agit donc d'une réussite que nous devrions tous célébrer et non remettre constamment en question.

M. Yalden concède que les programmes d'immersion ne peuvent à eux seuls faire des jeunes des gens parfaitement bilingues ; le soutien des parents est aussi essentiel. Par exemple, en encourageant leur enfant à séjourner un été dans une famille francophone ou à obtenir un emploi dans une communauté où le français est couramment utilisé, des parents anglophones augmenteront les chances que leur enfant devienne parfaitement bilingue. Et, selon M. Yalden, bien qu'ils ne soient pas sans failles, les programmes d'immersion ont permis à un plus grand nombre de jeunes Canadiens de mieux maîtriser une deuxième langue officielle, « surtout quand on compare ces jeunes avec les adultes de ma génération », ajoute l'ex-commissaire

M. Goldbloom, pour sa part, reconnaît que l'immersion n'a pas nécessairement produit un nombre considérable de citoyens anglophones bilingues. Toutefois, selon lui, cette méthode donne les outils nécessaires à ceux qui souhaitent acquérir une maîtrise suffisante du français. De plus, d'après l'ex-commissaire, le seul fait que le nombre d'inscriptions se maintient d'année en année témoigne du succès des programmes. « Les parents se passent le mot, dit-il, puisque la relève continue d'être au rendez-vous. » Selon M. Goldbloom, les jeunes doivent faire la même chose en témoignant de leur expérience aux plus jeunes.

Ces propos rejoignent ceux de Graham Fraser, qui, à la lumière de son expérience personnelle, croit fermement que l'immersion, si elle n'est pas toujours suffisante pour permettre aux jeunes de devenir bilingues, a le mérite de démystifier l'apprentissage des langues. En observant le parcours des jeunes de son entourage, il note qu'ils sont nombreux à s'être ouverts au monde grâce à des séjours d'études ou professionnels à l'étranger : que ce soit au Vietnam, en Inde, en Allemagne, au Japon, en Chine ou en Amérique centrale, ces jeunes Canadiens se sont tous efforcés d'apprendre la langue du pays où ils sont allés. Et, explique-t-il, dans tous les cas, c'est l'apprentissage de la seconde langue officielle qui les avait encourager à apprendre une nouvelle langue. En ce sens, ajoute M. Fraser, apprendre la seconde langue officielle « n'est pas une barrière face à la mondialisation. Ce n'est pas un cul-de-sac, c'est plutôt un pont vers le reste du monde. […] Pour moi, le bilinguisme des jeunes, c'est une clé pour la mondialisation et l'ouverture au monde. »

LES PERSPECTIVES D'AVENIR

Tous les anciens commissaires se disent optimistes lorsqu'on leur demande comment ils entrevoient l'avenir de la *Loi*. Selon Keith Spicer, « la *Loi sur les langues officielles* est fondamentale pour l'existence même du Canada, et je le dis sans aucune hésitation, parce que cette conférence m'a permis de constater les progrès qui ont été réalisés. » Et il ajoute même : « En fait, la *Loi* est une police d'assurance pour l'unité canadienne, pour la survie et le développement du Canada. » Il faudra toutefois éviter le piège de l'essoufflement et du contentement, un danger qui, d'après M. Yalden, ne saurait en soi remettre en cause tout l'édifice linguistique construit au cours des 40 dernières années.

Citant le poète Rainer Maria Rilke, lui-même cité par Hugh MacLennan dans *Deux solitudes*, Victor Goldbloom enchaîne : « «Il sera cet amour que nous préparons, en luttant durement : deux solitudes se protégeant, se complétant, se limitant, et s'inclinant l'une devant l'autre.» Actuellement, nous réussissons mieux à nous protéger, à nous compléter, à nous limiter et à nous incliner les uns devant les autres qu'à l'époque de Keith Spicer. Mais nous ne devons pas nous arrêter, nous devons continuer à le faire. »

Dyane Adam espère que, quand nous célébrerons le 80ᵉ anniversaire de la *Loi sur les langues officielles*, l'esprit de la *Loi* aura véritablement été mis en œuvre, c'est-à-dire que le gouvernement privilégiera alors une approche basée sur l'égalité et le respect, des valeurs essentielles à la démocratie.

Le chemin à faire pour y arriver ne différera pas beaucoup de celui qui a été emprunté jusqu'à maintenant. Selon Mme Adam, évoquant l'image du tango, l'avenir sera marqué par des avancées et des reculs, au gré des impératifs politiques et économiques du moment.

Malgré son optimisme et son enthousiasme, Mme Adam croit tout de même que de profonds changements s'imposent dans la gestion actuelle des langues officielles. Elle appelle au retour d'une approche gouvernementale qui mise sur la cohérence ; cette approche devra réunir en un seul objet tous les objectifs de la *Loi*, soit l'égalité réelle des deux langues officielles au sein de l'appareil administratif. Elle n'hésite pas non plus à recommander que soit revue la façon d'appréhender la partie IV de la *Loi* : « Le plafonnement qu'on observe depuis 15 ans [en matière de services offerts au public] ne sera pas dépassé tant que les employés ne parleront pas plus français. [...] Les promotions devraient être basées sur l'usage du français, pour les gens qui ont des postes bilingues. »

Selon elle, il s'agit également de bien faire comprendre aux fonctionnaires les liens intimes qu'entretiennent les services offerts au public dans les deux langues officielles, le développement des communautés de langue officielle et la création d'un espace francophone et bilingue au sein de l'appareil administratif fédéral.

Dyane Adam croit aussi qu'un changement de politique s'impose en ce qui concerne la formation et l'évaluation des compétences linguistiques. À son avis, 40 ans après l'adoption de la *Loi sur les langues officielles,* le temps est venu pour l'État canadien de se retirer de ce champ d'activité, car il a suffisamment investi de fonds en amont. Les sommes devraient plutôt être dirigées en aval pour soutenir les écoles françaises, les programmes d'immersion et l'apprentissage de la langue seconde. Cette nouvelle façon de faire, qui devrait être implantée de façon progressive, enverrait aux futurs fonctionnaires un message clair : le bilinguisme est une condition essentielle pour accéder à l'ensemble des postes de l'appareil administratif. Pour Mme Adam, devenir un employé de l'État fédéral est d'abord et avant un tout un choix de carrière personnel ; en ce sens, ceux et celles qui font ce choix le font en sachant que la maîtrise des deux langues officielles représente un atout de taille. Elle ajoute qu'il s'agit d'un choix d'autant plus judicieux que les portes qui s'ouvrent grâce à la maîtrise des deux langues officielles dépassent largement les frontières canadiennes.

Si, selon d'autres anciens commissaires, la proposition de Mme Adam serait difficile à mettre en œuvre d'un point de vue politique, tous s'entendent pour affirmer que la décision prise en 1969 de légiférer dans le champ linguistique, malgré les fortes oppositions qu'il y a eu, s'est avérée déterminante pour l'existence même du pays. En fait, explique Graham Fraser, « si on avait laissé le marché décider de notre sort, le Canada n'existerait pas comme pays. La volonté du Canada de résister aux lois du marché a fait en sorte que nous sommes encore là en tant que Canadiens. »

Selon M. Goldbloom, il faudra toutefois faire preuve de leadership et de vision d'ensemble – ainsi que de bon sens, d'imagination et de générosité, d'ajouter Keith Spicer – pour que les progrès d'hier continuent de façonner le Canada de demain. Depuis 1969, le chemin parcouru en matière de langues officielles a été marqué par les montées et les baisses de la popularité de l'option souverainiste québécoise, par les luttes des communautés de langue officielle pour la reconnaissance de leurs droits et par les efforts du gouvernement fédéral pour s'acquitter de ses obligations. Seul l'avenir nous dira quelle forme prendra la suite, mais il ne fait pas de doute que ceux et celles qui ont joué un rôle – tantôt de premier plan, tantôt en arrière-scène – dans la construction du régime linguistique continueront de suivre de près les prochains chapitres de la jeune histoire des langues officielles au Canada.

NOTES

1. Ce texte a été préparé par le Commissariat aux langues officielles à partir d'une transcription de la captation vidéo de la table ronde. La vidéo peut être visualiser en ligne à l'adresse suivante : http://www.ocol-clo.gc.ca/html/videos_symposium_colloque_f.php. Toutefois, les idées et les opinions exprimées dans ce texte ne reflètent pas nécessairement la position du Commissariat aux langues officielles.
2. Il est à noter qu'aucune de ces propositions n'a finalement été retenue. De plus, il ne faut pas confondre « districts bilingues » et « régions désignées bilingues », ce dernier concept ayant bel et bien été prévu dans la *Loi sur les langues officielles*.
3. En 1963, la Commission royale d'enquête sur le bilinguisme et le biculturalisme, coprésidée par André Laurendeau et Davidson Dunton, a été mise sur pied par le gouvernement du très honorable Lester B. Pearson pour réévaluer la dualité linguistique instituée par le pacte fédératif. La Commission dégage, à partir de 1965, un bilan saisissant de la situation de crise dans laquelle se trouvait alors le Canada. Elle a fait plusieurs recommandations en matière de langues officielles touchant les secteurs de l'éducation, de la culture, du travail, de l'immigration et du monde associatif, et liées aux rouages de la fonction publique et de la capitale nationale. Commissariat aux langues officielles, *Rapport annuel 2004-2005 Volume 1*, p. 6.
4. Igor Gouzenko était chiffreur à l'ambassade soviétique à Ottawa. En 1945, il a fait défection en apportant avec lui des documents qui prouvent l'existence d'un réseau d'espions soviétiques au Canada. Selon ses informations, des fonctionnaires et des scientifiques canadiens étaient également impliqués dans le réseau. Cela a entraîné de vives inquiétudes, puisque le Canada avait participé à des recherches sur l'énergie atomique au cours de la Deuxième Guerre mondiale. L'affaire a été rendue publique en 1946, et, à partir de ce moment, Igor Gouzenko, pourchassé par la police soviétique, a toujours porté un masque quand il est apparu en public. Voir : http://www.international.gc.ca/history-histoire/world-monde/1945-1957.aspx?lang=fra.
5. C'est quand la *Loi* a été modifié en 1988 que la notion de choix de langue de travail y a été introduite.

L'INFORMATION DÉMOLINGUISTIQUE ET LE RECENSEMENT CANADIEN (1969-2009) : REFLET D'UNE DUALITÉ LINGUISTIQUE EN MUTATION

JEAN-PIERRE CORBEIL, PH. D., *Spécialiste en chef/Chief Specialist, Section des statistiques linguistiques/Language Statistics Section*[1], *Statistique Canada/Statistics Canada*[2]

At each census, Statistics Canada releases statistics on the evolution of the language situation in the country. Historically, and because data on the mother tongue have the advantage of being roughly comparable since the mid-twentieth century, Statistics Canada has long adopted an approach whereby the major linguistic groups (anglophone, francophone, and allophone) are defined as being the mother tongue of individuals. Other users of census data, many of them in Quebec, have chosen instead to define language groups using the criterion of the main language used at home.

Because of their wide use as a tool for measuring, informing, planning, and managing the "living together," census data offer a significant potential for analysis. While the census is far from being a perfect tool, it can nevertheless represent a useful map of the language, socio-economic, and cultural spaces embedded in geographic details. The evolution of the language situation has led to an evolution in the concept of language group. Thus, while we once placed an emphasis on language groups, the current discourse on official languages tends to focus on the concept of communities.

The Canadian census has always been obliged to allow comparability of historical data and to improve their quality, but it must also adapt to the evolution of Canadian society and the demographic, social, cultural, economic, and political changes that have

Life After Forty: Official Languages Policy in Canada / Après quarante ans, les politiques de langue officielle au Canada,
J. Jedwab et R. Landry (dir.). Montréal et Kingston : Queen's Policy Studies Series, McGill-Queen's University Press.
© 2011 The School of Policy Studies, Queen's University à Kingston. Tous droits réservés.

characterized it over time. Changes in the number of questions about language between the 1971 and 2006 census reflect the concerns of various social and political actors. The potential and limitations of these data should be recognized for what they are. Used and carefully examined, they are a major tool for interpreting reality.

The diversity of language issues appearing in the census necessarily calls for a multiplicity of perspectives and viewpoints. Their creative and innovative use can only enrich our understanding of a reality with many contours.

La présente étude porte sur l'évolution du recensement canadien depuis la *Loi sur les langues officielles* de 1969 de même que sur l'évolution de la situation linguistique au pays. On y constate que le recensement canadien s'est adapté aux préoccupations et aux intérêts des divers acteurs sociaux et politiques soucieux de mieux comprendre l'évolution des dynamiques linguistiques au pays. Si cette évolution a enrichi notre compréhension de divers aspects de la dynamique linguistique, elle a également entraîné divers questionnements sur les outils propres à refléter l'évolution des groupes et des communautés linguistiques[3].

UN BREF RETOUR DANS LE PASSÉ

Un peu plus de 300 ans avant la *Loi sur les langues officielles* de 1969, l'intendant du roi Louis XIV, Jean Talon, procéda au premier recensement du colonisateur français dans le Nouveau Monde. Celui-ci visita lui-même une bonne partie des 3 215 colons répartis sur l'ensemble du territoire de la Nouvelle-France, consigna leurs noms et recueillit des renseignements sur leur âge, leur sexe, leur état matrimonial, leur métier et leur profession, ainsi que, dans une seconde enquête, sur le nombre d'arpents défrichés et le bétail. Talon fit ce recensement parce que l'organisation de la colonie et son développement devaient selon lui s'appuyer sur des renseignements fiables.

Avant l'adoption de la Constitution canadienne, en 1867 (aussi appelée *Acte de l'Amérique du Nord britannique*), plusieurs recensements furent tenus, dont 36 entre le premier mené par Jean Talon et la fin du régime français. À partir de l'occupation britannique, le recensement céda la place à une série d'enquêtes moins élaborées, mais des recensements complets de la population furent quand même menés à différents intervalles[4]. Par ailleurs, c'est en 1851 que le recensement décennal fut institué, en vertu d'une loi qui assurait qu'un recensement devait être effectué en 1851, puis en 1861, et à tous les 10 ans par la suite. Le premier recensement mené en vertu de la *Loi constitutionnelle de 1867* fut donc effectué en 1871. Il faudra toutefois attendre 1918 pour assister à la création d'un Bureau fédéral de la statistique, lequel fut créé en vertu de la *Loi sur la statistique* adoptée cette même année. Enfin, c'est en 1971, année de la nouvelle mouture de la *Loi sur la statistique*, que le Bureau de la statistique est devenu Statistique Canada.

En vertu de la *Loi sur la statistique*, Statistique Canada a notamment pour fonction de « recueillir, compiler, analyser, dépouiller et publier des données statistiques sur les activités commerciales, industrielles, financières, sociales, économiques et générales de la population et sur l'état de celle-ci (art. 3a) ». L'agence doit également « recenser la population du Canada et faire le recensement agricole du Canada de la manière prévue à la présente loi (art. 3c) ». En vertu de l'article 19(1) de cette loi, le « recensement de la population du Canada est fait par Statistique Canada tous les cinq ans, à compter de juin 1971 ».

Notons que lors du Recensement de 2006, 80 % des ménages ont reçu un questionnaire abrégé comportant 8 questions, alors que 20 % des ménages devaient remplir un questionnaire complet comportant 61 questions. Le mode de collecte par échantillonnage avait été utilisé pour la première fois lors du Recensement de 1941. Le gouvernement canadien de l'époque désirait recueillir des données sur les problèmes de logement d'après-guerre afin de pouvoir les résoudre. Des données sur le logement avaient alors été recueillies auprès de 1 ménage sur 10. Cette méthode s'étant révélée efficace et fiable tout en permettant de réduire la tâche des répondants et les coûts de la collecte et du traitement des données, elle a été répétée à chaque recensement depuis. Cependant, parce qu'on souhaitait avoir des données fiables à un niveau géographique plus fin, on a accru la taille de l'échantillon. Ainsi, à l'exception des recensements de 1971 et de 1976, où un ménage sur trois a été visé, l'échantillon de un ménage sur cinq est devenu la norme depuis le Recensement de 1951.

Déjà en 1767, un siècle avant l'établissement de la Confédération, en Nouvelle-Écosse, le recensement comportait pour la première fois des questions sur la religion et l'origine ethnique ; puis, en 1817, s'ajoutèrent des questions sur le lieu de naissance. Mais il faudra attendre 1901 pour que des questions linguistiques apparaissent dans le questionnaire du recensement canadien. Au moment de l'adoption de la Constitution, le pays se caractérisait par la dualité ethnique de sa population, composée à 61 % de personnes d'origine britannique et de 31 % de personnes d'origine française, les personnes d'origine ethnique autre que française ou anglaise représentant 8 % de la population (Recensement de 1871).

En raison de la forte poussée de l'immigration autre que britannique dès le début du XXᵉ siècle puis durant les années ayant précédé et suivi la première et la Seconde Guerre mondiale, la part relative des personnes d'origine ethnique britannique diminua considérablement pour atteindre 48 % en 1951.

De leur côté, les personnes d'origine française représentaient toujours 31 % de la population en 1951, principalement en raison de la forte fécondité de cette population et malgré l'émigration importante vers les États-Unis – la Nouvelle-Angleterre en particulier.

Même si, depuis 1901, le recensement comportait une question sur la langue maternelle ainsi que sur la connaissance du français et de l'anglais[5], la plupart des spécialistes donnaient priorité à l'origine ethnique comme principale variable ethnoculturelle et marqueur identitaire, et cela s'est maintenu jusqu'au Recensement de 1961.

Au moment du Recensement de 1961, le pays comptait une population de 18,2 millions de personnes, dont 59 % avaient pour langue maternelle l'anglais et 29 % le français. Les personnes dont la langue maternelle était autre que le français ou l'anglais composaient alors 13,5 % de la population. Quant à la connaissance du français ou de l'anglais, on dénombrait en 1961 près de 5,7 millions de personnes qui pouvaient parler le français, soit 31 % de la population, et 14,5 millions de personnes qui pouvaient parler l'anglais, soit près de 80 % de la population. Ainsi, plus de 12 % de la population, essentiellement des personnes de langue maternelle française, pouvaient parler le français et l'anglais[6].

LE RECENSEMENT COMME OUTIL DE CONNAISSANCE ET D'INTERVENTION POLITIQUE

La dualité ethnique et linguistique qui, pour l'essentiel, caractérisait le Canada jusqu'au milieu des années 1950 a d'ailleurs trouvé des échos dans le nom même donné à la commission royale d'enquête créée en juillet 1963 par Lester B. Pearson : la *Commission royale d'enquête sur le bilinguisme et le biculturalisme,* présidée par André Laurendeau et Davidson Dunton. Pearson et les deux commissaires ont alors présenté cette commission comme une grande enquête sur les relations entre les communautés francophones et anglophones du Canada[7], réalisée dans le but de mener à un véritable partenariat entre les deux cultures.

Le vaste programme de recherche[8] mis en branle a notamment reposé sur les données du recensement canadien, en particulier celles du Recensement de 1961. La Commission a fait état des écarts très importants observés entre francophones et anglophones au Canada, tant en matière de scolarisation qu'en matière de situation sur le marché de l'emploi et dans diverses sphères de l'activité économique.

L'une des répercussions majeures de la Commission a été l'adoption par le gouvernement fédéral en juillet 1969 de la *Loi sur les langues officielles.* Cette dernière conférait à l'anglais et au français le statut de « langues officielles du Canada pour tout ce qui relève du Parlement et du gouvernement du Canada » (art. 2), ainsi qu'« un statut, des droits et des privilèges égaux quant à leur emploi dans toutes les institutions du Parlement et du gouvernement du Canada ».

La *Loi* de 1969 se réfère explicitement aux statistiques du recensement sur la langue maternelle et aux recommandations de la Commission formulées en 1967. Ainsi, l'article 14, portant sur la possibilité qu'avait le gouverneur en conseil de créer des « districts bilingues fédéraux », stipule que « le statisticien fédéral dressera et enverra au greffier du Conseil privé un état certifié par lui et indiquant la population de chaque province et district de recensement du Canada, classés d'après les langues officielles, qui sont, selon les résultats du recensement, les langues maternelles parlées par les résidents ». L'article 36(2) de la *Loi* stipule qu'« aux fins de la présente loi, la «langue maternelle» parlée par des résidents d'une sub-division du Canada désigne [...] la langue que ces personnes ont apprise en premier lieu dans leur enfance et qu'elles comprennent encore [...] à l'occasion du recensement [...] ».

Le libellé de la question sur la langue maternelle a peu changé depuis le Recensement de 1941 et reste encore aujourd'hui à peu près le même[9]. La condition « encore comprise » distingue le recensement canadien sur la scène internationale, les recommandations des Nations Unies définissant plutôt la langue maternelle comme « la première langue parlée au foyer de la personne considérée dans sa première enfance ». L'ajout de cette condition tient essentiellement au fait qu'avant les années 1960 les spécialistes et les acteurs sociopolitiques faisaient surtout usage des données sur l'origine ethnique et que, grâce au recoupement de l'information tirée de cette variable et de celle qui porte sur la première langue apprise et encore comprise, et en l'absence d'autres données adéquates, on pouvait estimer le degré d'assimilation linguistique des individus. Selon Lachapelle (1991), l'exclusion des personnes qui ne pouvaient plus comprendre leur langue maternelle, on évitait de surestimer la persévérance linguistique.

Lachapelle estimait aussi, en utilisant les données de l'Enquête sociale générale de 1986, que la condition « encore comprise » entraîne une sous-estimation négligeable de la population de langue maternelle française, sauf dans les milieux à très faible densité francophone, où la sous-estimation est de l'ordre de 5 %. Dans une recherche récente dans laquelle sont utilisées les données de quatre cycles combinés de l'Enquête sociale générale (de 2005 à 2008, pour un échantillon global d'environ 100 000 personnes), Lepage (2011) a estimé le taux d'oubli de la langue maternelle à près de 10 % chez les personnes de langue maternelle française à l'extérieur du Québec, de l'Ontario et du Nouveau-Brunswick.

LA PRINCIPALE LANGUE D'USAGE AU FOYER

Dans son rapport de 1967, la Commission Laurendeau-Dunton déclarait que les données des recensements sur la langue maternelle étaient en retard d'une génération sur les faits et suggérait que l'on recueille de l'information sur la langue habituelle des Canadiens. La Commission souhaitait ainsi qu'on ajoute une question au recensement, laquelle « porterait précisément sur la langue principale de chaque Canadien. Elle permettrait d'apprendre quelle langue il parle le plus, et de façon habituelle, à la maison et au travail ».

Lors du Recensement de 1971, Statistique Canada a donné suite à cette suggestion en choisissant d'ajouter une question sur la langue parlée le plus souvent à la maison. Pour l'essentiel, ce choix découlait du fait que, selon la Commission, il serait utile d'obtenir de l'information sur l'utilisation actuelle des langues, qui compléterait ainsi celle que l'on obtenait grâce à la question portant sur la première langue apprise dans l'enfance. Les spécialistes de la démographie des groupes linguistiques (la démolinguistique) s'entendaient alors d'une part sur le fait que la principale langue d'usage au foyer est généralement celle qui est transmise aux enfants par leurs parents, et d'autre part sur le fait que l'ajout d'une seule question portant sur la principale langue d'usage à la fois au foyer et au travail entraînerait certains problèmes de qualité et de fiabilité en raison du fait que la langue habituelle du foyer n'est pas nécessairement celle du milieu de travail.

Au Recensement de 1971, le libellé de cette question était le suivant : « Quelle langue cette personne parle-t-elle *le plus souvent* à la maison ? » Au cours de la décennie suivant ce recensement, de nombreuses études ont été réalisées dans lesquelles on opérait le recoupement de l'information portant sur la langue parlée le plus souvent à la maison et celle qui porte sur la langue maternelle. Cette approche permettait de cerner le phénomène de la mobilité linguistique et, plus précisément, celui du transfert ou de la substitution linguistique.

Notons que l'anglicisation de plusieurs personnes de langue maternelle française (par exemple en milieu francophone très minoritaire) – et donc le fait que ces personnes répondent au recensement en affirmant que la principale langue d'usage au foyer est une autre langue que leur langue maternelle – ne signifie pas inévitablement que le français n'est plus une langue parlée au foyer par ces personnes.

En 1982, la *Charte canadienne des droits et libertés* est venue enchâsser les droits linguistiques dans la Constitution canadienne. Les articles 16 à 20 concernent les langues officielles du Canada, et l'article 23, qui porte sur les droits à l'instruction dans la langue de la minorité, retient la définition traditionnelle de la langue maternelle mentionnée à l'article 36(2) de la *Loi sur les langues officielles* de 1969.

Pour qu'elle tienne compte de la nouvelle Constitution, la *Loi* de 1969 a été révisée en septembre 1988, ce qui a eu pour effet « d'élargir le fondement législatif des politiques et des programmes linguistiques adoptés par le gouvernement fédéral[10] ». Nous reviendrons plus loin sur la *Loi* de 1988.

LA CONNAISSANCE DES LANGUES AUTRES QUE LE FRANÇAIS ET L'ANGLAIS ET LA DIVERSITÉ LINGUISTIQUE CANADIENNE

Rappelons qu'en 1971, sous le gouvernement de Pierre Elliott Trudeau, le Canada s'est doté d'une politique officielle sur le multiculturalisme. Cette dernière faisait écho aux recommandations du Livre IV de la Commission Laurendeau-Dunton, lesquelles traitent de la contribution des groupes ethniques à l'enrichissement de la culture canadienne[11]. En 1982, la notion du multiculturalisme a été enchâssée dans la *Charte canadienne des droits et libertés*, dans la mesure où l'article 27 affirme que « toute interprétation de la présente charte doit concorder avec l'objectif de promouvoir le maintien et la valorisation du patrimoine multiculturel des Canadiens ». Avec l'institutionnalisation graduelle, au fil des ans, de la politique sur le multiculturalisme de 1971, et à la suite des travaux du Comité parlementaire spécial sur les minorités visibles et du Comité permanent de la Chambre des communes sur le multiculturalisme, une nouvelle politique entre en vigueur dans ce domaine le 21 juillet 1988, avec l'adoption de la *Loi sur le multiculturalisme* par le Parlement (Dewing et Leman, 2006). L'adoption de cette *Loi* a eu lieu une semaine avant celle de la nouvelle *Loi sur les langues officielles*, le 28 juillet 1988.

Dans la foulée de l'adoption de la *Loi sur le multiculturalisme* et en raison d'un intérêt grandissant dans la société canadienne pour des informations mieux à même de refléter la diversité linguistique canadienne, une question sur la connaissance des langues non officielles apparaît dans le questionnaire complet du Recensement de 1991 : « Quelle(s) langue(s), *autre(s) que le français ou l'anglais*, cette personne connaît-elle assez bien pour soutenir une conversation ? » Cette question fait partie de la version complète du questionnaire du recensement depuis lors.

Au moment de l'entrée en vigueur de la politique sur le multiculturalisme de 1971, le Canada était composé à 13 % de personnes de tierce langue maternelle (c'est-à-dire autre que le français ou l'anglais), une proportion qui se chiffrera à 20 % en 2006. En raison de la forte poussée de l'immigration à partir du milieu des années 1980, et parce que la grande majorité des immigrants qui arrivent alors au Canada ont pour langue maternelle une langue tierce, la question se posait donc de savoir quelle approche adopter avec ces nouveaux citoyens pour établir la langue officielle dans laquelle le gouvernement fédéral devait leur offrir des services et communiquer avec eux. Nombre d'intervenants et d'acteurs gouvernementaux ont ainsi commencé à s'interroger sur la « première langue officielle » de ces individus, parce que, au fur et à mesure que la durée du séjour de ces immigrants au Canada augmente, ils ont tendance à utiliser le français ou l'anglais à la maison (le plus souvent ou de façon régulière) ou au travail, et parce que seulement 1,6 % de la population canadienne ne connaît ni le français ni l'anglais.

Ceux que l'on appelle « allophones[12] » ne peuvent être considérés ni comme francophones ni comme anglophones si l'on utilise le critère de la langue maternelle, mais ils peuvent l'être si l'on utilise ceux de la langue d'usage au foyer ou de la langue utilisée au travail ou dans la sphère publique. Nous reviendrons sur ce point dans une section ultérieure sur les catégorisations linguistiques.

Tenter d'établir la répartition des citoyens de tierce langue maternelle en fonction de leur connaissance déclarée de l'une ou l'autre des langues officielles suppose la mise au point d'une méthode ou d'un algorithme qui repose sur les données du recensement. Bien que les recensements proposent de nombreuses statistiques linguistiques qui permettent de décrire différentes facettes de la réalité démolinguistique, il restait donc alors à trouver une variable qui permette d'estimer le nombre de Canadiens « d'expression anglaise » et « d'expression française » ou, autrement dit, le nombre de citoyens susceptibles de demander des services dans l'une ou l'autre des langues officielles. À ce titre, selon Statistique Canada (1989), « plusieurs valeurs peuvent être obtenues selon les hypothèses faites et selon l'ordre dans lequel les trois variables présentes dans le Recensement [de 1986] sont prises en compte ».

À la demande du gouvernement fédéral, et en particulier du Conseil du Trésor, Statistique Canada a donc défini différentes variantes de la notion de « première langue officielle parlée ». En décembre 1991, le gouvernement fédéral a adopté le *Règlement sur les langues officielles – communications avec le public et prestation de services*. L'article 2 de ce Règlement décrit la méthode utilisée pour déterminer la « première langue officielle parlée », la première des deux variantes présentées par Statistique Canada, une méthode qui « tient compte premièrement [et successivement] de la connaissance des langues officielles, deuxièmement de la langue maternelle, et troisièmement de la langue parlée le plus souvent à la maison » (Statistique Canada, 1989).

Cette méthode permet de classer la population canadienne en deux catégories principales et en deux catégories résiduelles. Ainsi, selon cette méthode, 97,3 % des Canadiens ont soit le français (23, 1 %), soit l'anglais (74,3 %) comme première langue officielle parlée – ce sont les catégories principales ; par ailleurs, 1,1 % des Canadiens ont le français *et* l'anglais comme premières langues officielles parlées, et 1,6 % déclarent n'avoir aucune connaissance du français ni de l'anglais – ce sont les catégories résiduelles. Au Québec, ces quatre proportions sont respectivement de 84,2 %, de 11,9 %, de 2,9 % et de 0,9 %.

La nécessité d'établir ces nombres découle en quelque sorte de la *Charte canadienne des droits et libertés*, dont l'article 20 précise que « le public a, au Canada, droit à l'emploi du français ou de l'anglais pour communiquer avec le siège de l'administration centrale des institutions du Parlement ou du gouvernement du Canada ou pour en recevoir les services [...] là où l'emploi du français ou de l'anglais fait l'objet d'une demande importante ». En outre, afin de tenir compte de cet élément de la *Charte*, la nouvelle *Loi sur les langues officielles* de 1988 précise, à l'article 32(2), que le gouvernement peut tenir compte « de la population de la minorité francophone ou anglophone de la région desservie, de la spécificité de cette minorité et de la proportion que celle-ci représente par rapport à la population totale de cette région ».

L'utilisation de la notion de « première langue officielle parlée » s'est répandue dans l'étude de la situation des minorités de langue officielle. Pour déterminer l'appartenance à un groupe linguistique donné et la situation de ce groupe dans divers domaines de la sphère publique ou politique, on a de plus en plus remplacé l'approche centrée sur le critère de la langue maternelle par celle, plus inclusive, qui utilise plutôt la première langue officielle parlée. Le domaine de l'éducation fait exception à cet égard : l'article 23 de la *Charte*, consacré aux droits à l'instruction dans la langue de la minorité, maintient la prépondérance de la variable « langue maternelle ». Dans la *Charte*, le droit des parents à faire instruire leurs enfants dans la langue de la minorité est en effet fonction de la première langue apprise et encore comprise par ces parents et « qui est celle de la minorité francophone ou anglophone de la province où ils résident ».

Durant les années 1990, le Québec s'intéresse également à une approche inclusive du français en mettant de l'avant la notion de « langue d'usage public »[13]. Cette dernière privilégie la dynamique linguistique et les usages publics de la langue, lesquels ont cours dans un espace et dans des domaines visés par la législation linguistique.

LA DÉFINITION DES GROUPES LINGUISTIQUES

Nous avons vu jusqu'à maintenant que les données des recensements canadiens offrent un choix varié de notions à partir desquelles on peut définir les groupes linguistiques. Bien entendu, la définition des groupes, voire des communautés linguistiques, peut reposer sur d'autres outils que le recensement. On peut en effet utiliser des définitions à des fins statistiques, tout comme on peut définir les communautés selon des critères démographiques, sociologiques ou politiques. On peut également parler de communautés définies selon des critères géographiques ou territoriaux ou selon le critère de groupes d'intérêts ou de réseaux (réticulaire) (Lachapelle2009 ; Johnson et Doucet, 2006).

Les graphiques 1 et 2 permettent, à partir des données des Recensements de 1951 à 2006, de constater à quel point le poid relatif des groupes de langue française et anglaise varie selon le critère utilisé. En ce qui a trait à l'anglais dans l'ensemble du pays, on observe en effet que la proportion des locuteurs de l'anglais (selon le critère de la capacité déclarée de pouvoir soutenir une conversation dans cette langue) se situait à environ 85 %, alors que la proportion des Canadiens ayant l'anglais comme langue maternelle, comme principale langue d'usage au foyer et comme première langue officielle parlée se situait à environ 58 %, 67 % et 75 % respectivement. Parmi les Canadiens dont l'anglais n'est pas la langue maternelle, la proportion des personnes ayant déclaré pouvoir soutenir une conversation dans cette langue atteignait 28 % en 2006. On constate donc la très forte attraction de la langue anglaise auprès des personnes ayant une langue maternelle autre que l'anglais.

Au regard du français, le graphique 2 rend compte du fait que la proportion des Canadiens qui ont déclaré pouvoir soutenir une conversation dans cette langue est d'environ 31 %, une proportion qui a peu fluctué au cours des 50 dernières années. En revanche, on constate que la proportion des personnes qui ont cette langue comme langue maternelle, comme principale langue d'usage au foyer et comme première langue officielle parlée se situait en 2006 à environ 22 %, 21 % et 24 % respectivement. On constate donc que, contrairement à l'anglais, il y a peu de différence entre les proportions des Canadiens qui ont le français en tant que première langue officielle parlée et en tant que langue maternelle.

Évolution en % de l'anglais au Canada : capacité de soutenir une conversation, langue maternelle, principale langue d'usage à la maison, première langue officielle parlée et locuteurs non maternels. Canada, 1951-2006.

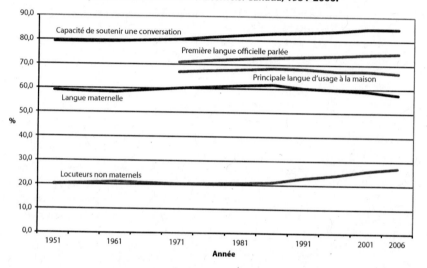

Évolution en % de français au Canada : capacité de soutenir une conversation, langue maternelle, principale langue d'usage à la maison, première langue officielle parlée et locuteurs non maternels. Canada, 1951-2006.

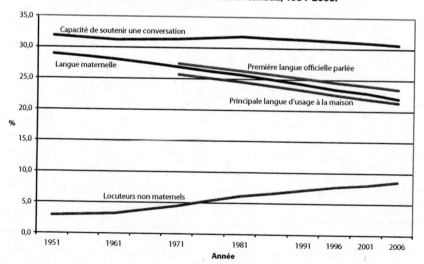

Nous n'entendons pas dans le cadre de la présente étude nous attarder sur les facteurs de nature démolinguistique qui ont influé sur l'évolution des groupes linguistiques, peu importe la définition adoptée[14]. Ce qui nous intéresse ici, c'est plutôt de mettre en lumière les enjeux et la complexité qui entourent la définition des groupes et des communautés linguistiques – en particulier des communautés de langue officielle en situation minoritaire –, et d'examiner les différents outils et les différentes approches qui s'offrent à nous à cet égard.

Le choix des critères de définition des groupes ou des communautés linguistiques constitue un enjeu lorsqu'on aborde l'étude des dynamiques linguistiques ou des facteurs qui contribuent à la vitalité de ces communautés, en particulier en matière de développement économique et d'intégration linguistique des immigrants ou d'appartenance identitaire à ces communautés.

Les critères d'appartenance utilisés, si tant est que le choix d'un critère revêt une importance aux fins d'objectifs bien définis, n'ont pas à être les mêmes selon que l'on vise à estimer la demande potentielle de services dans une langue officielle donnée ou que l'on s'intéresse à la transmission linguistique intergénérationnelle. De plus, les critères d'appartenance peuvent être multiples, en particulier pour les immigrants ayant une langue maternelle tierce, et la façon d'« assigner » une catégorie linguistique diffère selon qu'il s'agit d'une autoattribution ou d'une attribution par un tiers. Finalement, il importe de poser la question suivante : qui appartient à telle ou telle communauté, qui en fait partie? S'il s'agit d'établir toutes les personnes ayant une caractéristique spécifique sur un territoire donné, alors la tâche peut être facilitée par l'utilisation des données des recensements canadiens recueillies sur un territoire défini par un code postal ou constituant un quartier, une ville ou une province, etc.

Les difficultés qu'entraîne le choix à la fois des critères de définition des groupes ou des communautés linguistiques ainsi que du processus grâce auquel les groupes sont classés dans l'une ou l'autre de ces communautés, trouvent une certaine résonance dans les textes de loi eux-mêmes. Dans la section portant sur la création de districts bilingues fédéraux, la *Loi sur les langues officielles* de 1969 traite par exemple des *minorités* linguistiques (*linguistic minorities*, en anglais) d'une subdivision de recensement donnée, définies selon le critère de la langue maternelle. La *Charte canadienne des droits et libertés*, à l'article 16.1.(1), dans sa version tant française qu'anglaise, traite de la « *communauté* linguistique française et de la *communauté* linguistique anglaise du Nouveau-Brunswick et, à l'article 23 (1), de « la *minorité* francophone ou anglophone de la province où ils résident » ». Dans sa partie VII, la version de la *Loi sur les langues officielles* de 1988 traite quant à elle, à l'article 41.(1), des « *minorités* francophones et anglophones du Canada » dans sa version française, et des « *English and French linguistic* minority *communities in Canada* » dans sa version anglaise. Quant au *Règlement sur les langues officielles – communications avec le public et prestation des services* de 1991, on y définit la « *population* de la minorité francophone ou anglophone » (*English or French linguistic minority* population). (Partout dans ce paragraphe, les italiques sont de nous.)

Nous touchons là à l'un des enjeux qui est au cœur de la définition des groupes linguistiques. La notion de « communauté » de langue officielle en situation minoritaire fait maintenant partie du langage courant, parmi les chercheurs du gouvernement fédéral ou du milieu universitaire, les acteurs du milieu associatif communautaire et les gestionnaires des programmes fédéraux en matière de langue officielle, ainsi que dans la plupart des études réalisées dans ce domaine.

Y a-t-il une distinction entre une « *communauté* de langue officielle en situation minoritaire » et une « *minorité* de langue officielle » ? Une minorité linguistique, sur un territoire donné, peut être définie selon un certain nombre de critères statistiques. On peut, par exemple, affirmer que les francophones du Nouveau-Brunswick (tels que définis selon le critère de la langue maternelle ou de la première langue officielle parlée), constituent une population minoritaire à l'échelle de la province, mais une population majoritaire dans plusieurs divisions de recensement du nord de la province. En outre, le Nouveau-Brunswick compte 236 000 personnes dont le français est la première langue officielle parlée, mais près de 314 000 personnes qui déclaraient en 2006 pouvoir soutenir une conversation dans cette langue.

Comment définit-on la communauté francophone de la municipalité de Toronto ? Correspond-elle aux 60 145 personnes ayant le français, seul ou avec l'anglais, comme première langue officielle parlée, aux 36 400 personnes qui ont le français, seul ou avec une autre langue, en tant que langue maternelle, aux 45 730 personnes qui parlent cette langue soit le plus souvent (18 185) soit régulièrement (27 545) à la maison, aux 41 000 personnes qui utilisent le français soit le plus souvent (10 725) soit régulièrement (30 270) au travail, ou, encore, aux quelque 232 000 personnes qui ont déclaré pouvoir soutenir une conversation dans cette langue – et même à un nombre de personnes plus grand encore, si l'on tient également compte des enfants qui ne parlent pas le français, mais dont au moins l'un des parents est un locuteur maternel du français[15].

À partir des données du Recensement de 2001 et en examinant plusieurs combinaisons des diverses variables linguistiques, Forgues et Landry (2006) concluent que le nombre de francophones vivant à l'extérieur du Québec varie entre 977 600 et 2 439 050 personnes selon la définition utilisée.

L'Enquête sur la vitalité des minorités de langue officielle en situation minoritaire (EVMLO), menée en 2006, permet également de constater que le sentiment d'appartenance à une communauté linguistique est variable et complexe. Ainsi, parmi les francophones vivant à l'extérieur du Québec, une proportion importante, soit 50 %, ont déclaré s'identifier tant au groupe francophone qu'au groupe anglophone. Dans certaines provinces (la Saskatchewan ou Terre-Neuve-et-Labrador, par exemple), la proportion des francophones qui, en se basant sur leur vécu, déclarent s'identifier surtout ou seulement à la communauté anglophone atteint environ 35 %. En outre, chez les 45 % de francophones qui résident dans des municipalités où ils représentent moins de 10 % de l'ensemble de la population, environ 60 % déclarent avoir l'anglais comme langue principale et être plus à l'aise en anglais qu'en français. Enfin, pour ajouter à la complexité de la définition de qui est francophone, l'EVMLO révèle également qu'à l'extérieur du Québec, environ 31 000 enfants dont au moins un parent est francophone (la plupart vivant au sein d'un couple exogame anglais-français) sont considérés comme étant anglophones selon le critère de la langue maternelle ou de la première langue officielle parlée, alors qu'ils fréquentent pourtant une école de la minorité francophone ou offrant un programme d'immersion en français et parlent régulièrement le français à la maison (habituellement avec le parent francophone) quoique cette langue n'y soit pas la principale langue d'usage.

Visiblement, la définition des groupes ou des communautés linguistiques est une opération complexe, voire à géométrie variable selon les fins visées. Lachapelle (2009) distingue les définitions neutres des définitions symétriques et asymétriques ou chevauchantes. Les premières reposent sur l'utilisation de variables comme la langue maternelle ou la langue parlée le plus souvent à la maison. Les secondes mettent en évidence que les institutions publiques fonctionnent habituellement dans une langue ou l'autre (les écoles, par exemple) ou dans l'une et l'autre des langues officielles (les ministères fédéraux, par exemple). L'utilisation de la première langue officielle parlée est un autre exemple de traitement symétrique des groupes linguistiques : les définitions asymétriques ou chevauchantes renvoient davantage à des définitions élargies d'une communauté linguistique donnée en incluant des personnes qui peuvent également appartenir à d'autres communautés. Ainsi, dans la mesure où l'on centre l'attention sur un groupe particulier, on est moins préoccupé par les « frontières » qui définissent l'appartenance à ce groupe. On a donc le loisir d'élargir les critères d'appartenance sans se préoccuper des chevauchements implicites entre les groupes linguistiques.

Lorsque l'on doit répartir la population selon certaines catégories afin d'y estimer la proportion de francophones, d'anglophones et d'allophones, pour s'assurer de ne pas se retrouver avec un tout inférieur à la somme des parties qui le composent, on doit traiter de manière symétrique les différents groupes et former des catégories mutuellement exclusives. Cela implique une répartition convenable des réponses multiples.

La nouvelle définition de « francophone » adoptée par l'Ontario est un autre exemple de définition asymétrique d'un groupe linguistique. L'ancienne définition utilisée par le gouvernement de cette province reposait sur la langue maternelle (réponses uniques et multiples) ; ce faisant, elle incluait notamment des personnes qui avaient le français comme langue maternelle et qui pouvaient soutenir une conversation en anglais mais non en français. Cette ancienne définition excluait, contrairement à celle qui avait recours au critère de la première langue officielle parlée, toutes les personnes ayant une langue maternelle tierce. Dans la nouvelle définition, ces dernières sont également incluses suivant le critère de définition de la première langue officielle parlée.

LE CAS DU QUÉBEC

À chaque recensement, Statistique Canada diffuse des statistiques portant sur l'évolution de la situation linguistique au pays. Historiquement, et parce que les données portant sur la langue maternelle ont l'avantage d'être à peu près comparables depuis le milieu du XXᵉ siècle, Statistique Canada a depuis longtemps adopté une approche suivant laquelle les grands groupes linguistiques (anglophones, francophones et allophones) sont définis sur la base de la langue maternelle des individus. D'autres utilisateurs des données du recensement, dont plusieurs au Québec, ont plutôt choisi le critère de la principale langue d'usage au foyer.

Les critères utilisés dépeignent ainsi une réalité aux contours multiples et aux frontières plus ou moins perméables. Chez les membres de la communauté anglophone du Québec, par exemple, le critère de la première langue officielle parlée est privilégié dans la mesure où la proportion de la population québécoise ayant l'anglais comme langue maternelle était, selon le Recensement de 2006, de 8 %, alors que plus de 13 % de la population de cette province avait alors l'anglais comme première langue officielle parlée, un écart grandement attribuable à l'adoption de l'anglais comme principale langue d'usage à la maison par les cohortes plus anciennes d'immigrants.

En ce qui a trait à la langue française, toujours en 2006, un peu moins de 83 % des Québécois ont déclaré parler cette langue (seule ou en combinaison avec une autre langue) le plus souvent à la maison, et 4,3 % des Québécois ont déclaré la parler de façon régulière sans que cette langue soit la principale langue d'usage du foyer. En comparaison, 80 % des Québécois ont déclaré avoir le français (seul ou en combinaison avec une autre langue) comme langue maternelle. Pour ce qui est de la première langue officielle parlée, c'est le français dans une proportion de 86 %. Finalement, les données portant sur la langue de travail au Québec révèlent par ailleurs que plus de 94 % des personnes ont déclaré utiliser le français au travail (86,7 % le plus souvent et 7,6 % tout de même régulièrement).

Le critère utilisé pour définir des groupes linguistiques a des conséquences importantes sur la perception du statut et de la place du français et de l'anglais au Québec. Par exemple, les résultats diffusés par Statistique Canada en décembre 2007 révélaient que, pour la première fois, la proportion de Québécois de langue maternelle française passait sous la barre des 80 % – et sous la barre des 50 % sur l'île de Montréal –, un résultat largement attribuable à l'arrivée d'un nombre important d'immigrants de tierce langue maternelle au cours de la période 2001-2006. Mais, avant de tirer des conclusions hâtives de ces nombres, il faut revenir au critère utilisé.

Les statistiques du Recensement de 2006 portant sur la région métropolitaine de recensement (RMR) de Montréal révèlent que 66,5 % de ses habitants ont le français, seul ou avec une autre langue, comme langue maternelle, que 77,6 % parlent le français à la maison (70,5 % le plus souvent, 7,1 % régulièrement) et que 91 % utilisent le français au travail (79,3 % le plus souvent, 11,9 % régulièrement). De plus, le français est la première langue officielle parlée (PLOP) par 73,4 % de la population de la RMR de Montréal, et 5,4% additionnel ont le français *et* l'anglais comme PLOP.

Si le choix des critères à privilégier pour définir un groupe linguistique à partir des données d'un recensement est tributaire des objectifs visés et peut se révéler complexe, il en est de même du découpage géographique à partir duquel on évalue la vitalité des groupes linguistiques en présence. Le cas de la RMR de Montréal en est un exemple patent.

Nous venons de voir que le critère de la langue maternelle pour définir les groupes linguistiques dans la RMR de Montréal n'est que l'un de ceux que l'on peut utiliser pour examiner la dynamique linguistique qui y prévaut. En excluant les locuteurs non maternels du français, on ne décrit par le fait même qu'une partie de la situation du français à Montréal. De plus, la question du découpage géographique dans la grande région de Montréal soulève toujours un débat. Les données du recensement sur la situation linguistique au Québec font habituellement référence à trois niveaux : la province, la RMR de Montréal et l'île de Montréal. C'est, du reste, le découpage géographique qu'utilisent la plupart des démolinguistes et des autres spécialistes des questions linguistiques au Québec et au Canada.

Or, dans une étude du Conseil de la langue française effectuée en 2001 (Béland *et al.*, 2001), les auteurs montrent comment le découpage traditionnel ne reflète pas la dynamique sociolinguistique réelle sur le terrain. En examinant les données sur le navettage et la circulation des personnes entre l'île et les diverses banlieues (pour des raisons de travail, d'études, d'activités culturelles, etc.), les auteurs proposent « un territoire d'analyse qui rend compte de la dynamique des langues dans l'espace montréalais plus fidèlement que les deux territoires habituellement utilisés [soit l'île et la RMR de Montréal] », notamment parce qu'entre 275 000 et 300 000 travailleurs traversent les ponts tous les matins pour aller travailler sur l'île.

Les cartes géographiques présentées ci-dessous montrent en effet que, même quand on utilise le critère de la langue maternelle, non seulement les banlieues à prédominance francophones sont situées hors de l'île et que celles qui sont à prédominance anglophone sont situées sur l'île, mais

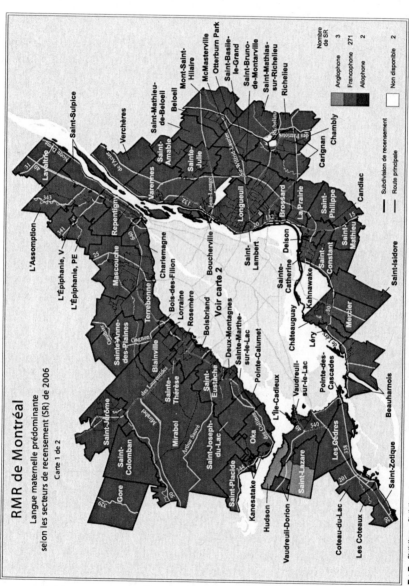

RMR de Montréal

Langue maternelle prédominante
selon les secteurs de recensement (SR) de 2006

Carte 1 de 2

Source : Recensement du Canada de 2006. Produit par la Division de la géographie, Statistique Canada, 2007.

Statistique   Statistics
Canada   Canada

Nombre
de SR

Anglophone   3
Francophone   271
Allophone   2
Non disponible   2

Subdivision de recensement
Route principale

Canada

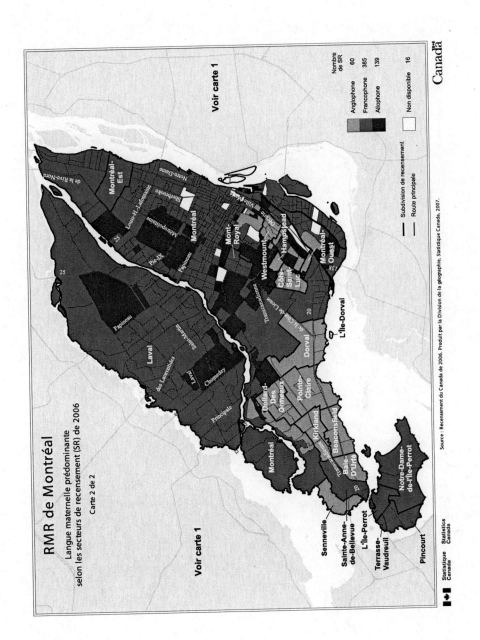

RMR de Montréal

Langue maternelle prédominante
selon les secteurs de recensement (SR) de 2006

Carte 2 de 2

Source : Recensement du Canada de 2006. Produit par la Division de la géographie, Statistique Canada, 2007.

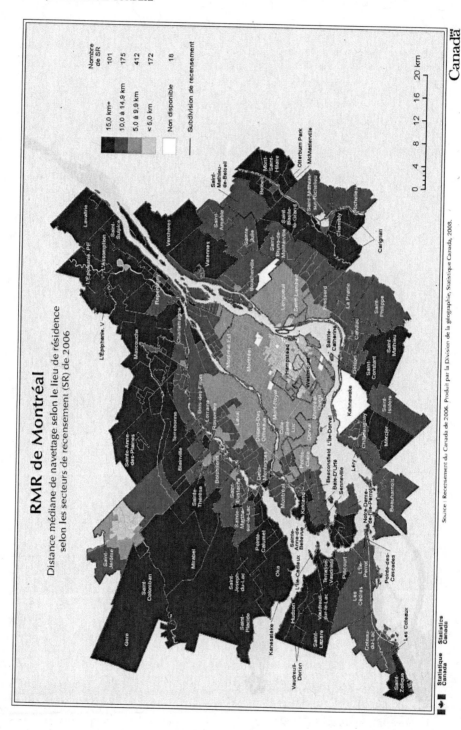

RMR de Montréal

Distance médiane de navettage selon le lieu de résidence
selon les secteurs de recensement (SR) de 2006

		Nombre de SR
	15,0 km+	101
	10,0 à 14,9 km	175
	5,0 à 9,9 km	412
	< 5,0 km	172
	Non disponible	18

Subdivision de recensement

0 4 8 12 16 20 km

Source : Recensement du Canada de 2006. Produit par la Division de la géographie, Statistique Canada, 2008.

Statistique Canada   Statistics Canada

Canadä

aussi (et surtout) que la distance entre le centre-ville et les banlieues à prédominance anglophone de l'ouest de l'île est beaucoup plus grande que celle qu'il y a entre le centre-ville et les banlieues nord et sud à prédominance francophone. En d'autres termes, le centre géographique de l'île de Laval et les municipalités de la Rive-Sud de Montréal sont moins éloignés du centre-ville de Montréal que des municipalités comme Dorval, Pointe-Claire, Dollard-des-Ormeaux, Kirkland, Beaconsfield, Baie-D'Urfé et Sainte-Anne-de-Bellevue. On peut dès lors comprendre que, dans la mesure où l'île devient le point de focalisation des analyses qui font état du déclin du français à Montréal, les constats et les conclusions qu'on en tire quant à la dynamique réelle des groupes linguistiques sur le terrain s'en trouvent biaisés, ou, que, à tout le moins, elles ne présentent qu'une partie de la réalité.

CONCLUSION

L'évolution de la situation linguistique et du statut des langues au Canada depuis la première *Loi sur les langues officielles de* 1969 a fait l'objet de nombreux débats et de prises de position très diverses, voire très contrastées. D'une part, la *Loi* de 1969, la *Charte canadienne des droits et libertés*, la *Loi sur les langues officielles* de 1988 et l'amendement que cette dernière a subie (à la partie VII) en 2005, sont autant de mesures qui ont concrétisé le statut officiel du fait français au pays et l'importance accordée au développement de la vitalité des communautés francophones du pays.

D'autre part, l'évolution démographique et démolinguistique du Canada au cours des 40 dernières années a façonné le portrait linguistique du pays de telle façon que le nombre de personnes dont le français est la langue maternelle est passé de 27 % de la population en 1971 à 22 % en 2006. À l'extérieur du Québec, cette proportion est passée de 6,0 % à 4,1 % au cours de la même période, ce groupe linguistique affichant une croissance d'à peine 50 000 personnes en 40 ans.

Au Québec, en revanche, la proportion de la population de langue maternelle française est demeurée plutôt stable, notamment en raison d'une décroissance importante du groupe de langue maternelle anglaise (principalement attribuable aux nombreux départs vers les autres provinces), qui a diminué de 789 000 à 591 000 personnes entre 1971 et 2001, puis atteint 606 000 personnes en 2006. Si le poids relatif du groupe de langue maternelle française a peu fluctué, c'est aussi en raison de la croissance relativement modeste de la population de tierce langue maternelle. En 1971, le Québec comptait en effet moins de 373 000 personnes de langue maternelle autre que le français ou l'anglais, alors qu'en 2006 cette population se situait à près de 912 000, soit une augmentation de 539 000 personnes ; en comparaison, au cours de la même période, la population de langue maternelle tierce s'est accrue de près de 2 millions de personnes en Ontario et de 775 000 personnes en Colombie-Britannique. Notons par ailleurs que la proportion de la population canadienne dont le français n'est pas la langue maternelle et qui a déclaré pouvoir soutenir une conversation en français est passée de moins de 5 % en 1971 à près de 8 % en 2006.

Ce constat appelle cependant un certain nombre de considérations que nous avons abordées dans le cadre de cette étude. À la reconnaissance constitutionnelle, légale et politique d'une langue et d'un groupe linguistique se juxtapose un type de reconnaissance qui s'appuie sur les nombres et les données statistiques (Arel, 2002). Et parce que la langue est un marqueur identitaire qui peut fluctuer dans le temps, les critères de définition des groupes linguistiques peuvent eux aussi évoluer dans le temps.

Lachapelle (1991) définit un groupe linguistique comme un groupement d'êtres humains présentant entre eux certaines affinités linguistiques. Or, ces « affinités linguistiques » peuvent reposer sur une multitude de critères démographiques, sociologiques, politiques, culturels, etc.

Quarante ans après la *Loi sur les langues officielles de 1969*, nous assistons à l'émergence – voire à l'intensification – d'un débat au sein de la société canadienne, en particulier au Québec mais également chez les francophones hors Québec, quant à la façon de définir les groupes linguistiques (définitions statistiques, définitions territoriales ou définitions sur la base d'intérêts communs). Le concept de « vitalité ethnolinguistique » a été créé vers la fin des années 1970 pour permettre d'étudier « ce qui fait qu'un groupe est susceptible de se comporter comme une entité distincte et active dans un contexte de relations intergroupes » (Giles *et al.*, 1977) ; mais les chercheurs qui l'ont utilisé ont peu tenu compte de la façon dont on définit ces groupes. Or, la façon dont on définit ces derniers a une grande influence sur l'évaluation de leur vitalité objective.

En raison de leur grande utilisation comme outils de mesure, de renseignement, de planification et de gestion du «vivre ensemble», les données des recensements offrent un potentiel d'analyse important. Loin d'être des outils parfaits, les recensements permettent néanmoins de tracer une cartographie utile de l'espace linguistique, socioéconomique et culturel à un niveau géographique détaillé.

Le Canada est l'un des rares pays du monde à recueillir de l'information sur chacun des « domaines » recommandés par les Nations unies : la langue maternelle, la langue principale, les langues parlées à la maison ou au travail et la connaissance des langues. Tout comme le gouvernement fédéral a mis l'accent sur la première langue officielle parlée dès 1991, le Québec a proposé la notion de langue d'usage public (vers la fin des années 1990). Ces notions permettent d'obtenir des données très utiles sur l'utilisation des langues dans l'espace public et enrichissent ainsi le portrait des dynamiques linguistiques obtenu à partir des données portant sur la langue maternelle et la langue parlée dans la sphère privée.

La transformation de la situation linguistique a entraîné une évolution de la notion de « groupe linguistique ». Ainsi, d'un accent jadis mis sur les « groupes linguistiques », le discours sur les langues officielles tend aujourd'hui à mettre l'accent sur la notion de « communautés ». Le *Plan d'action sur les langues officielles 2003-2008* du gouvernement fédéral ainsi que la *Feuille de route pour la dualité canadienne :2008-2013* mettent l'accent sur le renforcement de la vitalité des communautés de langue officielle en situation minoritaire et la reconnaissance de la dualité linguistique canadienne. Avec la croissance importante de l'immigration depuis le milieu des années 1980, ces initiatives se heurtent nécessairement à la problématique des définitions. L'évaluation de l'évolution de la situation linguistique et des communautés linguistiques ne peut faire l'économie d'un examen attentif du choix des critères de définition des groupes linguistiques en présence. Une communauté peut être définie en termes de nombre de personnes ou de proportion de personnes par rapport à un ensemble sur un territoire donné, ce dernier, comme nous avons pu le constater dans le cas de Montréal, devant également faire l'objet d'un examen attentif.

La présence du français au Canada et dans les diverses communautés qui le constituent a beaucoup évolué au cours des 40 dernières années. Les recensements canadiens ont toujours eu comme objectifs de permettre de comparer les données recueillies au cours de l'histoire et d'en améliorer la qualité, mais également de s'adapter à l'évolution de la société canadienne et aux changements démographiques, sociaux, culturels, économiques et politiques qui l'ont caractérisée au fil du temps. L'évolution du nombre de questions linguistiques posées entre le Recensement de 1971 et celui de 2006 reflète les préoccupations des divers acteurs sociaux et politiques. Le potentiel (et les limites) de ces données doivent être clairement évalués. L'utilisation et l'examen attentif font de ces données un outil majeur d'interprétation de la réalité. La diversité des questions linguistiques qui apparaissent dans les recensements appelle nécessairement à une multiplicité des perspectives et des points de vue. Leur utilisation créative et novatrice ne peut qu'enrichir notre compréhension d'une réalité aux multiples contours.

NOTES

1. Les opinions émises dans cet article et l'interprétation des données sont la responsabilité de l'auteur et non celle de Statistique Canada.

2. Cet article a été rédigé avant l'annonce par le gouvernement fédéral de l'abolition du questionnaire long du Recensement de 2011 et son remplacement par l'Enquête nationale auprès des ménages. C'est pourquoi l'on n'y trouve aucune mention de cette enquête.

3. Tout au long de ce texte, l'auteur se réfère aux notions de « groupes », de « collectivités » et de « communautés ». Il n'y a pas de définition canonique et simple de chacune d'entre elles : c'est pourquoi leur usage peut parfois

porter à confusion. Aux fins du texte, la notion de « groupe linguistique » renvoie à un ensemble d'individus considéré comme entité en raison d'une caractéristique commune (la même langue maternelle, la même langue d'usage au foyer, la même langue officielle d'usage, etc.). La notion de « collectivité » renvoie davantage à un ensemble de personnes vivant sur un territoire donné ou soumises à une même administration établie sur une base territoriale. Quant à la notion de « communauté », elle est également polysémique ; le *Grand dictionnaire terminologique* de l'Office québécois de la langue française la définit notamment comme un « ensemble d'individus vivant à proximité [ou qui, grâce aux différents outils de communication, peuvent facilement communiquer entre eux] et possèdent des intérêts, des tendances ou des pensées, ce qui entraîne une certaine solidarité ».

4. Le recensement du Haut-Canada et du Bas-Canada a été annuel de 1824 à 1842.

5. Le Recensement de 1911 fait exception, puisqu'on posait une seule question sur la langue communément parlée, celle-ci portant sur « la langue communément parlée ».

6. Notons que les Recensements effectués en 1901 et de 1921 à 1961 étaient réalisés par des agents recenseurs qui, en matière de langues, posaient simplement les deux questions suivantes : « Parlez-vous anglais ? français ? » En 1971, pour la première fois, le recensement a été fait par autodénombrement – les répondants remplissant eux-mêmes le formulaire –, et la majorité des répondants remplissaient eux-mêmes un questionnaire. La question sur la connaissance des langues officielles alors posée aux répondants était : « Connaissez-vous assez bien l'anglais ou le français pour soutenir une conversation ? » Quatre possibilités de réponses étaient offertes, soit : l'anglais seulement ; le français seulement ; l'anglais et le français ; ni l'anglais ni le français.

7. Créée en pleine Révolution tranquille au Québec, cette commission a subi de nombreuses critiques ; on l'a notamment accusée de mettre dans l'ombre les autres groupes ethnoculturels du Canada et d'associer le pays à l'unique somme des cultures anglaise et française.

8. La Commission Laurendeau-Dunton a reçu pas moins de 145 études en sciences sociales. Elle a également permis la formation d'une relève, en ayant recours, dans son travail, à la collaboration contracuelle de 137 étudiants des cycles universitaires supérieurs.

9. Avant ce recensement, la question précisait qu'il fallait non seulement que la première langue apprise soit encore comprise, mais qu'elle soit également parlée.

10. Marie-Ève Hudon. *La Loi sur les langues officielles : comprendre ses principes et son régime d'application.* Justice Canada, document interne, 2009.

11. Pour plus d'information sur le sujet, voir Dewing et Leman (2006).

12. Ce terme a été créé dans le cadre de la Commission d'enquête sur la situation de la langue française et sur les droits linguistiques au Québec, mise sur pied en 1968 et dont les travaux ont été rendus publics en 1972. Ce néologisme est tiré des termes grecs *allos* (« autre ») et *phônê* (« voix », « son »). Le terme est maintenant au *Larousse* et au *Petit Robert*, et est définit ainsi : « une personne dont la langue maternelle n'est pas celle de la communauté dans laquelle elle se trouve ».

13. Plusieurs études avaient déjà été effectuées par le gouvernement du Québec sur différents aspects et domaines de l'usage public des langues. Il s'agissait surtout d'une approche sectorielle qui ne permettait pas « la construction d'une mesure synthétique de l'usage global des langues dans le domaine public ». Voir à ce propos : Paul Béland. *Le Français, langue d'usage public au Québec en 1997*. Québec : Conseil de la langue française, 1999.
14. Voir à ce sujet : Réjean Lachapelle et Jean-François Lepage (2011). *Les langues au Canada : Recensement de 2006*. Ottawa : Statistique Canada et Patrimoine canadien.
15. Les termes « locuteur maternel » et « locuteur non maternel » (d'une langue donnée), mentionnés plus loin dans ce texte, désignent dans le premier cas les personnes ayant cette langue comme langue maternelle, et dans le second les personnes pouvant parler cette langue bien qu'elle ne soit pas leur langue maternelle.

RÉFÉRENCES

Arel, Dominique. « Language categories in censuses: backward – or forward-looking? », dans *Census and Identity: The Politics of Race, Ethnicity, and Language in National Censuses*, David I. Kertzer et Dominique Arel (dir). Cambridge : Cambridge University Press, 2002.

Béland, Paul, Louise Sylvain et Pierre Georgeault. *Les navetteurs et la dynamique des langues sur l'île de Montréal*. Québec : Gouvernement du Québec, Conseil de la langue française, 2001.

Commission royale d'enquête sur le bilinguisme et le biculturalisme. *Introduction générale et livre 1 : les langues officielles*. Ottawa, 1967.

Michael Dewing et Marc Leman. *Le multiculturalisme canadien*. Services d'information et de recherches parlementaires, Bibliothèque du Parlement, mars 2006.

Forgues, Éric, et Rodrigue Landry. *Définitions de la francophonie en situation minoritaire : analyse de différentes définitions statistiques et de leurs conséquences*. Moncton : Institut canadien de recherche sur les minorités linguistiques, 2006.

Giles, H., Richard Y. Bourhis et Donald M. Taylor. « Toward a theory of language in ethnic group relations », dans *Language, Ethnicity and Intergroup Relations*, H. Giles (dir.). New York : Academic Press, 1977.

Johnson, Marc, et Paule Doucet. *Une vue plus claire : évaluer la vitalité des communautés de langue officielle en situation minoritaire*. Ottawa : Commissariat des langues officielles, 2006.

Lachapelle, Réjean. *Les « communautés » linguistiques : définitions à des fins statistiques*. Exposé devant les membres du Comité interministériel de politique (langues officielles). Ottawa : Patrimoine canadien, 2009.

Lachapelle, Réjean. *Utilisation des données de recensement dans la mise en œuvre de la législation linguistique*. Ottawa : Statistique Canada, Division de la démolinguistique, document de travail n° 1, 1991.

Lepage, Jean-François (2011). « L'oubli de la langue maternelle : les données du recensement sous-estiment-elles les transferts linguistiques?», *Cahiers québécois de démographie* (à paraître).

Statistique Canada. *Estimations de la population selon la première langue officielle parlée*. Ottawa : Statistique Canada, Division des statistiques sociales, du logement et des familles et Études linguistiques, 1989.

LOI SUR LES LANGUES OFFICIELLES ET DÉMOGRAPHIE : COMMENT LES DROITS LINGUISTIQUES PEUVENT-ILS INFLUENCER LA VITALITÉ D'UNE MINORITÉ ?

RODRIGUE LANDRY, *Directeur général, Institut canadien de recherche sur les minorités linguistiques/Canadian Institute for Research on Linguistic Minorities*

A language law can recognize the legitimacy of a minority in society and enhance its social status; it can have an effect on the subjective vitality of its members and, consequently, their language behaviours, but it can produce a real and enduring effect only if it touches the experience and imagination of minority group members. In light of these principles, it would be wrong to say that the forty years following the enactment of the Official Languages Act *have had no effect, even though sometimes only indirectly, on the vitality of official language minority communities. This law has gradually renewed itself over the years, first to give life to sections 16 to 23 of the* Canadian Charter of Rights and Freedoms *(1982), and has even innovated by requiring the emergence of positive steps that allow for greater vitality of francophone and anglophone minorities in Canada. Yet, the* Official Languages Act *is a federal act and it still does not touch the language*

Communication présentée au symposium « L'impact de la *Loi sur les langues officielles* du Canada : 1969-2009 », à Gatineau (Québec), les 12 et 13 mars 2009.

Life After Forty: Official Languages Policy in Canada / Après quarante ans, les politiques de langue officielle au Canada,
J. Jedwab et R. Landry (dir.). Montréal et Kingston : Queen's Policy Studies Series, McGill-Queen's University Press.
© 2011 The School of Policy Studies, Queen's University à Kingston. Tous droits réservés.

experiences of official language minority community members in important domains. If there is hope that the Official Languages Act *will further contribute to community revitalization of official language minority communities (especially the francophone communities), the Canadian government will have to innovate considerably by adopting other positive measures that will expand its circle of influence. This influence could be implemented, most notably, by the creation of partnerships with provincial and territorial governments to develop language policies more inclusive and more relevant to the life of official language minority communities and their cultural autonomy. The government will have to update the global nature of the act and find creative ways to touch people in their daily lives. Otherwise, this law could become a meaningless symbol of equality, a representation of the duality of Canada too narrow and fragmented to produce a real equalizing effect, and too small to breathe life into official language minorities.*

Il y a maintenant plus de 40 ans, le Canada et le Nouveau-Brunswick sont devenus des autorités gouvernementales bilingues. Chacun de ces gouvernements a adopté une *Loi sur les langues officielles*. Votées en 1969, les deux lois ont été révisées depuis pour qu'elles soient encore mieux adaptées à l'évolution des contextes politiques, juridiques et démolinguistiques. Le Canada a révisé sa *Loi sur les langues officielles* d'abord en 1988 pour assurer sa conformité avec la *Charte canadienne des droits et libertés*, adoptée en 1982, puis en 2005 pour reconnaître les obligations du gouvernement fédéral en matière de promotion de la vitalité des communautés de langue officielle en situation minoritaire. Le Nouveau-Brunswick a révisé en 2002 sa loi de 1969 par suite d'un arrêt de la Cour d'appel du Nouveau-Brunswick qui a reconnu la nature bilingue de certains arrêtés municipaux selon l'application de l'article 16.1 et du paragraphe 18(2) de la *Charte*[1].

Dans le présent chapitre, nous traitons du lien qui existe entre la *Loi sur les langues officielles* fédérale et les changements démographiques relatifs à la vitalité des langues officielles qu'a connus la population canadienne. C'est une question complexe, car, si le lien était évident, il suffirait de mieux légiférer pour établir une égalité réelle entre les collectivités de langue officielle et empêcher l'assimilation linguistique ou la minorisation des communautés de langue officielle en situation minoritaire.

Le chapitre comprend deux parties. Dans la première, nous ferons un rapide survol de la vitalité des communautés de langue officielle en situation minoritaire en présentant quelques données démolinguistiques. Ces données montrent qu'il n'existe pas de lien manifeste entre la *Loi sur les langues officielles* et l'épanouissement des communautés de langue officielle en situation minoritaire dans la société canadienne, sauf dans des secteurs limités directement associés à la *Loi* (par exemple, le nombre de fonctionnaires dans la fonction publique). Faut-il en conclure que la *Loi sur les langues officielles* n'a aucune incidence sur la vitalité des communautés de langue officielle en situation minoritaire ? Pour situer le rôle particulier d'une loi linguistique ou, plus généralement, celui des droits linguistiques, nous présenterons brièvement, dans la deuxième partie, deux modèles théoriques qui traitent, entre autres, des liens qui unissent les moyens juridiques de protéger une minorité et sa vitalité linguistique. À partir de ces modèles, nous proposerons des principes heuristiques dont l'application pourrait resserrer le lien entre les droits linguistiques et la vitalité des communautés de langue officielle en situation minoritaire.

1971-2006 – DÉMOGRAPHIE ET VITALITÉ DES COMMUNAUTÉS DE LANGUE OFFICIELLE EN SITUATION MINORITAIRE

Il ne s'agit pas ici de traiter de façon exhaustive des changements démographiques qui se sont produits au sein des communautés de langue officielle en situation minoritaire depuis la mise en œuvre de la *Loi sur les langues officielles* en 1969. Créer des liens précis entre cette loi et la démographie changeante dans le domaine des langues officielles serait hasardeux et sans fondement vu la complexité de la dynamique en présence. Nous pouvons néanmoins constater que la *Loi sur les langues officielles* n'a pas eu pour effet d'augmenter la vitalité des communautés de langue officielle en situation minoritaire, car, grosso modo, il est possible d'affirmer que la vitalité des communautés francophones et acadiennes a continué de décroître en dépit de cette « égalité formelle » des deux langues officielles. Du côté de la communauté anglophone du Québec, la minorisation est moins flagrante, mais des analyses récentes montrent des signes d'une vitalité plus fragile[2].

Notre intention n'est pas non plus de traiter de la vitalité des deux communautés de langue officielle de manière uniforme. Il va de soi qu'il y a dissymétrie entre la langue anglaise et la langue française en Amérique du Nord et au Canada. Cette dissymétrie se trouve d'ailleurs accentuée par le phénomène de la mondialisation, lequel a notamment pour effet de faire de l'anglais une langue « hypercentrale » autour de laquelle les autres langues gravitent, comme le montre le modèle gravitationnel de Schwann, reproduit par Calvet[3]. Cette attraction gravitationnelle de l'anglais ne peut faire autrement que de privilégier l'essor de la langue anglaise au Québec, malgré les interventions du gouvernement québécois en faveur du français[4].

La vitalité démographique des communautés francophones en situation minoritaire, donc, n'a cessé de diminuer. Si les francophones constituaient 7,3 % de la population hors Québec en 1951, ils n'en formaient plus que de 4,1 % en 2006. Si l'on considère l'indice de la langue la plus souvent parlée à la maison plutôt que celui de la langue maternelle, cette proportion chute à 2,5 %. De même, les anglophones, selon le critère de la langue maternelle, représentaient 13,8 % de la population du Québec en 1951, mais seulement 8,2 % en 2006. Il convient de signaler que la représentation proportionnelle d'un groupe par rapport à l'ensemble d'une population ne constitue pas un indice de vitalité fiable, compte tenu que le nombre d'allophones croît au Canada, en lien avec le phénomène de l'immigration. La proportion d'allophones dans la population canadienne est passée de 11,8 % en 1951 à 20,1 % en 2006.

Nous n'examinons ici que deux indices de vitalité : le taux relatif d'attraction linguistique (TRAL)[5] et le taux de transmission de la langue maternelle (TTLM) aux enfants. Le TRAL est ainsi nommé parce qu'il indique le degré relatif d'attraction d'une langue dans une société ou sur un territoire donné. Un indice supérieur à 1,00 signifie que la langue du groupe considéré est parlée le plus souvent à la maison par un nombre de personnes plus élevé que le nombre de personnes dont cette langue est la langue maternelle ; et, à l'inverse, un indice inférieur à 1,00 signifie que la langue du groupe considéré n'est pas toujours parlée le plus souvent à la maison, et que les transferts linguistiques que cela indique ne sont pas compensés par le fait que des locuteurs d'autres groupes linguistiques utilisent la langue du groupe considéré. Le TTLM, pour sa part, permet de mesurer le degré auquel les parents réussissent à transmettre leur langue à leurs enfants ; c'est l'un des indices les plus sûrs de la vitalité future d'un groupe linguistique[6]. Pour qu'une langue reste vivante, il est en effet essentiel qu'elle soit transmise de génération en génération par les familles[7]. Le TRAL fait apparaître la dynamique du rapport de force qui s'exerce entre les différentes langues qui sont en contact sur un territoire, alors que le TTLM met l'accent sur les effets de cette dynamique sur un groupe. Si le TRAL et le TTLM sont deux indices de vitalité linguistique, il faut toutefois reconnaître que l'on ne peut mesurer de façon précise la vitalité d'un groupe linguistique qu'au moyen d'indices démographiques. Cette mesure peut englober aussi bien des aspects de contrôle ou de représentation dans les institutions que des aspects reliés au statut ou à la légitimité d'une langue[8].

Le tableau 1 illustre l'évolution du TRAL depuis 1971 au sein des communautés de langue officielle en situation minoritaire.

Retenons donc que le nombre absolu de francophones en situation minoritaire a connu des hauts et des bas. Globalement, la population de langue maternelle française hors Québec a augmenté de 5,3 % entre 1971 et 2006, ce qui constitue une croissance bien inférieure à celle des anglophones hors Québec, qui a été de 39,2 % durant la même période, passant de 12 967 445 à 18 055 685[9]. Par ailleurs, hors du Québec, le nombre de Canadiens parlant le français le plus souvent à la maison est passé de 675 925 à 604 975, toujours au cours de la même période, ce qui est une baisse de 10,5 %, alors que le nombre de Canadiens parlant l'anglais le plus souvent à la maison a connu une croissance de 44,3 %, passant de 14 446 235 à 20 840 565. Dans le cas des francophones hors Québec, cette situation se traduit par une baisse du TRAL, de 0,73 en 1971 à 0,62 en 2006.

TABLEAU 1
Taux relatif d'attraction linguistique (TRAL) chez les communautés de langue officielle en situation minoritaire (1971-2006)

Français hors Québec	1971	1981	1991	2001	2006
Langue parlée à la maison	675 925	666 785	636 640	612 985	604 975
Langue maternelle	926 400	923 605	976 415	980 270	975 390
Ratio langue parlée/langue maternelle (TRAL)	**0,73**	**0,72**	**0,65**	**0,63**	**0,62**
Anglais au Québec					
Langue parlée à la maison	887 875	806 785	761 815	746 845	787 885
Langue maternelle	788 830	693 600	626 200	591 365	607 165
Ratio langue parlée/langue maternelle (TRAL)	**1,13**	**1,16**	**1,22**	**1,26**	**1,30**
Différence des ratios	**0,40**	**0,44**	**0,57**	**0,63**	**0,68**

Source : Calculs des ratios langue le plus souvent parlée/langue maternelle effectués à l'aide des données de Marmen et Corbeil (2004) et de Statistique Canada (2007).

Il faut noter, toutefois, que la baisse a été relativement mineure entre les recensements de 2001 et de 2006. Est-ce là le signe d'un ralentissement dans la diminution du taux d'attraction linguistique ?

Par ailleurs, le nombre absolu d'anglophones au Québec a diminué entre 1971 et 2001, quel que soit le facteur que l'on considère (langue maternelle ou nombre de personnes parlant l'anglais le plus souvent à la maison), la baisse étant plus marquée sur le plan de la langue maternelle (23,1 %) que sur celui de la langue parlée le plus souvent à la maison (11,3 %). Curieusement, la population anglophone a connu une hausse sur ces deux plans entre les recensements de 2001 et de 2006. S'agirait-il du début d'une tendance inversée ?

Notons que la dynamique langagière des anglophones du Québec est très différente de celle des francophones hors Québec. Le TRAL de l'anglais est passé de 1,13 à 1,30 entre 1971 et 2006. Il est plutôt rare, chez une minorité linguistique, de voir baisser le nombre absolu de personnes qui la composent alors que le TRAL augmente. Mais cet apparent paradoxe s'explique de deux façons. D'une part, il faut considérer les effets de la Loi 101 au Québec, qui a entraîné des répercussions politiques et contribué à une forte migration des Québécois anglophones vers d'autres provinces canadiennes[10]. D'autre part, la forte attraction de l'anglais en Amérique du Nord et dans le monde se manifeste au Québec, malgré une population très majoritairement francophone et les nombreuses interventions de l'État en faveur du français[11]. Ainsi, l'augmentation graduelle du TRAL de la langue anglaise s'explique par la proportion significative d'allophones qui l'adoptent comme langue d'usage à la maison ; ce n'est d'ailleurs qu'en 2006 que, pour la première fois, les transferts linguistiques, chez les allophones, ont été plus élevés vers le français (24 %) que vers l'anglais (21 %)[12].

Malgré cette inversion dans le rapport de force, au Québec, toutes proportions gardées, ces transferts linguistiques, chez les allophones, bénéficient davantage à la population anglophone qu'à la population francophone. En effet, en 2006, au Québec, le TRAL du français était de 1,03 et celui de l'anglais était de 1,30 ; de plus, le TRAL du français au Québec est plus faible que celui de l'anglais à l'extérieur du Québec (1,15). Cette situation s'explique par le fait que les TRAL sont tous liés à la proportion que constitue le groupe considéré par rapport à l'ensemble de la population. Même si la proportion relative des transferts linguistiques des allophones vers l'anglais est maintenant un peu moins élevée que vers le français, le nombre absolu de transferts correspond à une proportion beaucoup plus élevée de la population de langue maternelle anglaise que de celle de langue maternelle française. Il importe de rappeler ici que les TRAL se rapportent à des populations considérées du point de vue de la langue maternelle. Ainsi une petite population (les anglophones du Québec, par exemple) bénéficie davantage, relativement parlant, d'un certain nombre de transferts linguistiques vers sa langue que des populations plus nombreuses qui bénéficieraient du même nombre de transferts (les francophones du Québec ou les anglophones hors Québec, par exemple). De plus, le phénomène de l'attraction linguistique n'est pas nécessairement lié aux caractéristiques d'un groupe donné : l'attraction de l'anglais chez les allophones du Québec, par exemple, n'est probablement pas un phénomène dû à la vitalité de la population québécoise anglophone, mais plutôt à la situation démolinguistique nationale et internationale qui favorise l'attraction gravitationnelle de l'anglais.

Comme le TRAL, l'indice de continuité linguistique (ICL) et son complément, l'indice des transferts linguistiques (ou d'assimilation)[13], ont un point faible en tant qu'outil de mesure de la vitalité linguistique : ils reflètent la situation des personnes de tous les âges dans un groupe, et ne montrent donc pas pleinement les dynamiques langagières actuelles dans les familles. La transmission d'une langue, des parents aux enfants, comme langue maternelle et comme langue d'usage, forme l'assise de la vitalité linguistique d'une communauté. Or, chez les communautés francophones hors Québec, la transmission du français comme langue maternelle et comme principale langue d'usage à la maison est faible, surtout en raison du taux croissant d'exogamie[14]. En 2001, ces taux, quand on considère les enfants de moins de 18 ans, étaient de 49,3 % pour la langue maternelle et de 41,6 % pour la langue la plus souvent parlée à la maison[15] ; en 2006, ils avaient peu changé, puisqu'ils étaient, respectivement, de 49,5 et de 42,5 %[16]. Entre 2001 et 2006, ils ont néanmoins augmenté chez les enfants issus de couples exogames : de 22,6 % à 25,2 % pour la langue maternelle, et de 14,8 à 17,4 % pour la langue la plus souvent parlée à la maison. De plus, même s'ils augmentent graduellement[17], ils demeurent nettement inférieurs à ceux que l'on observe chez les enfants dont les deux parents sont francophones : 92,6 % (2001) et 92,7 % (2006) pour la langue maternelle, et 85,6 % (2001) et 86,8 % (2006) pour la langue la plus souvent parlée à la maison. La hausse du taux d'exogamie tend, toutefois, à faire contrepoids à l'augmentation du taux de transmission du français langue maternelle : la proportion d'enfants issus de parents francophones exogames est passée de 53 % en 1986 à 66 % en 2006[18].

Nous n'avons pas de chiffres récents sur la transmission de la langue maternelle et de la langue d'usage pour les anglophones du Québec, mais nous pouvons supposer qu'ils sont nettement supérieurs à ceux que l'on observe chez les francophones hors Québec, étant donné la nette différence dans les taux relatifs d'attraction linguistique entre les deux communautés. Au regard d'un indice similaire de transmission intergénérationnelle de la langue maternelle aux enfants par les parents appliqué par O'Keefe, ce taux était 1,7 fois plus élevé chez les anglophones du Québec que chez les francophones hors Québec en 1996[19].

En somme, la population francophone en situation minoritaire diminue à cause de plusieurs facteurs : un faible taux de natalité, un TRAL faible et un TTLM peu élevé (à cause du taux élevé d'exogamie), une contribution négligeable de l'immigration à la croissance démographique, un vieillissement de la population et une forte migration des jeunes vers les milieux urbains (la concentration des francophones étant beaucoup moins forte en milieu urbain, les transferts linguistiques y sont plus élevés[20]). En outre, plusieurs parents ne se prévalent pas du statut d'ayant droit que leur confère l'article 23 de la *Charte*. Seul un enfant admissible sur deux est inscrit à une école de la minorité francophone[21].

Quant à la communauté anglophone du Québec, bien que sa population ait diminué en nombre absolu à cause de migrations massives dans d'autres provinces, elle a quand même profité de la force d'attraction de la langue anglaise en Amérique du Nord, qui assure une continuité linguistique élevée et le recrutement constant de nouveaux locuteurs ; puisque ces nouveaux locuteurs sont issus en grande partie de l'immigration, cela a aussi accru la diversité ethnoculturelle de la communauté anglophone, et cette diversité suscite de grands défis en matière de leadership[22]. De plus, en raison des restrictions que prévoit l'article 23 de la Loi 101, le nombre d'enfants qui fréquentent l'école anglaise est moins nombreux[23]. La langue anglaise se porte toutefois beaucoup mieux dans la grande région de Montréal qu'en régions[24], et plusieurs indices d'ordre socioéconomique[25], politique (la participation à l'administration publique, par exemple)[26] et institutionnel[27] signalent une minorisation graduelle de la communauté anglophone du Québec. Selon Statistique Canada, la migration nette de -8 000 ayant touché la population de langue maternelle anglaise du

Québec entre 2001 et 2006 a constitué la perte la plus faible enregistrée depuis 1966. Est-ce le signe d'une stabilisation du phénomène migratoire, voire d'une certaine paix linguistique[28] ? Le pouvoir de la langue française continue néanmoins de s'exprimer au Québec grâce à la force du nombre et à celle du pouvoir politique[29].

Les résultats que nous venons de présenter confirment que la *Loi sur les langues officielles* n'a pas eu pour effet d'inverser.les tendances vers l'assimilation qui se dessinaient déjà, chez les communautés francophones en situation minoritaire, au moment de la Commission Laurendeau-Dunton pendant les années 1960. Du côté des anglophones du Québec, il est permis d'affirmer que la Loi 101 a eu un effet plus important sur la vitalité du français au Québec que celui de la *Loi sur les langues officielles* sur la vitalité de la communauté anglophone québécoise[30]. Par ailleurs, si la Loi 101 a produit des effets positifs sur la langue française au Québec, il reste que c'est dans le domaine économique que le français réussit le moins bien à s'imposer[31].

LOI SUR LES LANGUES OFFICIELLES ET VITALITÉ DES COMMUNAUTÉS DE LANGUE OFFICIELLE EN SITUATION MINORITAIRE

Voici très brièvement deux modèles théoriques qui permettent d'énoncer des principes heuristiques qui régissent l'effet des droits linguistiques sur la vitalité des communautés de langue officielle en situation mino-ritaire. Le premier est un modèle macroscopique des facteurs de vitalité qui influencent la socialisation et le développement psycholangagier des membres de groupes linguistiques inégaux qui partagent un même territoire. C'est toutefois la perspective du groupe minoritaire qui est illustrée par le modèle. C'est pourquoi c'est ce groupe que nous nommons l' « endogroupe » et que le groupe majoritaire et dominant est appelé l'« exogroupe ». Le modèle est présenté à la figure 1[32].

Selon ce modèle, le droit linguistique et les politiques linguistiques font partie intégrante d'un « cadre idéologique, juridique et politique » qui reflète l'idéologie de l'État à l'égard des droits de la minorité, idéologie qui s'exprime dans des politiques sur un continuum allant d'un appui proactif et engagé au rejet et à la marginalisation, en passant par des politiques d'indifférence ou d'assimilation[33]. Ces idéologies, fondées sur des facteurs historiques et politiques, sont aussi influencées par des facteurs structuraux de nombre, de pouvoir et de statut qui déterminent les possibilités pour un groupe linguistique de demeurer une « entité distincte et active dans la société »[34]. Ce rapport de force entre le groupe linguistique dominant et le groupe linguistique minoritaire influence le « contexte institutionnel et social », c'est-à-dire les institutions et les réseaux sociaux où sont employées les langues en contact. On observe alors très souvent le phénomène de diglossie[35] : la langue dominante

FIGURE 1
Modèle intergroupe de la revitalisation ethnolinguistique :
une perspective macroscopique

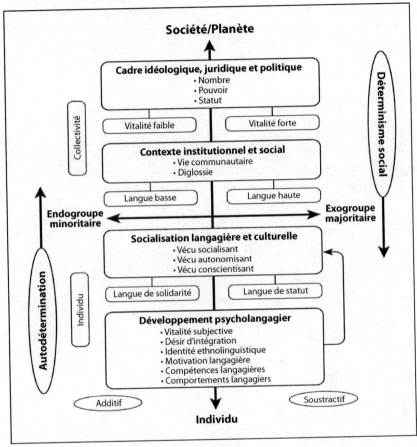

Source : Landry, Allard et Deveau (2006, 2007 et 2008).

est la « langue haute » de la société et elle est parlée dans les situations officielles et publiques, alors que la langue minoritaire est généralement une « langue basse », parlée dans un contexte plus informel et privé, et parfois uniquement au sein du groupe minoritaire lui-même. C'est seulement lorsque la langue minoritaire est employée sur la place publique au sein de ses propres institutions et dans celles de l'État qu'elle acquiert un statut officiel, lequel peut exercer une influence sur la vitalité du groupe minoritaire.

Comme l'illustre la figure 1, les institutions et les réseaux sociaux influent sur la « socialisation langagière et culturelle » des membres du groupe minoritaire, sur le plan autant de la quantité des contacts (le vécu enculturant) que de leur qualité (les vécus autonomisant et conscientisant)[36]. C'est cette socialisation ethnolangagière qui influence le plus l'ensemble du « développement psycholangagier » des membres du groupe minoritaire, c'est-à-dire ce qu'ils deviennent sur le plan de la langue et de la culture : leur vitalité subjective (ou leur perception du statut et de la vitalité de leur langue et de celle de l'exogroupe), leur désir d'intégrer le groupe minoritaire et le groupe majoritaire, leur identification à chacun de ces groupes, les facteurs qui les motivent à apprendre et à parler la langue minoritaire et la langue majoritaire, leurs compétences langagières et l'ensemble de leurs comportements langagiers.

La vitalité subjective se traduit beaucoup plus par les contacts langagiers dans la sphère publique (les services publics, les commerces et l'affichage public et commercial), tandis que la force de l'identification à chacun des groupes est surtout déterminée par les expériences langagières qui relèvent du domaine privé (la famille et la parenté, les réseaux sociaux intimes et les médias). Nos recherches montrent que la vitalité subjective en ce qui a trait au groupe minoritaire et l'identification à ce groupe, par ailleurs, sont toutes deux reliées au désir des membres de la minorité de s'intégrer à la vie communautaire de leur groupe[37].

Le rapport de force qui s'institue et s'exerce entre le groupe dominant et un groupe minoritaire constitue une dynamique qui met en relation un certain « déterminisme social » (la domination sociale présente dans les structures de la société s'imposant du haut vers le bas) et une « autodétermination » de la part des membres du groupe (« individus ») et de la « collectivité » dominée (voir la partie gauche de la figure 1). L'autodétermination peut donc s'exprimer par des comportements engagés d'individus ainsi que par le militantisme et la mobilisation sociale d'une collectivité. L'autodétermination s'exerce surtout de façon ascendante, le résultat pouvant être un changement dans les conditions structurales de la vitalité du groupe (l'acquisition de droits collectifs et la création d'institutions, par exemple). Michael O'Keefe a bien illustré cette dynamique en affirmant, en 2001, qu'il ne s'agit pas d'une situation où vitalité et assimilation sont deux phénomènes indépendants l'un de l'autre, mais plutôt deux phénomènes coexistants[38]. Ce rapport de force oppose la volonté de survivre face à la domination d'un autre groupe.

Grâce au modèle présenté à la figure 1, nous pouvons ainsi énoncer un premier principe heuristique sur la relation entre le domaine juridique et la vitalité linguistique. *Une loi linguistique ne peut avoir d'effet sur la vitalité d'une minorité que si elle influence, même indirectement, la socialisation langagière et culturelle des membres de la minorité, c'est-à-dire leurs vécus ethnolangagiers.* Ce principe permet d'apprécier les limites des effets que peut avoir la *Loi sur les langues officielles* sur la vitalité des communautés de langue officielle en situation minoritaire. Comme la Loi ne s'applique qu'à la sphère d'activité du gouvernement fédéral, elle ne touche qu'une petite partie des vécus langagiers des individus[39]. On peut alors formuler l'hypothèse que la partie VII de la Loi est celle qui peut le plus influencer la vitalité des communautés de langue officielle en situation minoritaire, puisqu'elle engage le gouvernement fédéral « à favoriser l'épanouissement des minorités francophones et anglophones du Canada et à appuyer leur développement, ainsi qu'à promouvoir la pleine reconnaissance et l'usage du français et de l'anglais dans la société canadienne »[40]. De plus, dans la modification qui lui a été apportée en 2005, la *Loi sur les langues officielles* oblige le gouvernement fédéral à « veiller à ce que soient prises des mesures positives pour mettre en œuvre cet engagement[41]. De plus, ces dispositions législatives font maintenant partie de celles qui peuvent donner lieu à un recours judiciaire[42].

Suivant ce modèle théorique, le gouvernement fédéral aurait donc tout intérêt à évaluer les répercussions de la loi en évaluant son influence potentielle sur le vécu réel des membres des communautés de langue officielle en situation minoritaire directement ou indirectement visées par ses « mesures positives ». Les services publics placés sous l'égide de la *Loi sur les langues officielles* peuvent exercer des influences significatives sur le plan symbolique, surtout si les personnes concernées ont la possibilité de réfléchir activement à la notion de dualité canadienne et au sens que le législateur entend attribuer à la notion d'égalité des langues officielles. Ces effets symboliques dépendent toutefois des occasions de vivre des expériences « conscientisantes »[43], à l'école par exemple, et ne constituent que des influences indirectes de la *Loi sur les langues officielles*. Sans les autres activités reliées à la partie VII de la Loi qu'il exerce, par exemple son appui aux programmes d'enseignement dans la langue de la minorité et la création de centres scolaires communautaires, le gouvernement fédéral risquerait d'avoir peu d'influence réelle sur la vitalité des communautés de langue officielle en situation minoritaire. Il devient difficile toutefois de distinguer les effets de ces programmes qui découlent de la *Loi sur les langues officielles* de ceux qui découlent de l'article 23 de la *Charte* et de la jurisprudence qui en a résulté.

Pour permettre de mieux dégager des principes directeurs qui relient les lois linguistiques et la vitalité des groupes minoritaires, nous présentons, à la figure 2, le modèle de l'autonomie culturelle[44]. Celui-ci met en relief et en interaction l'ensemble des variables qui assurent la vitalité linguistique d'un groupe minoritaire[45], tout en associant, à un projet de société – à un projet politique de « revitalisation langagière »[46] visant une forme d'autogouvernement capable d'assurer la pérennité de ce groupe linguistique au sein d'un État –, la prise en charge de ces variables par la minorité. Pour les communautés de langue officielle en situation minoritaire, un projet d'autonomie culturelle pourrait comporter un « pouvoir institutionnel », ces communautés étant à la fois « maîtres chez elles » au cœur de leurs institutions et ouvertes à la diversité culturelle canadienne en leur sein en continuité avec chacune des « cultures sociétales »[47] qu'instituent les collectivités linguistiques canadiennes[48].

FIGURE 2
Le modèle de l'autonomie culturelle

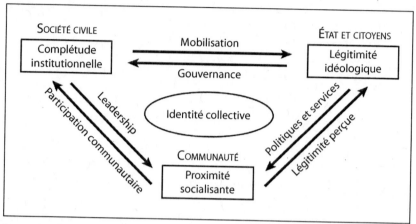

Source : Landry (2009).

Le modèle de l'autonomie culturelle retient trois composantes, chacune formant un ensemble de variables associées à la vitalité linguistique d'un groupe et regroupant différentes catégories d'acteurs sociaux. On peut concevoir ce modèle comme une autre façon de considérer la dynamique décrite dans la moitié supérieure du modèle intergroupe de la figure 1. Ces composantes interagissent avec l'identité collective du groupe – l'image qu'il se crée de son histoire, de sa légitimité et de son devenir –, celle-ci étant l'instigatrice de ses actions collectives[49]. L'identité collective et les composantes de la vitalité se renforcent mutuellement.

La « proximité socialisante » est le lieu de la « communauté d'intimité[50] » et relève de la communauté locale et des liens de proximité vécus dans la sphère privée. Joshua Fishman appelle cette composante le « noyau foyer – famille – voisinage – communauté ». Elle est le fondement de la vitalité du groupe minoritaire, sans lequel les langues cessent d'exister puisqu'elles ne se transmettent plus aux générations suivantes. Une telle vie communautaire s'avère plus dynamique et authentique lorsque la population, concentrée sur un territoire, se regroupe à proximité de ses institutions[51]. Le taux de transmission intergénérationnelle de la langue maternelle examiné dans la première partie du chapitre se révèle un excellent indice de la force de cette composante.

La « complétude institutionnelle[52] » forme l'assise opératoire de l'autonomie culturelle. Ce sont les institutions gérées par le groupe minoritaire qui donnent vie à la langue dans la sphère publique. Sans une présence sur la place publique, les langues sont dépourvues de statut. Pierre angulaire institutionnelle, l'école dispense aux membres de la minorité une formation de base dans leur langue et peut donner aux leaders de ses institutions de tous les secteurs clés de sa vitalité une préparation initiale au leadership, tout en demeurant le lieu par excellence de la socialisation – un milieu de vie, une extension de la proximité socialisante qui donne forme et sens à l'identité de groupe[53]. Cette composante de l'autonomie culturelle, comme le montre la figure 2, relève du leadership des acteurs de la « société civile ». Ce sont eux qui peuvent le mieux agir collectivement et politiquement pour faire valoir les besoins et les buts du groupe. En exerçant ce leadership sur la communauté, ils peuvent servir d'intermédiaires entre celle-ci et les représentants de l'État, contribuant de la sorte à la « mobilisation » collective et à la mise en œuvre de différentes formes de « gouvernance » pour que le groupe soit représenté de façon légitime et démocratique[54].

C'est dans la troisième composante du modèle que l'on trouve l'effet des lois et des politiques linguistiques. La « légitimité idéologique » relève de l'État et de ses citoyens ; elle confère un statut et une légitimité au groupe. Comme le montre le diagramme qui illustre le modèle, par ses politiques et ses services, l'État actualise son idéologie et influence le vécu des membres de la minorité en légitimant ou non leur « droit d'être » dans la société et dans les institutions publiques, ce qui peut produire un effet déterminant sur leurs représentations sociales, c'est-à-dire sur leur « légitimité perçue ». Cette vitalité subjective étend son influence décisive sur les comportements langagiers des membres de la minorité dans la sphère publique, ainsi que sur leur désir d'intégrer chacune des communautés linguistiques[55]. De plus, l'offre de services gouvernementaux dans la langue minoritaire influence fortement l'usage de cette langue[56]. Le paysage linguistique (la langue de l'affichage), et pas seulement la langue dans laquelle sont offerts les services gouvernementaux, est fortement lié à la vitalité subjective[57].

On peut encore ici apprécier les effets limités de la *Loi sur les langues officielles*. Comme elle s'applique aux services liés aux compétences du gouvernement fédéral, son incidence sur la « vie communautaire » est restreinte. Une loi qui réunirait l'ensemble des services normalement associés aux domaines de compétence fédérale, provinciale et municipale exercerait une influence symbolique et réelle beaucoup plus forte.

Deux principes directeurs reliant les droits linguistiques à la vitalité communautaire se dégagent de ce deuxième modèle théorique. Le premier : *Une loi linguistique actualise l'idéologie de l'État concernant la minorité et peut permettre de mettre en œuvre des « politiques de reconnaissance » donnant au groupe minoritaire une légitimité et un statut.* Le deuxième : *L'application d'une loi linguistique dans la société influe sur les représentations sociales des membres de la minorité et des citoyens, permettant aux premiers d'intérioriser leur légitimité et leur statut, et aux seconds de reconnaître le droit de la minorité de « coexister ».*

Cette légitimité et ce statut perçus par les membres de la minorité font partie de leur vitalité subjective[58], celle-ci ayant un effet sur l'usage des langues sur la place publique et sur le désir d'intégrer la vie communautaire du groupe minoritaire[59]. Les citoyens qui font partie de la majorité peuvent renforcer cette légitimité en reconnaissant le groupe minoritaire et en apprenant sa langue comme langue seconde[60].

CONCLUSION

La réflexion que nous présentons ici s'inspire des nombreuses recherches qui ont permis d'analyser le phénomène de la vitalité des minorités linguistiques au Canada et dans le monde. Nous avons décrit les résultats de plusieurs d'entre elles grâce à des modèles théoriques qui permettent de dégager trois principes directeurs liant les lois linguistiques à la vitalité ethnolinguistique. Une loi linguistique peut reconnaître la légitimité d'un projet de société d'une minorité et renforcer le statut social de celle-ci ; cette loi a un effet sur la vitalité subjective des membres de cette minorité et, par voie de conséquence, sur leurs comportements langagiers, mais elle ne peut produire d'effet réel que si elle touche le vécu langagier et l'imaginaire des membres de la minorité. À la lumière de ces principes, il serait erroné d'affirmer que les 40 années qui ont suivi l'adoption de la *Loi sur les langues officielles* n'ont eu aucun effet, ne serait-ce qu'indirectement, sur la vitalité communautaire des communautés de langue officielle en situation minoritaire. Il est certes possible d'imaginer ce qu'aurait été l'apport de la Loi à cette vitalité sans l'article 23 de la *Charte*, par exemple. Cependant, on peut se demander ce qu'aurait été l'effet de l'article 23 de la *Charte* sans l'appui qu'ont fourni les programmes fédéraux à l'enseignement dans la langue de la minorité dans chacune des provinces et chacun des territoires. La *Loi sur les langues officielles* s'est renouvelée au cours des ans, d'abord pour donner vie aux articles 16 à 23 de la *Charte*, puis pour innover encore en favorisant l'émergence de « mesures positives » pouvant permettre un plus grand « épanouissement des minorités francophones et anglophones du Canada ». L'espoir qu'elle contribue davantage à la revitalisation des communautés de langue officielle en situation minoritaire ne peut se réaliser que si le gouvernement canadien innove de façon majeure en adoptant d'autres « mesures positives » pour multiplier les domaines où il peut exercer son influence. Cette influence pourrait être mise en œuvre, notamment, par la formation de partenariats avec les gouvernements provinciaux et territoriaux en vue d'élaborer des politiques linguistiques plus englobantes et plus pertinentes par rapport à la vie des communautés de langue officielle en situation minoritaire et à leur autonomie culturelle. Récemment, nous avons proposé la création d'un tel partenariat dans le domaine de la petite enfance, qui s'avère le principal défi associé à la vitalité des communautés francophones hors Québec et acadiennes[61]. Le gouvernement devra actualiser le caractère « global » de la *Loi sur les langues officielles*[62] et trouver des façons créatives de toucher la vie des gens dans leur quotidien. Sinon, cette loi risque fort de devenir un symbole d'égalité dénué de sens et de portée, une représentation trop étroite et fragmentée de la dualité canadienne pour produire un véritable effet égalisateur et trop restreinte pour « insuffler vie » aux minorités de langue officielle.

NOTES

1. Foucher (2008a).
2. Bourhis (2008a).
3. Calvet (1999).
4. Corbeil (2007).
5. Le TRAL s'apparente à l'indice de continuité linguistique (ICL) utilisé par Statistique Canada, lequel exprime le ratio entre le nombre de personnes d'un groupe linguistique parlant une langue le plus souvent à la maison et le nombre de personnes dont cette langue est la langue maternelle. En somme, il s'agit de l'inverse du transfert linguistique, qui est le taux d'usage d'une langue autre que la langue maternelle parlée le plus souvent à la maison. On distingue le TRAL de l'ICL en utilisant le total des personnes parlant le plus souvent une langue à la maison sans égard à leur langue maternelle, alors que l'ICL calcule ce ratio en ne considérant que les personnes d'une même langue maternelle.
6. O'Keefe (2001).
7. Fishman (1991, 2001).
8. Bourhis et Landry (2008).
9. Marmen et Corbeil (2004) ; Statistique Canada (2007).
10. Dans la période intercensitaire de 1976 à 1981, qui correspond à l'adoption de la *Charte de la langue française* (en 1977), couramment appelée « Loi 101 », le taux migratoire net des anglophones a été à son plus bas (-106 300), soit plus du double du taux moyen de -42 020 et près du tiers de la perte migratoire nette entre 1966 et 2006 (336 170). Calculs effectués à l'aide des données de Statistique Canada (2007).
11. Bouchard et Bourhis (2002) ; Corbeil (2007).
12. Statistique Canada (2007).
13. Voir la note 5 pour une définition de ces indices.
14. O'Keefe (2001); Landry (2003 et 2010).
15. Landry (2003).
16. Landry (2010).
17. O'Keefe (2001) avait constaté que la transmission du français comme langue maternelle chez les couples exogames avait augmenté depuis 1971. Ce taux était de 21,2 % en 1996. Il a donc augmenté de 18 % entre 1996 et 2006.
18. Landry (2010).
19. O'Keefe (2001, p. 67).
20. Marmen et Corbeil (2004) ; Landry (2003 et 2010) ; Beaudin et Forgues (2005); Beaudin et Landry (2003).
21. Corbeil. Grenier et Laferière (2007).
22. Jedwab (2008).
23. Jedwab (2002) ; Lamarre (2007, 2008) ; Foucher (2007).
24. Bourhis (2008a).

25. Floch et Pocock (2008).
26. Bourhis (2008b).
27. Jedwab et Maynard (2008) ; Lamarre (2008).
28. Bourhis, Montaruli et Amiot (2007).
29. Bourhis (2008b).
30. Bourhis (2008b) ; Jedwab (2008) ; Floch et Pocock (2008) ; Foucher (2008b).
31. Bouchard et Bourhis (2002).
32. Pour une présentation de ce modèle, se reporter à Landry, Allard et Deveau (2006, 2007 et 2008).
33. Bourhis (2001) ; Skutnabb-Kangas (2000).
34. Giles, Bourhis et Taylor (1977) ; Harwood, Giles et Bourhis (1994) ; Bourhis et Landry (2008).
35. Fishman (1967).
36. Landry, Allard, Deveau et Bourgeois (2005) ; Landry, Allard et Deveau (2008).
37. Landry, Deveau et Allard (2006a).
38. O'Keefe (2001).
39. À moins, évidemment, que l'on soit fonctionnaire fédéral ou que l'on soit en contact fréquent avec les institutions fédérales.
40. Paragraphe 41(1) de la *Loi* révisée en 2005.
41. Paragraphe 41(2) de la *Loi* révisée en 2005.
42. Doucet (2007) ; Foucher (2008a).
43. Allard, Landry et Deveau (2005).
44. Landry (2008 et 2009) ; Landry, Forgues et Traisnel (2010).
45. Bourhis et Landry (2008).
46. Fishman (1991 et 2001) ; Landry, Deveau et Allard (2006b).
47. Kymlicka (2001).
48. Landry (à paraître).
49. Breton (1983).
50. Fishman (1991).
51. Gilbert et Langlois (2006) ; Gilbert et Lefebvre (2008).
52. Breton (1964).
53. Landry (2008).
54. Landry, Forgues et Traisnel (2010).
55. Landry, Deveau et Allard (2006a).
56. Deveau, Landry et Allard (2009).
57. Landry et Bourhis (1997) ; Landry, Deveau et Allard (2006a).
58. Bourhis, Giles et Rosenthal (1981) ; Allard et Landry (1986 et 1994).
59. Landry, Deveau et Allard (2006a).
60. O'Keefe (2001).
61. Landry (2010).
62. Boileau (2006).

RÉFÉRENCES

Allard, Réal, et Rodrigue Landry (1986). « Subjective ethnolinguistic vitality viewed as a belief system », *Journal of Multilingual and Multicultural Development*, vol. 7, n° 1, p. 112.

Allard, Réal, et Rodrigue Landry (1994). « Subjective ethnolinguistic vitality: A comparison of two measures », *International Journal of the Sociology of Language*, n° 108, p. 117144.

Allard, Réal, Rodrigue Landry et Kenneth Deveau (2005). « Le vécu langagier conscientisant : son rôle dans l'autodétermination du comportement langagier en milieu minoritaire », *Francophonies d'Amérique*, vol. 20, p. 95-109.

Beaudin, Maurice, et Éric Forgues (2005). *La migration des jeunes en milieu rural*, Moncton, Institut canadien de recherche sur les minorités linguistiques.

Beaudin, Maurice, et Rodrigue Landry (2003). « L'attrait urbain : un défi pour les minorités francophones au Canada », *Canadian Issues/ Thèmes canadiens*, février, p. 19-22.

Bouchard, Pierre, et Richard Bourhi (dir.) (2002). « L'aménagement linguistique au Québec : 25 ans d'application de la Charte de la langue française », *Revue d'aménagement linguistique*, hors série.

Bourhis, Richard Y. (2001). « Acculturation, Language Maintenance and Language Loss », dans *Language Maintenance and Language Loss*, Jetske Klatter-Folmer et Piet Van Avermaet (dir.), Tilburg, Pays-Bas, Tilburg University Press, p. 5-37.

Bourhis, Richard Y., Elisa Montaruli et Catherine E. Amiot (2007). « Language planning and French-English bilingual communication : Montreal field studies from 1977 to 1997 ». *International Journal of the Sociology of Language*, n° 185, p. 187-224.

Bourhis, Richard Y. (2008a). *The vitality of the English-speaking communities of Quebec: From community decline to revival*, Moncton/Montréal, Canadian Institute for Research on Linguistic Minorities/Centre des études ethniques des universités montréalaises, Université de Montréal.

Bourhis, Richard Y. (2008b). « The English-speaking communities of Quebec: Vitality, multiple identities and linguicism », dans *The vitality of the English-speaking communities of Quebec: From community decline to revival*, Richard Bourhis (dir.), Moncton/ Montréal, Canadian Institute for Research on Linguistic Minorities/Centre des études ethniques des universités montréalaises, Université de Montréal, p. 123-160

Bourhis, Richard Y., Howard Giles et Doreen Rosenthal (1981). « Notes on the construction of a subjective vitality questionnaire for ethnolinguistic groups », *Journal of Multilingual and Multicultural Development*, vol. 2, p. 145166.

Bourhis, Richard Y., et Rodrigue Landry (2008). « Group vitality, cultural autonomy and the wellness of language monorities », dans *The vitality of the English-speaking communities of Quebec: From community decline to revival*, de Richard Bourhis (dir.), Moncton/ Montréal, Canadian Institute for Research on Linguistic Minorities/Centre des études ethniques des universités montréalaises, Université de Montréal, p. 181-206.

Breton, Raymond (1964). « Institutional Completeness of Ethnic Communities and the Personal Relations of Immigrants », *American Journal of Sociology*, vol. 70, p. 193-205.

Breton, Raymond (1983). « La communauté ethnique, communauté politique », *Sociologie et sociétés*, vol. 15, n° 2, p. 23-37.

Calvet, Louis-Jean (1999). *Pour une écologie des langues du monde*, Paris, Plon.

Corbeil, Jean-Claude (2007). *L'embarras des langues. Origine, conception et évolution de la politique linguistique québécoise*, Montréal, Québec Amérique.

Corbeil, Jean-Pierre, Claude Grenier et Sylvie Lafreniere (2007). *Les minorités prennent la parole : résultats de l'Enquête sur la vitalité des minorités de langue officielle*, Ottawa, Statistique Canada.

Deveau, Kenneth, Rodrigue Landry et Réal Allard (2009). *Utilisation des services gouvernementaux de langue française: une étude auprès des Acadiens et francophones de la Nouvelle-Écosse sur les facteurs associés à l'utilisation des services gouvernementaux en français*, Moncton, Institut canadien de recherche sur les minorités linguistiques.

Doucet, Michel (2007). « La partie VII de la Loi sur les langues officielles du Canada : une victoire à la Pyrrhus ou un réel progrès ? », *Revue de la Common Law en français*, vol. 9, n° 31, p. 31-84.

Fishman, Joshua A. (1991). *Reversing language shift*, Clevedon, Multilingual Matters.

Fishman, Joshua A. (2001). *Can threatened languages be saved?*, Clevedon, Multilingual Matters.

Fishman, Joshua A. (1967). « Bilingualism with and without Diglossia; Diglossia with and without Bilingualism », *Journal of Social Issues*, vol. 23, p. 29-38.

Floch, William et Joanne Pocock (2008). « The socio-economic status of English-speaking Quebec : Those who left and those who stayed », dans *The vitality of the English-speaking communities of Quebec: From community decline to revival*, Richard Bourhis (dir.), Moncton/Montréal, Canadian Institute for Research on Linguistic Minorities/Centre des études ethniques des universités montréalaises, Université de Montréal, p. 35-60.

Foucher, Pierre (2007). « Legal environment of official languages in Canada », *International Journal of the Sociology of Language*, vol. 185, p. 53-69.

Foucher, Pierre (2008a). Droits et lois linguistiques : le droit au service du Canada français, dans *L'espace francophone en milieu minoritaire au Canada : nouveaux enjeux, nouvelles mobilisations*, Joseph-Yvon Thériault, Anne Gilbert et Linda Cardinal (dir.), Montréal, Fides, p. 463-511.

Foucher, Pierre. (2008b). « Legal status of Anglophone communities in Quebec: options and some recommendations », dans Richard Bourhis (dir.), *The vitality of the English-speaking communities of Quebec: From community decline to revival*, Moncton/Montréal, Canadian Institute for Research on Linguistic Minorities/Centre des études ethniques des universités montréalaises, Université de Montréal, p. 19-34.

Gilbert, Anne, et André Langlois (2006). « Organisation spatiale et vitalité des communautés des métropoles à forte dominance anglaise du Canada », *Francophonies d'Amérique*, n° 21, p. 105-129.

Gilbert, Anne, et Marie Lefebvre, (2008). « Un espace sous tension : nouvel enjeu de la vitalité communautaire de la francophonie canadienne », dans *L'espace francophone en milieu minoritaire au Canada : nouveaux enjeux, nouvelles mobilisations*, Joseph-Yvon Thériault, Anne Gilbert et Linda Cardinal (dir.), Montréal, Fides, p. 27-72.

Giles, Howard, Richard Y. Bourhis et Donald M. Taylor (1977). « Towards a Theory of Language in Ethnic Group Relations », dans Howard Giles (dir.), *Language, Ethnicity and Intergroup Relations*, New York, Academic Press, p. 30734

Harwood, Jake, Howard Giles et Richard Y. Bourhis (1994). « The genesis of vitality theory: historical patterns and discoursal dimensions », *International Journal of the Sociology of Language*, n° 108, p. 167-206.

Jedwab, Jack (2002). *The Chambers Report, Ten years after: The state of English language education in Canada, 1992-2002*, Montréal, Missisquoi Institute.

Jedwab, Jack (2008). « How shall we define thee? Determining who is an English-speaking Quebecer and assessing its demographic vitality », dans *The vitality of the English-speaking communities of Quebec: From community decline to revival*, Richard Bourhis (dir.), Moncton/Montréal, Canadian Institute for Research on Linguistic Minorities/Centre des études ethniques des universités montréalaises, Université de Montréal, p. 1-18.

Jedwab, Jack, et Hugh Maynard (2008). « Politics of community: The evolving challenge of representing English-spealing Quebecers », dans *The vitality of the English-speaking communities of Quebec: From community decline to revival*, Richard Bourhis (dir.), Moncton/Montréal, Canadian Institute for Research on Linguistic Minorities/Centre des études ethniques des universités montréalaises, Université de Montréal, p. 161-180.

Kymlicka, Will (2001). *La citoyenneté multiculturelle : une théorie libérale du droit des minorités*, Montréal, Boréal.

Lamarre, Patricia (2007). « Anglo-Quebec today: Looking at community and schooling issues », *International Journal of the Sociology of Language*, vol. 185, p. 109-132.

Lamarre, Patricia (2008). « English education in Quebec: Issues and challenges », dans *The vitality of the English-speaking communities of Quebec: From community decline to revival*, Richard Bourhis (dir.), Moncton/Montréal, Canadian Institute for Research on Linguistic Minorities/Centre des études ethniques des universités montréalaises, Université de Montréal, p. 61-84.

Landry, Rodrigue (à paraître). « Autonomie culturelle, cultures sociétales et vitalité des communautés de langue officielle en situation minoritaire au Canada », *Minorités linguistiques et société/Linguistic Minorities and Society*, n° 1.

Landry, Rodrigue (2010). *Petite enfance et autonomie culturelle. Là où le nombre le justifie…V*, Moncton, Institut canadien de recherche sur les minorités linguistiques.

Landry, Rodrigue (2009). « Autonomie culturelle et vitalité des communautés de langue officielle en situation minoritaire », *Revue de la Common Law en français*, n° 11, p. 19-43.

Landry, Rodrigue (2008). « Au-delà de l'école : le projet politique de l'autonomie culturelle », *Francophonies d'Amérique*, n° 26, p. 147-181.

Landry, Rodrigue (2003). *Libérer le potentiel caché de l'exogamie. Profil démolinguistique des enfants des ayants droit francophones selon la structure familiale*, Moncton, Institut canadien de recherche sur les minorités linguistiques, et Ottawa, Commission nationale des parents francophones.

Landry, Rodrigue, Réal Allard. et Kenneth Deveau (2006). « Revitalisation ethnolinguistique : un modèle macroscopique », dans André Magord (dir.), *Innovation et adaptation : expériences acadiennes contemporaines*, Bruxelles, Éditions Peter Lang.

Landry, Rodrigue, Réal Allard et Kenneth Deveau (2007). « A Macroscopic Intergroup Approach to the Study of Ethnolinguistic Development », *International Journal of the Sociology of Language*, vol. 185, p. 225-253.

Landry, Rodrigue, Réal Allard et Kenneth Deveau (2008). « Un modèle macroscopique du développement psycholangagier en contexte intergroupe minoritaire », *Diversité urbaine*, automne, p. 45-68.

Landry, Rodrigue, Réal Allard, Kenneth Deveau et Noella Bourgeois (2005). « Autodétermination du comportement langagier en milieu minoritaire : un modèle conceptuel », *Francophonies d'Amérique*, n° 20, p. 63-78.

Landry, Rodrigue, et Richard Y. Bourhis (1997). « Linguistic landscape and ethnolinguistic vitality: An empirical study », *Journal of Language and Social Psychology*, vol. 16, p. 23-49.

Landry, Rodrigue, Kenneth Deveau et Réal Allard (2006a). « Langue publique et langue privée en milieu ethnolinguistique minoritaire : les relations avec le développement psycholangagier », *Francophonies d'Amérique*, vol. 22, p. 167-184.

Landry, Rodrigue, Kenneth Deveau et Réal Allard (2006b). « Au-delà de la résistance : principes de la revitalisation ethnolangagière », *Francophonies d'Amérique*, vol. 22, p. 37-56.

Landry, Rodrigue, Éric Forgues et Christophe Traisnel (2010). Autonomie culturelle, gouvernance et communautés francophones en situation minoritaire au Canada, *Politique et société*, vol. 29, n° 1, p. 54-81.

Marmen, Louise, et Jean-Pierre Corbeil (2004). *Les langues au Canada : recensement de 2001*, Ottawa, Travaux publics et Services gouvernementaux Canada, Patrimoine canadien et Statistique Canada.

O'Keefe, Michael (2001). *Minorités francophones : assimilation et vitalité des communautés* (2e éd.), Ottawa, Patrimoine canadien.

Skutnabb-Kangas, Tove (2000). *Linguistic Genocide in Education or Worldwide Diversity and Human Rights*, Mahwah (NJ), Lawrence Erlbaum.

Statistique Canada (2007). *Le portrait linguistique en évolution, Recensement de 2006*, Ottawa, Ministre de l'Industrie, catalogue n° 97-555-XIFT.

LA LOI SUR LES LANGUES OFFICIELLES ET LA POURSUITE DES OBJECTIFS DE LA COMMISSION LAURENDEAU-DUNTON : MISSION ACCOMPLIE ?

MARC TREMBLAY

The history of language rights in Canada goes back to the origins of the country. The protection of language minorities is, in fact, one of the pillars on which the Canadian Constitution rests, although protection for official languages was limited to a single provision of the Constitution Act, 1867. *The Royal Commission on Bilingualism and Biculturalism (RCBB) later recommended the adoption of a law on official languages in order to give equal status to English and French in its areas of jurisdiction.*

The Official Languages Act *of 1969 made English and French the official languages of Canada for everything that relates to Parliament and the government of Canada, and it gave the two official languages equal status, rights, and privileges when used in the institutions of Parliament and the government of Canada. The 1982* Canadian Charter of Rights and Freedoms, *in turn, corrected certain shortcomings and limitations of the act.*

Ce texte est la version écrite et légèrement remaniée d'une communication présentée à Gatineau le 12 mars 2009 dans le cadre d'une table ronde tenue lors d'un symposium organisé par l'Association d'études canadiennes. L'auteur était alors l'avocat général et directeur du Groupe du droit des langues officielles au ministère de la Justice du Canada.

A historical account of language rights reveals the entire journey. From restricted constitutional protections in 1867, through the recognition of broader legislative obligations with respect to services and communications in 1969, followed by the entrenchment of the right to services in 1982, the legislation touches on each objective that the RCBB set for the federal level of government. Our history of protection of language minorities is certainly not flawless; nevertheless, this long history, and the tradition of respect for minorities that emerges, reflects a journey of success. If the equal status of both official languages remains an aspiration and an unfinished work, the progress achieved is no less important and the social transformations no less remarkable by their reach.

Around the world, Canada and its Official Languages Act *serve as models. After forty years, this act should be, for us, a source of pride.*

Mon objectif, dans le présent texte, sera de vous donner un aperçu du cadre législatif qui entoure la *Loi sur les langues officielles* du Canada, et de l'évolution de ce cadre, à l'occasion du quarantième anniversaire de cette loi.

Entendons-nous dès à présent que, pour mon propos, j'inclus parmi les « textes législatifs » les dispositions constitutionnelles. La perspective que j'avancerai ici est que les textes qui accordent une protection aux langues officielles ont évolué de manière constante et positive. Je laisserai à d'autres le soin de jeter un œil plus critique aux textes à l'étude, tout en admettant d'emblée que le projet est à ce jour inachevé à certains égards. Aussi m'en tiendrai-je à la seule sphère fédérale, bien qu'il y ait également beaucoup à dire au chapitre de l'évolution du régime législatif dans les provinces et les territoires, notamment en ce qui touche aux droits scolaires garantis par l'article 23 de la *Charte canadienne des droits et libertés*.

Pour fixer les bases comparatives de l'évolution dont je désire traiter, il faut évidemment reprendre sommairement les éléments de protection des langues officielles qui figuraient dans les textes législatifs canadiens à l'origine.

L'ARTICLE 133 DE LA *LOI CONSTITUTIONNELLE DE 1867*

Je ne veux pas entrer ici dans les détails, mais il importe de rappeler que la protection constitutionnelle des langues officielles se limitait, à l'origine, à une seule disposition de la *Loi constitutionnelle de 1867*.

L'article 133 de la *Loi constitutionnelle de 1867* consacrait le droit de chacun d'utiliser le français ou l'anglais dans les sphères judiciaire et parlementaire fédérales, ainsi que l'obligation d'adopter les lois dans les deux langues.

La nature somme toute restreinte de la protection offerte pas cette disposition constitutionnelle a été constatée par les tribunaux et a fait l'objet

de nombreuses critiques[1]. Il n'en demeure pas moins que l'objectif – celui
« d'assurer aux francophones et aux anglophones l'accès égal aux corps
législatifs, aux lois et aux tribunaux[2] » – était clairement établi, même
s'il faut convenir que le cadre alors mis en place était en soi incomplet.

UN PAS EN AVANT – LA PREMIÈRE *LOI SUR LES LANGUES OFFICIELLES*

En raison, peut-être, de la sphère d'action relativement restreinte de la
Loi constitutionnelle de 1867 et de la protection incomplète offerte aux
langues officielles, la Commission royale d'enquête sur le bilinguisme et
le biculturalisme (ou Commission Laurendeau-Dunton, du nom de ses
deux présidents), en 1967, en est venue à la célèbre conclusion que « le
Canada traverse actuellement, sans toujours en être conscient, la crise
majeure de son histoire[3] ».

La Commission Laurendeau-Dunton a alors recommandé que le
Parlement adopte une loi sur les langues officielles « afin de donner un
statut égal à l'anglais et au français dans les domaines de sa compétence ».
Cette loi, selon la Commission, devait notamment :

- Assurer aux citoyens l'accès aux services administratifs et judiciaires
  des organismes fédéraux, dans les deux langues officielles du pays ;
- Prévoir la désignation d'un grand commis de l'État – un ombudsman
  linguistique – indépendant des pouvoirs publics, chargé notamment
  d'enquêter et de faire rapport sur la mise en application de la loi
  fédérale relative aux langues officielles ;
- Permettre la reconnaissance des deux langues officielles dans les
  provinces où ces langues sont parlées par suffisamment de citoyens[4].

L'adoption de la *Loi sur les langues officielles*, en 1969, a donné suite à bon
nombre des recommandations de la Commission Laurendeau-Dunton.
La *Loi* fait du français et de l'anglais les langues officielles du Canada
« pour tout ce qui relève du Parlement et du gouvernement du Canada »,
et déclare l'égalité, en matière de statut, de droits et de privilèges, des
deux langues officielles quant à leur emploi au sein des institutions du
Parlement et du gouvernement du Canada[5]. Pour la première fois, une loi
prévoit l'obligation des institutions fédérales « de veiller à ce que, dans
la région de la capitale nationale d'une part et, d'autre part, au lieu de
leur siège ou bureau central [...] ainsi qu'en chacun de leurs principaux
bureaux ouverts dans un district bilingue fédéral [...] le public [puisse]
communiquer avec eux et obtenir leurs services dans les deux langues
officielles ». Le droit aux services et aux communications dans les deux
langues officielles n'est toutefois pas d'application universelle, mais plutôt restreint aux endroits où il y aurait une « demande importante[6] ». Et,
enfin, la *Loi* crée le poste de Commissaire aux langues officielles.

La *Loi sur les langues officielles* de 1969, même si elle constituait alors un grand pas en avant, souffrait de diverses lacunes, dont les principales me paraissent avec le recul du temps être les suivantes.

- Des débats judiciaires sur la nature purement déclaratoire plutôt qu'exécutoire de la *Loi* en droit ont nui aux efforts de mise en œuvre[7] ;
- La possibilité, envisagée par la *Loi,* que les tribunaux de juridiction pénale ordonnent la tenue de procédures en langue officielle minoritaire ne s'est pas matérialisée[8] ;
- De même, la collaboration fédérale-provinciale attendue ne s'est pas matérialisée comme prévu, sauf au Nouveau-Brunswick, qui s'est doté de sa propre loi linguistique dès 1969[9], et les districts bilingues envisagés n'ont par conséquent pas été créés ;
- L'absence de dispositions claires et expresses sur la langue de travail a retardé les progrès de ce volet important du programme des langues officielles et exigé des précisions parlementaires[10] ;
- En outre, la nébulosité quant à la possibilité d'obtenir réparation devant les tribunaux – puisque aucune peine ou sanction ni recours judiciaire n'avaient été expressément prévus à l'encontre d'éventuelles violations des droits prévus par la Loi – a privé les juges de l'occasion de fournir des interprétations de la *Loi* pendant plusieurs années[11].

LA *CHARTE CANADIENNE DES DROITS ET LIBERTÉS*

La Commission Laurendeau-Dunton avait recommandé la mise à jour de l'article 133 de la *Loi constitutionnelle de 1867.* Il a fallu attendre jusqu'en 1982 pour que les conditions soient rassemblées pour réaliser cet objectif, bien qu'indirectement. Avec l'avènement de la *Charte,* certaines des lacunes et limites de la *Loi sur les langues officielles* de 1969 sont pour ainsi dire alors corrigées.

Tout d'abord, le paragraphe 16(1) de la *Charte* confirme le principe d'égalité des langues officielles, initialement reconnu par l'article 2 de la *Loi sur les langues officielles* de 1969. Ce principe a d'importantes conséquences :

> Il signifie notamment que les droits linguistiques de nature institutionnelle exigent des mesures gouvernementales pour leur mise en œuvre et créent, en conséquence, des obligations pour l'État [citations omises]. Il signifie également que l'exercice des droits linguistiques ne doit pas être considéré comme exceptionnel, ni comme une sorte de réponse à une demande d'accommodement[12].

Toutefois, des doutes sur le fait que la disposition reconnaît ou non le droit des fonctionnaires fédéraux de travailler dans l'une ou l'autre des langues officielles persistent[13].

La *Charte* donne un statut de droit constitutionnel au droit du public aux services et aux communications des institutions fédérales [paragraphe 20(1)], mais maintient le concept de l'application variable de ce droit en fonction de l'importance de la demande[14].

Enfin, la *Charte* accorde expressément aux tribunaux un rôle vital dans la protection des droits linguistiques. Je ne peux ici faire justice à cette dimension importante des droits constitutionnels et au rôle primordial joué par les tribunaux pour assurer la protection des minorités linguistiques, qui mériterait un développement qui dépasse l'objet de ce texte. Dans l'arrêt *Doucet-Boudreau*[15], la majorité de la Cour a souligné « l'importance des droits linguistiques et la nécessité pressante d'en assurer le respect dans le contexte de l'affaire[16] » pour justifier un vaste pouvoir d'intervention judiciaire, et a donc confirmé « le pouvoir des tribunaux de formuler des *solutions novatrices* afin d'assurer le respect et la mise en œuvre des droits énoncés dans la *Charte*, notamment des droits linguistiques. La Cour suprême a déclaré sans ambages que les tribunaux peuvent, lorsque cela est convenable et juste eu égard aux circonstances, élargir leur manière de concevoir la fonction judiciaire.[17] »

LA *LOI SUR LES LANGUES OFFICIELLES* DE 1988 – LA CONFIRMATION DU PRINCIPE DE LA PROGRESSION PAR LA VOIE LÉGISLATIVE

Ce bref survol des textes législatifs, de 1867 à 1982, démontre bien à quel point la protection des langues officielles est le fait d'une progression, longue et constante. L'avènement de la *Charte* exigeait maintenant une mise à niveau des textes législatifs, des politiques et des programmes liés aux langues officielles. Le paragraphe 16(3) de la *Charte*, qui confirme le principe de la progression vers l'égalité de statut des langues officielles par la voie législative, invitait d'ailleurs les législateurs à faire preuve de générosité pour compléter le cadre constitutionnel par l'adoption d'autre droits linguistiques que ceux qu'impose la Constitution.

La *Loi sur les langues officielles*, qui est entrée en vigueur en septembre 1988, est une réponse à cette invitation[18].

Parlons tout d'abord de sa clause d'objet. L'article 2 de la *Loi* reprend le vocabulaire du paragraphe 16(1) de la *Charte* quant à l'égalité de statut, de droits et de privilèges du français et de l'anglais. Toutefois, il va plus loin et reconnaît à la *Loi* l'objectif alors formulé pour la première fois « d'appuyer le développement des minorités francophones et anglophones et, d'une façon générale, de favoriser, au sein de la société canadienne, la progression vers l'égalité de statut et d'usage du français et de l'anglais ».

Pour bien comprendre l'importance de cette clause d'objet, il faut lire la récente décision de la Cour suprême du Canada dans l'arrêt *Desrochers c. Canada (ministère de l'Industrie)*[19], où la Cour a interprété le droit du public à des services et à des communications en français et en anglais sous l'angle du développement communautaire.

En outre, la jurisprudence reconnaissait depuis longtemps à la *Loi* le statut de loi quasi constitutionnelle, qui mérite à ce titre une interprétation large et libérale :

> La *Loi sur les langues officielles* de 1988 *n'est pas une loi ordinaire*. Elle reflète à la fois la Constitution du pays et le compromis social et politique dont il est issu. Dans la mesure où elle est l'expression exacte de la reconnaissance des langues officielles inscrite aux paragraphes 16(1) et 16(3) de la *Charte canadienne des droits et libertés*, elle obéira aux règles d'interprétation de cette *Charte* telles qu'elles ont été définies par la Cour suprême du Canada. Dans la mesure, par ailleurs, où elle constitue un prolongement des droits et garanties reconnus dans la *Charte*, et de par son préambule, de par son objet défini en son article 2, de par sa primauté sur les autres lois établies en son paragraphe 82(1), elle fait partie de cette catégorie privilégiée de lois dites quasi constitutionnelles qui expriment « certains objectifs fondamentaux de notre société » et qui doivent être interprétés « de manière à promouvoir les considérations de politique générale qui [les] sous-tendent »[20].

Par ailleurs, là où la jurisprudence, les études et les rapports du Commissaire aux langues officielles avaient établi des lacunes, le législateur intervient en 1988 pour les corriger. À titre d'exemples :

- Au niveau du bilinguisme parlementaire, la *Loi* de 1988 prévoit l'interprétation simultanée[21], et complète ainsi l'article 133 de la *Loi constitutionnelle de 1867* en précisant que le hansard doit être traduit[22] ;
- Au niveau du bilinguisme législatif, la *Loi* de 1988 va au-delà de l'article 133 de la *Loi constitutionnelle de 1867* en exigeant que les règlements qui sont publiés dans la Gazette soient adoptés dans les deux langues officielles malgré le fait qu'ils ne requièrent pas l'approbation des ministres pour entrer en vigueur[23] ; en outre, les documents déposés au Parlement par une institution fédérale doivent l'être en français et en anglais[24], alors que les traités et accords fédéral-provinciaux doivent être authentifiés ou conclus dans les deux langues officielles dans certaines circonstances spécifiées[25].
- Au niveau de l'administration de la justice, la *Loi* complète le droit individuel que confèrent la *Loi constitutionnelle* et la *Charte* d'utiliser l'une ou l'autre langue et crée une obligation corollaire à la charge de l'institution fédérale, afin de s'assurer : que le justiciable comparaîtra devant des juges qui sont en mesure de le comprendre directement, sans l'aide d'un interprète[26] ; que la Couronne utilisera la langue du justiciable dans ses actes de procédure et ses plaidoiries[27] ; que les imprimés des actes judiciaires et les informations y figurant soient disponibles dans les deux langues officielles [28], comme d'ailleurs les décisions des tribunaux[29].

La *Loi* de 1988 vient également donner corps au droit du public à des services et à des communications dans les deux langues officielles conféré par le paragraphe 20(1) de la *Charte*. Les origines constitutionnelles de la partie IV de la *Loi* de 1988 auront ainsi diverses conséquences, dont on commence à peine à mesurer la pleine ampleur.

En outre, dans l'arrêt *Doucet c. Canada*[30], la Cour fédérale a indiqué qu'il est légitime de définir le champ d'application des critères constitutionnels de la « demande importante » et de la « vocation du bureau », comme l'État l'a fait en adoptant en 1991 un règlement d'application de la partie IV de la *Loi*[31] ; toutefois, comme pour toute limite similaire des droits constitutionnels, l'État devra être en mesure de démontrer qu'elles sont justifiées conformément aux principes élaborés par la Cour suprême pour l'application de l'article 1 de la *Charte* dans l'arrêt *Oakes*[32].

De même, en adoptant l'article 25 de la *Loi* de 1988, le législateur fédéral a appliqué le principe constitutionnel consacré par l'article 32 de la *Charte*, et qui consiste à « ne pas permettre aux gouvernements d'échapper aux obligations que leur impose la *Charte*[33] ». L'article 25 de la *Loi* a donc été adopté afin d'assurer le respect par les institutions fédérales des obligations que leur impose la partie IV de la *Loi sur les langues officielles* et, *a fortiori*, l'article 20 de la *Charte* lorsqu'elles confient à des tiers les services et les communications qu'elles sont tenues d'offrir dans les deux langues officielles.

Tel que l'a indiqué la Cour fédérale, « l'article 25 de la *Loi sur les langues officielles* ne fait que confirmer le principe constitutionnel voulant qu'un gouvernement ne peut pas, en déléguant certaines responsabilités, se défaire de ses obligations constitutionnelles imposées par la *Charte*[34] ».

Plus récemment, dans l'arrêt *Desrochers c. Canada (ministère de l'Industrie)*[35], la Cour d'appel fédérale a conclu que l'article 25 de la *Loi* de 1988 s'applique aux services offerts par un tiers non gouvernemental notamment lorsque ce tiers agit de concert ou en partenariat avec une institution fédérale, qu'il exerce des pouvoirs que lui a délégués l'institution fédérale ou que l'institution fédérale décide d'endosser et de prendre à son compte une prestation de services existante[36]. L'insistance de la Cour d'appel sur deux critères, soit l'existence dans les faits à l'étude d'un programme gouvernemental, d'une part, et de dispositifs de contrôle de divers ordres[37], d'autre part, n'est pas sans rappeler la jurisprudence de la Cour suprême sur le champ d'application de la *Charte* de façon plus générale.

La présence de l'article 25 dans la *Loi* de 1988 fournit donc une illustration additionnelle du fait que le législateur était bien conscient des racines constitutionnelles de la *Loi* et de l'ampleur des responsabilités gouvernementales qui devaient en découler.

Plus récemment encore, la Cour suprême du Canada a précisé, dans l'appel du jugement de la Cour d'appel fédérale dans l'affaire *Desrochers c. Canada (ministère de l'Industrie)* », que l'égalité linguistique en matière de prestation de services peut comprendre l'accès à des services dont le contenu est distinct dans certaines circonstances, puisque, « [s]elon la nature du service en question, il se peut que l'élaboration et la mise en œuvre de services identiques pour chacune des communautés linguistiques ne permettent pas de réaliser l'égalité réelle[38] ». Avec ce plus récent jalon de la jurisprudence des droits linguistiques, on peut constater l'ampleur des changements opérés par le rédacteur de la Constitution et le législateur depuis 1969. Une telle conclusion des tribunaux aurait été, à mon sens, impensable sous l'égide de la *Loi* de 1969, mais elle s'impose dorénavant quand on interprète la *Loi* de 1988, vu sa nature quasi constitutionnelle.

L'adoption de la *Loi* de 1988 a également mis fin au questionnement quant à l'existence du droit des fonctionnaires de travailler en français ou en anglais. Que ce droit dérive ou non du paragraphe 16(1) de la *Charte*, la partie V de la *Loi* de 1988 le consacre expressément et en fixe les contours.

Rappelons ainsi que la *Loi* de 1988 a désigné un certain nombre de régions dites « bilingues » aux fins de la langue de travail, où les fonctionnaires peuvent travailler dans l'une ou l'autre des deux langues officielles conformément aux balises que fixe la *Loi*.

La *Loi* énonce une série de droits à l'intention des employés des institutions fédérales dans ces régions bilingues, mais vise également à maintenir un équilibre délicat entre les droits linguistiques du public et des fonctionnaires, d'une part, et la promesse – exprimée d'abord par une résolution parlementaire en 1973 puis reprise par la partie VI de la *Loi* de 1988 – que des chances égales d'emploi et d'avancement seront maintenues pour les Canadiens d'expression française et anglaise, que les rangs de la fonction publique refléteront la présence des deux groupes linguistiques au Canada, et que le mérite demeurera la pierre de touche de l'emploi dans la fonction publique.

La *Loi* de 1988 précise donc des obligations minimales dans les régions bilingues – elle prévoit le choix linguistique au niveau des instruments de travail d'usage courant et généralisé, des services personnels et centraux et des systèmes informatiques, de même que des exigences pour les superviseurs et la haute direction[39].

En outre, elle stipule d'« autres obligations » – celles de veiller à ce que soient prises dans ces régions bilingues « toutes autres mesures possibles permettant de créer et de maintenir en leur sein un milieu de travail propice à l'usage effectif des deux langues officielles et qui permette à leur personnel d'utiliser l'une ou l'autre[40] ».

On note que le législateur a formulé des concepts dont la portée demeure imprécise. Une étude réalisée par de hauts fonctionnaires en 2003 permet de bien constater à la fois les progrès réalisés en cette matière et les défis qui demeurent, et je cite :

Somme toute, nous pouvons conclure que la *Loi* de 1969 a été déterminante pour jeter les bases de l'action et que les révisions apportées à la *Loi* de

1988 ont grandement aidé à clarifier les droits et obligations concernant la langue de travail. La *Loi* de 1988 exige une approche qui doit aller au-delà du conformisme juridique. L'application de la *Loi* se joue surtout au niveau de la culture et des comportements. Elle exige une conformité qui est ancrée dans les valeurs pour être pleinement effective[41].

Avant de passer à la section suivante, où nous verrons l'étape qui a suivi dans l'évolution des textes législatifs, il importe de signaler très brièvement un dernier volet significatif de la *Loi* de 1988, qui sert à la démarquer nettement du texte de 1969. Il s'agit de l'existence d'un recours exprès, prévu à la partie X de la *Loi*, dans le cas de violations alléguées de certaines dispositions qu'elle contient, et qui a clarifié de façon déterminante le rôle des tribunaux pour assurer le respect de la *Loi*. Comme la Cour d'appel fédérale le rappelait dans l'arrêt *Devinat*[42], une doctrine bien établie en droit britannique et reçue en droit canadien « veut que, s'il existe un droit équitable, il doit exister un tribunal compétent permettant de le faire valoir[43] ». À cet égard, le pouvoir discrétionnaire accordé aux tribunaux par le législateur est des plus large :

> Le paragraphe 77(4) de la *Loi* est la reprise du paragraphe 24(1) de la *Charte* qui permet à quiconque dont les droits ou les libertés garantis par la *Charte* ont été violés ou niés de s'adresser à un tribunal compétent pour « obtenir la réparation que le tribunal estime convenable et juste eu égard aux circonstances ». Tout comme le paragraphe 24(1) de la *Charte* donne à la Cour un large pouvoir discrétionnaire d'accorder la réparation d'une violation de la *Charte*, le paragraphe 77(4) de la *Loi* donne à la Cour le pouvoir discrétionnaire également étendu d'accorder une réparation à l'égard de la violation des droits linguistiques que la *Loi* protège[44].

Un tribunal qui constaterait une violation de la *Loi* de 1988 a donc à sa disposition de nombreux outils pour accorder réparation.

Cet ensemble – au départ constitué de protections constitutionnelles somme toute restreintes en 1867, qui ont été complétées en 1969 par la reconnaissance législatives d'obligations plus vastes en matière de services et de communications, et ensuite par la constitutionnalisation de ces droits en 1982 – a fini par toucher à chacun des objectifs qu'avait fixés la Commission Laurendeau-Dunton pour ce qui est des compétences fédérales, le tout étant sujet à la surveillance de l'ombudsman linguistique et, ultimement, des tribunaux judiciaires.

LES MODIFICATIONS APPORTÉES EN 2005 AUX PARTIES VII ET X DE LA *LOI SUR LES LANGUES OFFICIELLES* DE 1988

Un autre ajout important à la *Loi* de 1988 a été l'engagement à promouvoir le français et l'anglais dans la société canadienne, qui encadre de vastes efforts faits par le gouvernement du Canada depuis 1969 pour faire avancer la dualité linguistique, notamment par la voie de la collaboration fédérale-provinciale. Cet engagement se trouve dans la partie VII de la *Loi* de 1988 et n'avait aucun équivalent dans la loi de 1969.

La partie VII est une déclaration solennelle de l'engagement général du gouvernement fédéral à favoriser l'épanouissement et le développement des minorités francophones et anglophones et à promouvoir la pleine reconnaissance et l'usage des deux langues officielles dans la société canadienne. Cette orientation devient permanente et très claire aux yeux de tous les Canadiens, car elle n'est pas seulement formulée par le gouvernement, mais inscrite dans la *Loi* elle-même. Seule une loi adoptée par le Parlement du Canada pourrait modifier l'engagement du gouvernement fédéral.

Comme la Cour suprême le rappelait récemment dans l'arrêt *Desrochers c. Canada (ministère de l'Industrie)*, avant novembre 2005, « aucune disposition exécutoire ne s'ajoutait au texte déclaratoire de l'art. 41 [de la partie VII de la *Loi*]. [...] En juillet 2004 [...] la Cour d'appel fédérale conclut dans *Forum des maires de la Péninsule acadienne c. Canada (Agence d'inspection des aliments)*, 2004 CAF 263, qu'un recours judiciaire ne peut être intenté sur la base d'une contravention alléguée à l'engagement énoncé dans la partie VII à l'art. 41[45]. »

Comme l'illustre cette jurisprudence, des difficultés de même ordre que celles qui avaient nui à l'efficacité de l'ensemble de la *Loi* de 1969[46] se posaient jusqu'en 2005, mais à l'endroit de cette seule partie VII de la *Loi* – en effet, le législateur avait formulé la partie VII en 1988 de telle sorte que sa nature exécutoire demeure discutable et n'avait pas fait mention de cette partie de la *Loi* à la partie X de la *Loi* où sont énumérées les dispositions pour lesquelles il existe un recours judiciaire exprès.

La pertinence des débats judiciaires que cet état de fait a générés est disparue en novembre 2005. Le Parlement a alors modifié la *Loi* de 1988 pour, d'une part, ajouter des dispositions exécutoires au texte de la partie VII, dont l'obligation de prendre « des mesures positives » pour donner suite à l'engagement législatif solennel, et, d'autre part, ajouter la partie VII à l'énumération des dispositions de la *Loi* donnant ouverture à un recours judiciaire.

La portée de l'obligation reste à préciser, mais cette dernière illustration me semble mettre en lumière les fruits du dialogue entre les divers organes de l'État. Car, ne l'oublions pas, ce sont les tribunaux qui ont décidé que la partie VII ne créait pas de droit susceptible de recours judiciaires, et ce sont les parlementaires qui sont intervenus afin de corriger le tir et d'octroyer aux tribunaux le pouvoir d'accorder une réparation judiciaire. Devrait-on interpréter ce geste comme le symbole de la grande confiance qu'ont les parlementaires pour nos institutions judiciaires, à qui a été confiée la lourde tâche de définir les obligations gouvernementales sous la partie VII de la *Loi* ?

Quoi qu'il en soit, ces modifications viennent à leur tour bonifier la protection législative accordée aux langues officielles, et constituent à ce titre une illustration additionnelle du principe de la progression vers l'égalité de statut des langues officielles par la voie législative.

LA MODIFICATION DU *CODE CRIMINEL*

La Commission Laurendeau-Dunton avait recommandé que des procès criminels puissent se dérouler dans l'une ou l'autre des langues officielles, et la *Loi* de 1969 prévoyait des dispositions linguistiques à cet effet[47].

Toutefois, le droit restreint conféré à un accusé en vertu du paragraphe 11(3) de la *Loi* de 1969 ne s'appliquait qu'aux tribunaux des provinces auxquels on avait accordé le pouvoir discrétionnaire de choisir la langue dans laquelle les procédures civiles pouvaient être conduites. Or, seul le Nouveau-Brunswick satisfaisait à cette condition.

À compter de 1978, le Parlement a apporté certaines modifications aux dispositions linguistiques du *Code criminel*. Cette année-là, il a édicté l'article 462.1, dont les dispositions n'entreraient en vigueur dans une province qu'à une date fixée par proclamation à cet effet, à la suite de consultations entre le ministre de la Justice du Canada et le procureur général de la province concernée. Seule l'Ontario s'est prévalue de cette possibilité.

Ensuite, en 1988, la *Loi sur les langues officielles* est venue modifier à nouveau le *Code criminel*. Elle prescrit d'abord l'application de l'article 462.1 du *Code* (aujourd'hui l'article 530) dans toutes les provinces et tous les territoires et ajoute l'article 462.11 (aujourd'hui l'article 530.1) qui détermine avec précision certaines modalités d'un procès tenu à la suite d'une ordonnance rendue en vertu de l'article 462.1[48].

Ici encore, le législateur a saisi l'occasion de parfaire les droits linguistiques constitutionnels et de les compléter. Ainsi, au cours d'un procès, sous l'effet de ces dispositions :

- Le juge parle la langue de l'accusé – ce qui signifie non seulement que le juge et le procureur doivent pouvoir parler la langue de l'accusé, mais qu'ils consentent à l'utiliser durant tout le procès[49] ;
- Le poursuivant parle la langue de l'accusé ;
- La décision de la Cour est disponible dans les deux langues officielles.

Malgré ces progrès importants, des études effectuées par le Commissaire aux langues officielles et par le ministère de la Justice ont confirmé qu'il existe encore des obstacles à l'exercice de ces droits et à l'atteinte de leur objectif ultime, soit l'accès égal à la justice dans les deux langues officielles du Canada.

D'autre part, les tribunaux continuent d'évaluer, parfois avec des résultats contradictoires, la portée précise des droits conférés par le *Code criminel*. Il en résulte des délais, une application parfois inégale des dispositions d'une région à l'autre du Canada, et de l'incertitude pour les juges, les avocats et les accusés.

C'est donc dans le but de faire évoluer encore une fois les droits linguistiques des accusés, de diminuer les obstacles à l'exercice de ces droits et de remédier aux problèmes d'interprétation que des modifications législatives ont été proposées et adoptées en mai 2008.

Pour améliorer l'efficacité des procédures, il importe que le choix d'un accusé quant à la langue de son procès soit fixé le plus tôt possible au début des procédures. Pourtant, le paragraphe 530(3) du *Code criminel* ne requiert d'un juge qu'il avise un accusé qui comparaît devant lui de son droit à un procès dans l'une des deux langues officielles que si l'accusé n'est pas représenté par un avocat. Le Commissaire avait recommandé que tous les accusés soient avisés de leur droit à un procès en français ou en anglais. C'est précisément ce que vise la modification apportée en 2008 au paragraphe 530(3) du *Code criminel*.

Le Commissaire aux langues officielles avait également noté dans une étude qu'il semblait quelque peu illogique d'accorder à un accusé le droit à un procès dans la langue officielle de son choix, et de lui refuser en même temps l'accès dans cette langue aux documents en vertu desquels il est traduit devant les tribunaux. Les modifications de 2008 corrigent cette lacune et permettent à un accusé qui en fait la demande d'obtenir la traduction dans sa langue de la dénonciation ou de l'acte d'accusation.

En outre, l'application des dispositions du *Code criminel* aux procès dits « bilingues » a suscité de nombreux débats devant les tribunaux. Ces débats découlent, semble-t-il, de l'imprécision du texte de l'article 530.1. La Cour suprême du Canada a pourtant indiqué en 1999[50] que les droits linguistiques énumérés à l'article 530.1 du Code, qui, textuellement, s'appliquent aux seuls procès « dans la langue de l'accusé », doivent nécessairement s'appliquer également aux procès qui se déroulent dans les deux langues officielles afin d'éviter une interprétation illogique de la disposition. Toutefois, certains tribunaux inférieurs ont continué, malgré l'interprétation donnée par la Cour suprême, de statuer qu'aucun des droits énumérés ne s'applique à un accusé qui subit un procès bilingue.[51] Les modifications de 2008 ont mis fin à ces tergiversations en stipulant expressément que les droits énumérés à l'article 530.1 s'appliquent dans le contexte de procès tenus dans les deux langues officielles.

En somme, les modifications de 2008 ont permis d'assurer un meilleur accès à la justice dans les deux langues officielles du Canada.

CONCLUSION

L'histoire des droits linguistiques au Canada remonte, on l'a vu, aux origines du pays. La protection des minorités linguistiques constitue en fait l'un des piliers sur lequel la Constitution canadienne repose[52]. Comme la Cour suprême du Canada l'a fait remarquer, malgré le fait que notre passé en matière de protection des minorités linguistiques n'est pas irréprochable, cette longue histoire et la tradition de respect des minorités qui s'en dégage reflètent un cheminement « qui n'a pas été dénué de succès[53] ». Si l'égalité de statut des deux langues officielles demeure une aspiration et une œuvre inachevée, les progrès réalisés n'en restent pas moins importants, tout comme la transformation sociale est remarquable par son ampleur. Le Canada fait figure de modèle dans le monde grâce à la *Loi sur les langues officielles*, qui, après 40 ans d'existence, devrait être, pour nous, source de fierté.

NOTES

1. Ces limites ont été décrites dans l'extrait suivant de l'arrêt *MacDonald c. Ville de Montréal*, [1986] 1 R.C.S. 460 au par. 103 : « L'article 133 a introduit non pas un programme ou système de bilinguisme officiel global, même en puissance, mais plutôt une forme limitée de bilinguisme obligatoire au niveau législatif, combinée à une forme encore plus limitée d'unilinguisme optionnel, au choix de la personne qui s'exprime dans les débats parlementaires ou dans une instance judiciaire, ainsi que du rédacteur ou de l'auteur de procédures ou de pièces de procédure judiciaires. On peut peut-être dire que ce système limité facilite jusqu'à un certain point la communication et la compréhension, mais dans cette mesure seulement, et il ne garantit pas que l'orateur, le rédacteur ou l'auteur de procédures ou de pièces de procédure sera compris dans la langue de son choix par ceux à qui il s'adresse. »
2. *Renvoi : droits linguistiques au Manitoba*, [1985] 1 R.C.S. 721, p. 739.
3. Commission royale d'enquête sur le bilinguisme et le biculturalisme, *Rapport préliminaire* (Ottawa, Imprimeur de la Reine, 1965), p. 5.
4. Commission royale d'enquête sur le bilinguisme et le biculturalisme, *Livre I* (Ottawa, Imprimeur de la Reine, 1967), p. 145.
5. *Loi sur les langues officielles*, S.C., 1968-69, c. 54, art. 2.
6. *Ibid.*, art. 9 et 10.
7. Voir *Joyal c. Air Canada*, [1982] C.A. 39 (C.A. Québec) ; et *Association des gens de l'air du Québec c. Hon. Otto Lang*, [1978] 2 F.C. 371 (C.A.F.).
8. Voir le par. 11(3) de la *Loi sur les langues officielles* de 1969.
9. Voir le par. 15(2) de la *Loi sur les langues officielles* de 1969.
10. Dans son rapport annuel de 1971-1972, le Commissaire aux langues officielles critiquait la lenteur des progrès réalisés dans l'instauration du bilinguisme en milieu de travail Selon lui, « [l]a *Loi sur les langues officielles* proclame indéniablement les droits afférents à la langue de travail ». Voir Canada, Commissaire aux langues officielles, *Deuxième rapport annuel 1971-1972* (Imprimeur de la Reine, Ottawa, 1972, p. 21 et 22). La *Loi*, semble-t-il, n'était somme toute pas rédigée de façon à éviter toute contestation. Les débats quant à son champ d'application se sont multipliés, de telle sorte qu'en 1973 le Parlement s'est senti contraint d'intervenir par la voie d'une résolution parlementaire reconnaissant l'égalité de statut et d'usage des deux langues officielles à titre de langue de travail dans la fonction publique fédérale. Lorsque le débat s'est judiciarisé plus d'une décennie après l'adoption de la *Loi*, les tribunaux étaient divisés. Lorsque les pilotes à l'emploi d'une institution

fédérale ont réclamé le droit de travailler en français, la Cour d'appel du Québec a été incapable de trouver une garantie susceptible de fonder un recours judiciaire. La « déclaration » de statut des langues officielles semblait n'être que cela – une déclaration –, n'accordant pas aux tribunaux un droit d'intervention ni le pouvoir d'autoriser des recours judiciaires. Voir *Joyal c. Air Canada*, [1982] C.A. 39 (C.A. Québec). Voir également *contra, Association des gens de l'air v. Otto Lang*, [1978] 2 FC 371 (C.A.F.) : « À mon humble avis, l'article 2 est, à ce titre, plus qu'une simple disposition introductive, il est plutôt le fondement juridique de l'emploi du français, comme de l'anglais, dans la fonction publique du Canada, que ce soit comme fonctionnaire ou comme membre du public traitant avec lui. […] Bien entendu, la mise en application pratique nécessaire afin d'en faire un droit effectif est une tout autre histoire. C'est la principale raison d'être du bureau du Commissaire aux langues officielles. »

11. Voir *Joyal c. Air Canada*, [1982] C.A. 39 (C.A. Québec).

12. *R. c. Beaulac*, [1999] 1 R.C.S. 768, par. 24.

13. Cette question n'a pas été réglée de façon définitive, bien que la Cour fédérale ait indiqué dans l'affaire *Schreiber c. Canada* (1999) 69 CRR (2d) 256, par. 125, conf. (2000) 267 NR 99 (CAF), mais sans commentaires précis de la Cour d'appel fédérale à cet égard, que « [l]es droits linguistiques prévus dans les articles 21 et 34 de la *Loi sur les langues officielles font écho* à ceux garantis par les paragraphes 20(1) et 16(1) de la Charte, respectivement. » [Nous soulignons.]

14. Soulignons également que le par. 20(1) de la *Charte* ajoute le critère de la « vocation du bureau », qui pourra dorénavant également permettre d'exiger la prestation de services et de communications dans les deux langues officielles.

15. *Doucet-Boudreau c. Nouvelle-Écosse (Ministre de l'Éducation)*, [2003] 3 R.C.S. 3 (C.S.C.).

16. *Ibid.*, par. 23, 27 et 28.

17. Mark Power et André Braën (2004). « Les recours en matière de droits linguistiques », dans M. Bastarache (dir.), *Les droits linguistiques au Canada*, 2ᵉ éd., Cowansville, Éditions Yvon Blais, p. 611. [Nous soulignons.]

18. *Loi sur les langues officielles*, L.R., 1985, ch. 31 (4ᵉ supp.).

19. [2009] CSC 08.

20. Voir *Canada c. Viola*, [1991] 1 F.C. 373, p. 386, cité par le juge Gonthier dans *Lavigne c. Canada (Commissaire aux langues officielles)*, [2002] R.C.S. 773, par. 23. [Nous soulignons.]

21. Voir le par. 4(2) de la *Loi sur les langues officielles* de 1988.

22. Voir le par. 4(3) de la *Loi sur les langues officielles* de 1988, qui traite des « compte rendus des débats » / « official reports ». Il semble en effet que le hansard ne soit pas visé par l'art. 133, ni par le par. 18(1) de la *Charte*, puisque ces dispositions visent les « archives, compte rendus et procès-verbaux » / « journals and other records ». Or, les auteurs ont soulevé des doutes sérieux à cet égard. Voir Robert Leckey et André Braën (2004). « Le bilinguisme dans le domaine législatif », dans M. Bastarache (dir.), *Les droits linguistiques au Canada*, 2ᵉ éd., Cowansville, Éditions Yvon Blais, p. 59-60.

23. Voir le par. 7(1) de la *Loi*, qui va au-delà des prescriptions énoncées par la Cour suprême du Canada dans les arrêts *P.G. du Québec c. Blaikie et al*, [1979] 2 R.C.S. 1016 et *P.G. du Québec c. Blaikie et al*, [1981] 1 R.C.S. 312.

24. Voir l'art. 8 de la *Loi sur les langues officielles* de 1988.
25. Voir l'art. 10 de la *Loi sur les langues officielles* de 1988.
26. À l'exception de la Cour suprême du Canada : voir l'art. 16 de la *Loi sur les langues officielles* de 1988.
27. Voir l'art. 18 de la *Loi sur les langues officielles* de 1988.
28. Voir l'art. 19 de la *Loi sur les langues officielles* de 1988.
29. Voir l'art. 20 de la *Loi sur les langues officielles* de 1988.
30. [2005] 1 R.C.F. 671.
31. *Règlement sur les langues officielles – communications avec le public et prestation des services*, DORS/92-48.
32. *La Reine c. Oakes*, [1986] 1 R.C.S. 103.
33 *Eldridge c. Colombie-Britannique (Procureur général)*, [1997] 3 R.C.S. 624, par. 40.
34. *Canada (Commissaire aux langues officielles) c. Canada (ministère de la Justice)* (2001), 194 F.T.R. 181 (C.F.), par. 116. Cité avec approbation dans *Desrochers c. Canada (ministère de l'Industrie)*, 2006 CAF 374, par. 46, conf. [2009] CSC 08.
35. 2006 CAF 374.
36. *Ibid.*, par. 45 à 47.
37. *Ibid.*, par. 58 à 69.
38. 2009 CSC 8, par. 50.
39. Par. 36(1) de la *Loi sur les langues officielles* de 1988.
40. Par. 36(2) de la *Loi sur les langues officielles* de 1988.
41. Table ronde de recherche-action du Centre canadien de gestion sur les langues officielles en milieu de travail, « Le français à suivre ? – Redonner un dynamise aux langues officielles en milieu de travail », Centre canadien de gestion, 2003, p. 5.
42. *Devinat c. Canada*, [2000] 2 F.C. 212, par. 26 à 38.
43. *Canada (commission des droits de la personne) c. Canadian Liberty Net*, [1998] 1 R.C.S. 626 à la p. 656, tel que cité dans *Devinat, ibid.*, par. 31.
44. *Lavigne c. Canada (Développement des ressources humaines)*, [1997] 1 C.F. 305, par. 20.
45. *Desrochers c. Canada (ministère de l'Industrie)*, 2006 CAF 374, par. 18 et 19.
46. Revoir le texte accompagnant les notes 7 et 11.
47. Le paragraphe 11(3) de la *Loi sur les langues officielles* de 1969 accordait aux tribunaux qui exerçaient une compétence pénale conférée en vertu d'une loi du Parlement du Canada le pouvoir discrétionnaire d'ordonner que les procédures soient conduites et les témoignages fournis et recueillis dans la langue officielle demandée par l'accusé. Une telle ordonnance devait reposer sur deux fondements : d'abord, que le tribunal soit convaincu du fait que les procédures pouvaient être correctement conduites, et ensuite que les témoignages puissent être fournis dans cette langue. De plus, l'ordonnance d'un procès dans la langue spécifiée était subordonnée au droit des témoins d'être entendus dans la langue officielle de leur choix, conformément au paragraphe 11(1) de cette *Loi*. Le paragraphe 11(4), toutefois, retirait du champ d'application du paragraphe 11(3) tous les tribunaux québécois et fédéraux assujettis à l'article 133 de la *Loi constitutionnelle de 1867*.
48. Depuis le 1er janvier 1990, les articles 530 et 530.1 sont en vigueur partout au pays.
49. *R. c. Potvin*, (16 juin 2004), C37942 (C.A. Ont.), par. 29-34.
50. *R. c. Beaulac*, [1999] 1 R.C.S. 768, par. 49.

51. Voir *R. c. Schneider* (2004) NSCA 99 (C.A. N.-É.).
52. *Renvoi relatif à la sécession du Québec*, [1998] 2 R.C.S. 217, par. 79 et suivants.
53. *Ibid.*, par. 81.

THE *OFFICIAL LANGUAGES ACT* OF CANADA: A HISTORICAL AND CONTEMPORARY REVIEW

PIERRE FOUCHER, *Professor, Faculty of Law, University of Ottawa*

La Loi sur les langues officielles *fait maintenant partie du paysage juridique et de la culture au Canada, malgré les échecs, dans sa mise en œuvre, que le commissaire aux langues officielles a soulignés au cours des ans. À ce propos, deux constats s'imposent d'emblée. Premièrement, si la* Loi *visait à mettre un terme à l'assimilation, elle a échoué. Le taux de transfert linguistique est constant, et, recensement après recensement, on se rend compte que, si plus de Canadiens parlent le français, l'utilisation du français recule au Canada et le français est la deuxième ou la troisième langue d'un nombre croissant de Canadiens. La* Loi *n'est pas étrangère à ce phénomène, parce qu'elle est fondée sur le concept de personnalité plutôt que sur celui de territorialité, et parce qu'elle favorise le bilinguisme institutionnel plutôt que la dualité linguistique ; elle met deux langues en concurrence sur « le marché des langues », dans un contexte où, inévitablement, c'est la langue minoritaire qui est perdante. Deuxièmement, si la* Loi *avait pour but d'améliorer la prestation des services en français et la participation égale des francophones et des francophones dans la fonction publique, elle a réussi. Il existe encore indéniablement de nombreux irritants en cette matière, et beaucoup de lacunes à corriger. Mais il est clair que des progrès énormes ont été accomplis au cours des 40 dernières années. Nous sommes maintenant des chefs de file en matière de questions linguistiques dans le monde. Nos idées sur les politiques linguistiques sont plus raffinées que jamais. Les débats sont vigoureux, comme dans toute démocratie qui se respecte. Toutefois, la* Loi sur les langues officielles *a permis de transformer la situation des francophones, qui, il y a 40 ans,*

Life After Forty: Official Languages Policy in Canada / Après quarante ans, les politiques de langue officielle au Canada, ed. J. Jedwab and R. Landry. Montreal and Kingston: Queen's Policy Studies Series, McGill-Queen's University Press.

étaient des citoyens de seconde classe : aujourd'hui, le bilinguisme officiel et les droits linguistiques font partie des principes constitutionnels non écrits. Il s'agit là d'une réussite honorable. Mais le plus grand défi qui doit maintenant être relevé ne concerne peut-être pas la Loi *comme outil législatif en tant que tel, mais plutôt les mécanismes essentiels à son application dans la réalité quotidienne des francophones et des anglophones. Après tout, au-delà de la stricte question de la langue, la* Loi sur les langues officielles *est un aspect fondamental du contrat social canadien et de la dualité linguistique du pays.*

The occasion of the fortieth anniversary of the first *Official Languages Act* offers the opportunity to take stock of its implementation. This chapter will analyze the impact of the act, specifically from a legal perspective. After providing an overview of its historical evolution and its judicial interpretation, the chapter will present an analysis of the act's actual contribution to the advancement of the Canadian francophonie.

HISTORICAL EVOLUTION

Despite appearances, Canada and its constituent entities have known very few language laws and, before 1969, even fewer legal cases. On the one hand, the eighteenth and nineteenth centuries were more concerned with religion than with language. Moreover, the very idea of fundamental rights was not as prevalent in the legal culture. After all, it was not until 1803 and the US Supreme Court decision *Marbury v. Madison*[1] that the concept emerged of judicial review of the constitutionality of legislation. English common law, the source of Canadian public law, was based on the belief that human rights did not need a constitutional or legislative expression or a judicial implementation: democratic institutions and precepts from the rule of law were sufficient to ensure compliance (Dicey 1939).

When the Canadian constitution was negotiated between 1864 and 1867, it emphasized the maintenance of acquired rights and federal structures. With regard to minorities, it ensured that, in religious matters, the guarantees of school management obtained before Confederation would be maintained,[2] while the common linguistic practices of government institutions at the time (bilingual laws, use of both languages in the courts and in Parliament) would persist in new institutions, at the federal level, in Quebec,[3] in Manitoba,[4] and even in the territories.[5] However, these provisions proved insufficient in preventing the erosion of the French language in legal matters in the late nineteenth and early twentieth centuries. The law was the official instrument of this collapse, and constitutional law proved to be powerless to stop it.[6]

It is generally accepted that the *Official Languages Act* finds its roots in the reports of the Royal Commission on Bilingualism and Biculturalism

(RCBB),[7] which was established in response to the rise of Quebec nationalism. There is, however, also a logical historical explanation for the development of the act: it was the lack of constitutional protections in the nineteenth century that led to loss of rights in the twentieth, and it was this loss that brought about the need to intervene.

The RCBB considered it appropriate to begin by establishing the legal equality of the French and English languages and thereby correct the real inequality that existed. The granting of official status to a language, alongside measures for its use in state bodies according to the precepts of language planning, enhances its prestige and value, secures its speakers, and lays the groundwork for stronger means of intervention.

The *Official Languages Act*, introduced in 1969,[8] was therefore based on certain fundamental principles: equality of languages, individual freedom, and citizens' right to choose – "personality rights" exercisable in certain territories (bilingual districts). It conferred no real enforceable rights since it was intended to be programmatic, and it was indeed interpreted as such by most rulings.[9] The very concept of "programmatic law" is problematic and misunderstood by the population. A law normally expresses standards and creates rights and obligations with which the courts must ensure compliance. Thus, it may seem incongruous that a law merely sets objectives to be achieved or establishes requirements to "make efforts to the extent practicable," thus serving as a set of principles "without teeth." Such legislation is merely symbolic and will have little impact on the daily lives of citizens.

However, the very decision to adopt the law generated an important ruling by the Supreme Court of Canada: the *Jones* case.[10] Here the court confirmed that language was not an exclusively legislative jurisdiction but rather the accessory to another jurisdiction – in this case, government institutions and criminal procedure. This development paved the way for provincial intervention in language matters. The court confirmed this ruling in the *Devine* case,[11] at the same time upholding the constitutional validity (in terms of division of powers) of the *Charter of the French Language* in Quebec.[12]

The inclusion of certain language rights applicable to the federal government and New Brunswick in the *Canadian Charter of Rights and Freedoms* fit well with the approach of the federal government at the time. Keen on individual rights and favouring a constitutional entrenchment of fundamental rights, the federal government was part of a global movement that favoured the notion of "human rights" and the proliferation of international instruments for their protection.[13] The inclusion of language rights in the charter arose from the same logic.

Once recognized, these rights made the first *Official Languages Act* obsolete. The three cases called the "trilogy of 1986"[14] revealed an unexpected problem: after a vigorous response, the results of which were expected to be quite interesting,[15] the Supreme Court of Canada changed its approach: it would now treat constitutional language rights as minimum rights that must be interpreted strictly because, according to the court, they represented fragile political compromises whose development depended on Parliament or the provincial legislatures.

These decisions were rendered in 1986; at the same time, Quebec announced that it was open to resuming the constitutional dialogue (Leslie 1987). The federal Conservative government sought to make its mark on the language debate following the crisis in Manitoba (Blay 1987; Hébert 2004). It was therefore the right political moment to improve the first *Official Languages Act* and allow its evolution in accordance with the admonitions of the Supreme Court. This second act, therefore, which came into force in 1988, contained major innovations.

First, it corrected the somewhat strange results of the *Société des Acadiens* case by imposing on all levels – except on the Supreme Court of Canada – an obligation for the judge and the public prosecutor to use the language of the plaintiff or both languages, if necessary.[16] It established the requirement to publish judicial and quasi-judicial decisions in both languages.[17] It clarified the concepts of "significant demand" and "nature of the office," used in section 20 of the charter,[18] and it extended language obligations to the private sector in certain clearly limited circumstances.[19] It included the right to work in one's own language[20] and the right to the equitable participation of francophones and anglophones in the public service.[21] It recognized for the first time a federal obligation to promote linguistic duality and support the development of linguistic minority communities,[22] since the Meech Lake Accord had included only an obligation to "protect" this duality, something that had caused an outcry among francophone communities outside Quebec. (See, e.g., Foucher 1988a; 1988b.) Finally, a new court action was instituted.[23]

If the new *Official Languages Act* thus created specific and enforceable obligations, unlike the former, the famous obligation of promotion would remain a statement of intent, a "programmatic right," as confirmed by the Federal Court of Appeal.[24] An amendment passed in 2005 made it clear that this obligation was also enforceable and justiciable (capable of being decided by a court).[25] However, this raised questions about the interaction among the courts, public administration, and political power since the obligation requires the courts to become involved in the administration of government programs and the exercise of government discretion.

The interpretation of language rights was to witness a major shift in jurisprudence. Starting in 1990 with the *Mahe* ruling,[26] which focused on the right to receive and manage education in a minority language, this shift materialized in the *Beaulac* ruling,[27] in which the Supreme Court clearly stated that the fact that language rights were drawn from a political compromise had no impact on their interpretation; the purpose of these rights was the maintenance and development of linguistic communities. It is interesting that the court applied this interpretative technique to language rights independently of where those rights could be found, and it did not take this approach only for charter rights. This meant that the technique would also include the interpretation of the *Official Languages Act* because it had already been recognized by the Court of Appeal in *Viola* in 1991.[28]

However, in *Charlebois v. St. John*,[29] the Supreme Court (in a majority decision by five judges, with four dissenting) held that New Brunswick's *Official Languages Act* (2002)[30] – largely inspired by that of Canada – should be interpreted according to its own terms and should not refer to charter rights unless necessary to resolve ambiguity. The court found in this case that a municipality could choose the language it would use in a civil case against an individual before the provincial courts and therefore was not, like other institutions of the legislature or government, subject to the obligation to use the language of the litigant.

Always evolving, language rights will continue to require judicial clarification for their full implementation.

ASSESSING THE IMPACT OF THE ACT

The *Official Languages Act* is now part of the legal landscape and the Canadian consciousness, despite the failures of its implementation, which are pointed out, year after year, by the commissioner of official languages. First conceived in response to the rise of nationalism in Quebec, the act is now seeking to achieve other goals. The idea that the act has helped curb the momentum for sovereignty is far from true; rather, it is the realization that Quebec could impose French within Canada through the *Charter of the French Language* that made the notion of sovereignty less attractive. The French language is a strong component of Quebec's identity, but today's sovereignty claim borrows arguments that are much broader and more diverse than the sole issue of linguistic security.

The mechanisms for implementing the law, especially in its modernized version of 1988, are major advances. The law itself has provided a range of means of intervention: the creation of permanent parliamentary committees on official languages and the Office of the Commissioner of Official Languages as well as the legal remedy before the Federal Court.

Parliamentary committees exert political control over the implementation of the law. Two committees oversee official languages, one of the House of Commons and one of the Senate. If the House of Commons Standing Committee on Canadian Heritage is stirred by partisan debates, as it should be, the Standing Senate Committee on Official Languages shows slightly less partisanship and is thus a little more serious. It conducts studies and submits reports that provide valuable information and suggestions.[31] Moreover, it is from the Senate that the bill to amend Part VII of the act has emerged, aiming to give the act the "teeth" it was seen to be originally lacking.

An initial ruling by the Federal Court has already decided that section 41 requires an ad hoc approach; it is not enough for the government to simply take minimal steps to comply with its obligations because this would simply be paying lip service to the purpose and true object of the act. In this case, the Patent Office was ordered to translate parts of a patent that it was not obligated to publish in both official languages under Part IV of the act (language of service to the public). According to the court, this is a positive measure imposed by Part VII.[32]

The impact of the Office of the Commissioner of Official Languages on the development of this file deserves further investigation. While it is difficult to measure the impact of the office, it is an institution we cannot do without. Whether in its role of protecting rights, facilitating the implementation of the law, or advocating the value of linguistic duality, the office fulfills a unique and important mandate. It is able to address systemic problems and propose appropriate and adapted solutions; it is a more effective forum than the courts for the administrative implementation of the law. The commissioner may also appear before the courts, if necessary, with the consent of a complainant, or intervene in a language dispute to present a different option to the courts (which frequently occurs).

There are now such offices in the Northwest Territories, Nunavut, New Brunswick, and Ontario. Other jurisdictions that have instituted laws on the provision of services in French, such as Nova Scotia, Prince Edward Island, and Manitoba (with its language policy), would do well to take notice. Even if the commissioner's annual reports do not generate the same outrage as those of the auditor general, they are nevertheless analyzed and discussed before parliamentary committees.

Finally, judicial review before the Federal Court has proved to be a valuable tool in the implementation of the law over the years, although in some quarters, having resort to the courts is not viewed favourably. Recourse to the courts is made necessary only when normal administrative processes and policies have failed. Let us note that some cases have led to the translation of quasi-judicial decisions,[33] the development of federal programs addressing the needs of minority languages rather than only timid translations,[34] the retention of language rights in the event of federal devolution of power to the provinces,[35] and the increase in language rights of the public travelling along the Trans-Canada Highway[36] and aboard Via Rail trains,[37] to mention just a few.

There is little to say about parts I and II of the act. The language of legislation, official government texts, and other documents that are used in Parliament is governed by provisions that are specific enough. But already, Part III presents challenges: first, it requires that federal court judges be bilingual, with the exception of the Supreme Court of Canada. This makes little sense: how can the highest court of a country that is officially bilingual be exempt from any language requirement? Is the argument made by Justice Beetz in *Société des Acadiens* in 1986,[38] suggesting that this may require a constitutional amendment, really justified? A bill has been introduced in Parliament to correct this deficiency.

As for the language of publication of federal court decisions, the implementation of Part III is flawed. The Federal Court itself fails to meet its own obligation. The extension to quasi-judicial tribunals is not clearly defined, with the result that no one knows which agencies the obligation applies to or even the extent of the obligation. In addition, some of these boards and tribunals render thousands of decisions a year, not all of legal importance; several are limited to clarification of facts or procedural issues. The law is not yet clear about which circumstances require simultaneous translation and which allow for translation "as soon as possible." In the 1990s, the commissioner of official languages studied the issue and made a few recommendations (Canada 1999).

The Bastarache-Poirier report (New Brunswick 1982), published but never really implemented, suggested that a coherent language policy advocating institutional bilingualism was based on three fundamental pillars: the language of service, the language of work of public servants, and equitable participation of language communities in public service. This third requirement seems to me to be the most fundamental one because it is through an increased presence in all decisional spheres that minority-language communities can become empowered and feel that they are part of the decision-making process. Public administration is an important locus where the everyday promotion of linguistic duality takes place.

The *Official Languages Act* affects each of these three questions. Part IV is probably the most studied. Abandoning the concept of bilingual districts proposed by the RCBB, the law states four cases that give rise to an obligation (for a federal institution to offer services in either official language): its head office, any office in the National Capital Region, any office serving an area of significant demand, and any office whose nature justifies bilingualism. The law hands the governor-in-council the task of adopting regulations; these were enacted in 1992, four years after the law came into force. If the situation before this enactment was recognized for its vagueness, the new one lies at the other end of the spectrum. We need a calculator to find our way through this maze of regulation. Thankfully, bodies such as the Treasury Board Secretariat and the Office of the Commissioner of Official Languages have prepared summary tables, in colour, to help us understand.

The rigidity of the law is also a source of frustration in many situations: without such extreme formalities, cases such as the *Société des Acadiens et Acadiennes du Nouveau-Brunswick et Paulin v. Canada (Gendarmerie Royale du Canada)*[39] or *Donnie Doucet v. Her Majesty the Queen*[40] would probably never have been brought before the courts. In addition, the regulations ensure that minority-language services end up being the victims of administrative reorganization – a frequent occurence in the modern public service. In *Forum des maires de la Péninsule acadienne v. Canada*,[41] a federal court endorsed the conclusion that when a federal office relocates, services may be at risk of being discontinued, an issue that was also dealt with in a report of the Standing Senate Committee on Official Languages.[42]

As a result of the *Donnie Doucet* case, the RCMP extended its services along the Trans-Canada Highway where it crosses the border between New Brunswick and Nova Scotia. In *Paulin*, if the federal government had considered all of New Brunswick an area of significant demand, the Royal Canadian Mounted Police would have been subject to obligations without having to go through the legal system; this would have given it the status of a provincial institution, all the while remaining a federal organization. In short, the regulation needs to be revised. Former commissioner Dyane Adam set in motion a significant process for this purpose, but the exercise has yet to prove fruitful. In addition, the Fédération des communautés francophones et acadienne du Canada has recommended that the government adopt comprehensive rules that are not limited to services alone.[43]

Part IV of the *Official Languages Act* has generated a significant amount of jurisprudence, a situation that is quite interesting. The most recent episode, the *DesRochers* case,[44] represents an important step in the administrative governance of the law. Maintaining the position it adopted in *Beaulac* and *Arsenault-Cameron*,[45] that the central concept of linguistic equality does not mean identical treatment but rather should take into account the needs and priorities of the community, the Supreme Court of Canada opens the door to a fundamental change in the ways the federal government can supply services. The court also leaves open the question of the success rate of these measures, referring for this to Part VII.

Part V covers the language of work. The great difficulty lies in its implementation. Despite eloquent studies and reports by the commissioner of official languages on the implementation of this measure, studies show that it remains only wishful thinking: the French language has failed to establish itself as the usual language of work in the federal administration outside Quebec, despite all of the efforts put into language training, staffing policies, and incentives (see, e.g., Canada 2010). We will undoubtedly need, in my opinion, to draw some conclusions and consider the reorganization of work or the delegation of authority to community organizations, or independent administrative tribunals, to ensure that this goal is achieved. Finally, Part VI on equitable participation is not justiciable under the law[46] as it contains no binding obligations. Part VI has the same status as Part VII before it was amended in 2005.[47]

Part VII somehow codifies federal spending power, while imposing a much larger obligation on federal institutions, with its focus on the promotion of linguistic duality and the development of linguistic communities themselves. It will be interesting to follow the development of case law now that Part VII is enforceable and binding; it will also be important to assess the scope of the section that limits the extent of federal obligation to respect the powers and jurisdiction of the provinces.[48] I personally think that Part VII has a greater potential than the obligations to consult or heed the advice of community representatives; it could perhaps contribute to the emergence of a right to governance.

If the goal of the law was to halt assimilation, it has failed. The rates of language transfer are constant, and census after census, we realize that while more people are speaking French, it is receding as a first language and in proportion to the languages used in Canada. French is becoming the second or third language for more and more Canadians. The law is no stranger to this phenomenon because it promotes the concept of personality rather than territoriality, because it favours institutional bilingualism over linguistic duality; the law keeps in contact two languages that compete in the language market. In this context, we learn from socio-linguistics that it is the minority language that will suffer unless it is considered a prestigious language for all sorts of reasons (economics, power, social mobility, access to resources) (Patten 2003; Swenden 2003).

Outside Quebec, the French language is struggling to establish itself as a language of prestige. Even in Quebec, some analyses suggest that French is threatened, although others dispute this.[49] In short, if the modern context of globalization makes the territorial model inspired by European practices less and less relevant, we need to find foundations other than linguistic personality if we are to succeed in giving Canadian linguistic minorities the sense of security that they still seem to be lacking (Green 1987). The individualistic focus of the law has been tempered by jurisprudence – shy at first, but increasingly stronger – which has replaced these rights in the context of a linguistic community and which both precedes and structures the linguistic choices of individuals.

If the law was intended to improve the delivery of services and equal participation in the French language, it has succeeded. There are certainly still many irritants and many things to fix, but it is clear that enormous progress has been made over the past forty years. These advances have also had important sociological consequences. The implementation of the language policy has led to the need to recruit bilingual public servants, thus increasing demand for immersion and instruction in French, and the presence of francophone public servants in new environments has led to the opening of schools, community centres, shops, etc.

We are now world leaders in linguistic matters. Research abounds; books, articles, and conferences are multiplying; all social science disciplines are engaged – to be convinced, we only need to compare a current bibliography with the scarce studies of the RCBB and the Gendron Commission.[50] Municipalities now have language policies,[51] as do school boards (Ontario 2005), along with some private institutions. Our ideas on language policies are much more refined than before. Debates are vigorous, as in any self-respecting democracy.

Forty years of the *Official Languages Act* have therefore led us from a situation where the francophones of this country were second-class citizens to one where official bilingualism and language rights are now part of our unwritten constitutional principles.[52] This is an honourable record. But to be able to celebrate the eightieth anniversary of the law, we need to do much more. Among other things, both the content of Part VII and its notion of "positive measures" must be clarified, as must the extent of government obligation to implement them and the limitations of the judiciary to enforce them. Another avenue to explore is the role of the commissioner of official languages. Conferring on him or her more powers to allow the expansion of the act's mandate to implement the law is an idea that circulates widely within linguistic communities.

Reforming regulations is also part of a renewal process for the law's implementation – because the biggest challenge lies perhaps not in the legislative tool itself, but rather in the mechanisms governing its implementation in the everyday reality of anglophones and francophones. After all, beyond language, this law applies to persons who are members of communities that are themselves undergoing change, and ultimately, linguistic duality is a fundamental aspect of the Canadian social contract.

NOTES

1. *Marbury v. Madison*, 5 U.S. (1 Cranch) 13, 2 L. Ed. 60 (S. Ct. 1803).
2. *The Constitution Act, 1867* (U.K.), 30 & 31 Vict., c. 3, s. 93, R.S.C., 1985, Appendix II, No. 5.
3. Ibid., s. 133.
4. *Manitoba Act, 1870*, R.S.C., 1985, Appendix II, No. 8, s. 23.
5. *North-West Territories Act*, S.C., 1886, c. 50, s. 110, abr. and repl. by the *North-West Territories Act*, S.C., 1891, c. 22, s. 18.
6. See, e.g., *City of Winnipeg v. Barrett*, [1892] A.C. 455 (P.C.); *Roman Catholic Separate School Trustees v. Mackell*, [1917] A.C. 63 (P.C.).
7. Canada. Royal Commission on Bilingualism and Biculturalism. 1967. *Report of the Royal Commission on Bilingualism and Biculturalism* Vol. I. Ottawa: Queen's Printer.
8. *Official Languages Act*, S.C. 1969, c. 54.
9. *Association des Gens de l'Air du Québec Inc. v. Lang*, [1978] 2 F.C. 371 (C.A.F.).
10. *Jones v. A.G. of New Brunswick*, [1975] 2 S.C.R. 182.
11. *Devine v. Quebec (Attorney General)*, [1988] 2 S.C.R. 790.
12. *Charter of the French Language*, L.Q. 1977, c. 5; L.R.Q. c. C-11.
13. See, e.g., the *International Covenant on Civil and Political Rights*, Article 19, December 1966, U.N.T.S. vol. 999, p. 171, Can. T.S. 1976 No. 47, 6 I.L.M. 368 (entered into force 23 March 1976, accession by Canada 19 May 1976).

14. *Société des Acadiens du Nouveau-Brunswick v. Association of Parents for Fairness in Education*, [1986] 1 S.C.R. 549; *MacDonald v. City of Montréal*, [1986] 1 S.C.R. 460; *Bilodeau v. A.G. (Man.)*, [1986] 1 S.C.R. 449.
15. *Reference re Manitoba Language Rights*, [1985] 1 S.C.R. 721.
16. *Official Languages Act*, s. 16.
17. Ibid., s. 20.
18. Ibid., ss. 22 and 32; *Official Languages (Communications with and Services to the Public) Regulations*, SOR/92-48.
19. *Official Languages Act*, ss. 23(2), 25 and 26.
20. Ibid., Part V.
21. Ibid., Part VI.
22. Ibid., s. 41.
23. Ibid., s. 77.
24. *Forum des maires de la Péninsule acadienne v. Canada (Food Inspection Agency) (F.C.A.)*, [2004] F.C.A. 263, 4 F.C.R. 276.
25. *An Act to amend the Official Languages Act*, S.C. 2005, c. 41.
26. *Mahe v. Alberta*, [1990] 1 S.C.R. 342.
27. *R. v. Beaulac*, [1999] 1 S.C.R. 768.
28. *Canada (Attorney General) v. Viola* [1991] 1 F.C. 373.
29. *Charlebois v. Saint John (City)*, [2005] 3 S.C.R. 563.
30. *Official Languages Act*, S.N.B. 2002, c. O-0.5.
31. See, e.g., "De la coupe aux lèvres : un coup de cœur se fait attendre, Bridging the Gap: From Oblivion to the Rule of The Law," tabled in the Senate by Hon. Jean-Maurice Simard, 16 November 1999 (Canada, Parliament, Senate, *Debates*, 36th Parliament, 2nd Session, Vol. 138, Issue 7, at http://www.parl.gc.ca/Content/Sen/Chamber/362/Debates/007db_1999-11-16-e.htm).
32. *Picard v. Canada (Commissioner of Patents and the Canadian Intellectual Property Office)*, [2010] F.C. 86 (Federal Court, Trial Division).
33. *Devinat v. Canada (Immigration and Refugee Board)*, [2000] 2 F.C. 212 (Federal Court of Appeal), application for leave to appeal to Supreme Court of Canada rejected, [2000] C.S.C.R. No. 45 (12 October 2000).
34. *DesRochers v. Canada (Industry)*, [2009] 1 S.C.R. 194.
35. *Canada (Commissioner of Official Languages) v. Canada (Department of Justice)*, [2001] F.C.T. No. 431 (Federal Court, Trial Division).
36. *Doucet v. Canada*, [2004] F.C.T. No. 1813, 2004 F.C. 1444 (Federal Court, Trial Division).
37. *Norton v. Via Rail Canada Inc.*, [2009] F.C.R. No. 1043, 2009 F.C. 704 (Federal Court, Trial Division).
38. *Société des Acadiens v. Association of Parents for Fairness in Education*, [1986] 1 S.C.R. 549.
39. *Société des Acadiens et Acadiennes du Nouveau-Brunswick and Paulin v. Canada*, [2008] 1 S.C.R. 383.
40. *Donnie Doucet v. Her Majesty the Queen*, [2005] 1 F.C.R. 671 (Federal Court, Trial Division).
41. *Forum des maires de la Péninsule acadienne v. Canada (Food Inspection Agency)*, supra note 24.
42. Canada. Parliament. Senate. Standing Committee on Official Languages. *Relocation of Head Offices of Federal Institutions: Respect for Language Rights.*

Ottawa, May 2007. At http://www.parl.gc.ca/Content/SEN/Committee/391/offi/rep/rep08may07-e.htm.

43. Fédération des communautés francophones et acadienne du Canada. *The Implementation of the Official Languages Act: A New Approach – A New Vision*. Ottawa, November 2009. At http://www.fcfa.ca/documents/doc_LLO_FR.pdf.

44. *DesRochers v. Canada (Industry)*, supra note 34.

45. *Arsenault-Cameron* v. *Prince Edward Island*, [2000] 1 S.C.R. 3.

46. Neither according to s. 77 of the *Official Languages Act* nor according to s. 18.1 of the *Federal Courts Act* (L.R.C. 1985, c. F-7): see *Lavoie v. Canada*, [2007] F.C.J. 1622 (QL), 2007 F.C. 1251 (Federal Court, Trial Division).

47. *Forum des maires de la Péninsule acadienne v. Canada (Food Inspection Agency)*, supra note 24.

48. *Official Languages Act*, s. 41(2).

49. See Pierre Foucher, "Évaluation des politiques linguistiques : qu'évalue-t-on et pourquoi," in *Actes du colloque de la Société française de terminologie*, forthcoming 2011.

50. Quebec. Commission of Inquiry on the Situation of the French Language and Linguistic Rights in Quebec. 1972. *Report of the Commission of Inquiry on the Situation of the French Language and Linguistic Rights in Quebec*. Montreal: l'Éditeur officiel du Québec.

51. City of Ottawa, "Bilingualism Policy" (effective 9 May 2001), at http://www.ottawa.ca/city_hall/policies/bilingualism_policy/index_en.html; City of Moncton, "City of Moncton Policy on Official Languages" (adopted 11 April 1991), at http://www.moncton.ca/Government/Bilingual_Services.htm; City of Winnipeg, "The City of Winnipeg Charter" (August 9, 2002), Part 9, at http://web2.gov.mb.ca/laws/statutes/municipal/c03902_2e.php.

52. *Reference re Secession of Quebec*, [1998] 2 S.C.R. 217, 49–54, 79–81.

REFERENCES

Blay, J. 1987. *L'article 23 : Les péripéties législatives et juridiques du fait français au Manitoba, 1870–1986*. Saint-Boniface: Éditions du blé.

Canada. Office of the Commissioner of Official Languages. 1999. *The Equitable Use of English and French Before Federal Courts and Administrative Tribunals Exercising Quasi-Judicial Powers*. Ottawa: Minister of Public Works and Government Services Canada.

—. 2010. *Annual Report 2009–2010: Beyond Obligations* – Volume 1. Ottawa: Minister of Public Works and Government Services Canada. At http://www.ocol-clo.gc.ca/docs/f/ar_ra_2009-10_f.pdf.

Dicey, A.V. 1939. *Introduction to the Study of the Law of the Constitution*, 9th ed. London: Macmillan and Co.

Foucher, P. 1988a. "Faut-il signer l'accord du Lac Meech ?" *Égalité : Revue acadienne d'analyse politique* 22:15–36.

—. 1988b. "L'Accord du Lac Meech et les francophones hors-Québec." *Annuaire canadien des droits de la personne* 3–49. Ottawa: University of Ottawa Press.

Green, L. 1987. "Are Language Rights Fundamental?" *Osgoode Hall Law Journal* 25(4):639–69.

Hébert, R. 2004. *Manitoba's French-Language Crisis: A Cautionary Tale.* Montreal: McGill-Queen's University Press.

Leslie, P.M., ed. 1987. *Rebuilding the Relationship: Quebec and Its Confederation Partners – Report of a Conference, Mont Gabriel, Quebec, 9–11 May, 1986.* Kingston: Institute of Intergovernmental Relations, Queen's University. At http://www.queensu.ca/iigr/pub/archive/books/RebuildingTheRelationship-Leslie.pdf.

New Brunswick. Official Languages Branch. 1982. Report of the Task Force on Official Languages. *Towards Equality of the Official Languages in New Brunswick.* Fredericton: Queen's Printer for New Brunswick.

Ontario. Ministry of Education. 2005. *Ontario's Aménagement Linguistique Policy for French-Language Education.* Toronto: Queen's Printer for Ontario.

Patten, A. 2003. "What Kind of Bilingualism?" In *Language Rights and Political Theory,* ed. W. Kymlicka and A. Patten, 296–321. New York: Oxford University Press.

Swenden, W. 2003. "Personality versus Territoriality: Belgium and the Framework Convention for the Protection of National Minorities." *European Yearbook of Minority Issues* Vol. 2, 2002/2003:331.

LES 40 ANS DE LA *LOI SUR LES LANGUES OFFICIELLES* : DE L'INDIVIDUEL AU COLLECTIF

SERGE ROUSSELLE, *Professeur titulaire, Faculté de droit, Université de Moncton*

In adopting the Official Languages Act in 1969, Parliament chose to promote the equality of French and English, languages on which it conferred official status, and to grant rights related to the use of these languages in federal institutions. Yet the surprising aspect of this initial version of the act is the absence of a reference, first, to the existence of official language minority communities and, second, to the rights of these minorities as intended beneficiaries of the act.

Over time, as the Official Languages Act was amended and the highest courts in the country rendered their decisions, it became clear that the rights it provides are not just individual rights; they also have a collective dimension, the existence of which no one can deny. This dimension holds promise for the future of official language minority communities.

It is obvious that the developments that have taken place since 1969 have put the sustainable development of official language minority communities at the centre of the legal debate. The Official Languages Act now includes a positive obligation on the part of government institutions to support and promote the development and vitality of these communities; they must now consider and respond to these communities' needs and concerns. Even more than that, the judicial interpretation of the act now makes room for an approach based on the substantive equality of these communities, which require, in appropriate circumstances, separate services to meet their respective realities.

Life After Forty: Official Languages Policy in Canada / Après quarante ans, les politiques de langue officielle au Canada, J. Jedwab et R. Landry (dir.). Montréal et Kingston : Queen's Policy Studies Series, McGill-Queen's University Press.
© 2011 The School of Policy Studies, Queen's University à Kingston. Tous droits réservés.

As a result, the message to the institutions of government is clear: in the future, they must adapt to the needs and realities of official language minority communities.

Par l'adoption de la *Loi sur les langues officielles,* en 1969, le législateur a choisi de mettre de l'avant l'égalité du français et de l'anglais, soit les deux langues qu'il officialise, et d'établir des droits relatifs à l'emploi de ces langues dans les institutions fédérales. Or, ce qui peut surprendre de cette version initiale de la *Loi,* c'est l'absence, d'une part, de toute mention relative à l'existence de communautés minoritaires de langue officielle et, d'autre part, de droits qui sont propres à ces communautés à titre de bénéficiaires explicites[1].

En cela, il faut comprendre que les droits individuels en matière de langue ont tout de même pour ultime objectif de favoriser le maintien et l'épanouissement, voire le développement durable, des collectivités parlant une langue donnée. D'ailleurs, même si cette raison d'être des droits linguistiques n'était pas explicitement mentionnée dans la *Loi* de 1969 et qu'elle n'a pas été reconnue dans certaines décisions des tribunaux, il n'en demeure pas moins qu'au fil des 40 dernières années l'évolution de la *Loi* elle-même et de la jurisprudence qui y est reliée a rendu cet objectif de plus en plus évident et fondamental.

Ce faisant, les communautés minoritaires de langue officielle sont clairement devenues de véritables bénéficiaires des droits linguistiques contenus dans la *Loi* actuelle, cela permettant de favoriser leur développement durable et leur égalité réelle dans la société canadienne. C'est ce dont fait clairement foi le récent jugement *Desrochers,* dans lequel la Cour suprême reconnaît que, selon la nature et les objectifs des services gouvernementaux en cause, « il se peut que l'élaboration et la mise en œuvre de services identiques pour chacune des communautés linguistiques ne permettent pas de réaliser l'égalité réelle[2] ».

À cet égard, pour pleinement comprendre cette évolution positive et mieux en apprécier les conséquences pour l'avenir des communautés minoritaires de langue officielle, ce texte propose l'étude des différentes modifications apportées à la *Loi* depuis 1969 ainsi que la jurisprudence pertinente, afin de démontrer l'importance qu'a pris l'aspect collectif des droits que comporte la *Loi,* dont l'obligation positive du gouvernement fédéral de favoriser le développement et l'épanouissement des minorités de langue officielle et de tenir compte de leur situation et de leurs besoins particuliers.

1. L'ÉVOLUTION DE LA *LOI*

a) *La* Loi *de 1969*

La première version de la *Loi sur les langues officielles*, adoptée en juillet 1969 et entrée en vigueur le 9 septembre suivant, marque une étape importante dans la reconnaissance du bilinguisme institutionnel au Canada. De façon concrète, alors que l'article 133 de la *Loi constitutionnelle de 1867* faisait du français et de l'anglais les langues du Parlement et des tribunaux fédéraux[3], la *Loi* de 1969 y ajoute les autres institutions fédérales, tout en prévoyant le droit pour les citoyens d'y être servis dans l'une ou l'autre de ces deux langues, et crée le poste de commissaire – commissaire à qui il incombe de recevoir les plaintes du public, de les instruire, de faire les recommandations qui s'imposent et de soumettre des rapports au Parlement. De plus, grâce à son article 2, cette loi fait du français et de l'anglais les deux langues officielles du Canada, qui ont désormais un statut, des droits et des privilèges égaux quant à leur emploi dans les institutions fédérales.

Or, outre que cet article 2 a fait l'objet de décisions judiciaires contradictoires quant à sa portée déclaratoire ou exécutoire[4], la Cour suprême du Canada a confirmé la validité constitutionnelle de la *Loi* de 1969 en précisant que rien dans la Constitution n'empêche le Parlement d'aller au-delà des garanties linguistiques que l'on y trouve, dans la mesure où cela se fait dans le respect des champs de compétence des deux ordres de gouvernement[5].

Cela dit, si cette loi constituait un pas dans la bonne direction vers la reconnaissance de nouvelles obligations fédérales en matière de langues officielles, force est de reconnaître que les termes et la formulation qui y sont utilisés laissaient une grande marge de manœuvre à l'administration fédérale en ce qui a trait à sa mise en œuvre, ce qui ne jouait pas en faveur de l'efficacité des droits qui y étaient énoncés[6]. De même, quoique les discussions ayant mené à l'adoption de la *Loi* démontrent clairement qu'elle visait les deux principales communautés linguistiques du pays – et plus particulièrement à favoriser le développement de la communauté francophone minoritaire qui en avait grandement besoin[7] –, cela ne ressort pas explicitement du texte, qui s'articule uniquement autour de droits individuels, sans aucune mention des collectivités, ce qui aura par la suite de fâcheuses conséquences dans certains jugements rendus par les tribunaux[8]. La nouvelle version de la *Loi*, adoptée en 1988, allait non seulement diminuer le pouvoir discrétionnaire de l'administration fédérale en matière de mise en œuvre des droits linguistiques plus étendus que l'on y retrouve, mais également reconnaître explicitement le rôle de cette administration dans le développement et l'épanouissement des minorités de langue officielle au pays.

b) La Loi *de 1988 et ses modifications*

Une deuxième version de la *Loi sur les langues officielles* a été adoptée en 1988 pour donner effet au nouvel ordre constitutionnel établi en 1982 lors de l'entrée en vigueur de la *Charte canadienne des droits et libertés* et qui ouvrait une nouvelle page de l'évolution des droits linguistiques au pays. Quoiqu'elle ait subi quelques modifications, cette version de la *Loi* de 1988 constitue encore aujourd'hui la pierre angulaire de la mise en œuvre des obligations constitutionnelles du gouvernement canadien en matière linguistique[9]. La *Charte* contenait de nouveaux droits constitutionnels en matière de langues officielles au niveau fédéral dont la mise en œuvre exigeait que la *Loi* soit revisitée.

En résumé, le paragraphe 16(1) de la *Charte* élève au rang constitutionnel le principe selon lequel le français et l'anglais, les deux langues officielles du Canada, bénéficient d'un statut et de droits et privilèges égaux dans les institutions du Parlement et du gouvernement du Canada. Pour sa part, le paragraphe 16(3) vient officialiser dans le texte écrit de la Constitution le principe qui ressort de l'arrêt *Jones* selon lequel le législateur peut aller au-delà des garanties constitutionnelles en matière linguistique, en précisant que « [l]a présente charte ne limite pas le pouvoir du Parlement et des législatures de favoriser la progression vers l'égalité de statut ou d'usage du français et de l'anglais[10] ». Quant à eux, les paragraphes 17(1), 18(1) et 19(1) de la *Charte* reprennent pour l'essentiel le contenu de l'article 133 de la *Loi constitutionnelle de 1867* quant aux exigences du bilinguisme dans les secteurs parlementaire, législatif et judiciaire à l'échelon fédéral. Pour sa part, le paragraphe 20(1) constitue une nouveauté constitutionnelle en garantissant le droit du public à utiliser le français ou l'anglais pour communiquer avec les institutions fédérales ou pour en recevoir des services, au siège de l'administration centrale ou ailleurs dans les institutions fédérales selon l'importance de la demande ou la vocation d'un bureau[11].

Or, l'étude de la *Loi sur les langues officielles* adoptée en 1988 nous permet de découvrir non seulement à quel point les droits que l'on y retrouve découlent des dispositions de la *Charte*, mais également l'importance désormais accordée explicitement au développement et à l'épanouissement des minorités de langue officielle. À cet égard, dans un premier temps, nous allons nous concentrer sur le contenu des droits qui y sont reconnus, puis nous allons nous attarder à la dimension collective qui ressort clairement de cette loi.

La *Loi* de 1988 est assez explicite quant à son triple objet, soit :

a) d'assurer le respect du français et de l'anglais à titre de langues officielles du Canada, leur égalité de statut et l'égalité de droits et privilèges quant à leur usage dans les institutions fédérales, notamment en ce qui touche les débats et les travaux du Parlement, les actes législatifs et autres, l'administration de la justice, les communications avec le public et la prestation des services, ainsi que la mise en œuvre des objectifs de ces institutions ;

b) d'appuyer le développement des minorités francophones et anglophones et, d'une façon générale, de favoriser, au sein de la société canadienne, la progression vers l'égalité de statut et d'usage du français et de l'anglais ;

c) de préciser les pouvoirs et les obligations des institutions fédérales en matière de langues officielles[12].

Outre le fait que ce triple objet repose clairement sur les principes qui découlent des articles 16 à 20 de la *Charte*, il dénote une volonté expresse d'appuyer le développement des minorités de langue officielle et la dualité linguistique du pays. Ce faisant, loin de se contenter de mettre de l'avant des droits linguistiques individuels, le législateur accorde désormais une importance directe à l'aspect collectif de ces droits, une nouveauté au pays. Dans cet esprit, les premières parties de la *Loi* contiennent des droits individuels – droits dont on ne saurait pourtant sous-estimer la portée collective, comme nous le verrons dans l'interprétation qu'en feront les tribunaux–, alors que dans les parties qui suivent la dimension collective devient très explicite.

À cet égard, la partie I consacre le français et l'anglais comme langues officielles du Parlement, les débats et travaux qui y ont cours pouvant se tenir dans l'une ou l'autre langue. Cette consécration par voie de mise en œuvre législative de la garantie constitutionnelle prévue au paragraphe 17(1) de la *Charte* est accompagnée de dispositions législatives qui prévoient des services d'interprétation simultanée ainsi qu'une transcription et une traduction des débats et des travaux.

Quant à la partie II, en plus de garantir que tous les documents d'institutions fédérales déposés au Parlement ainsi que tous les textes de procédure et de pratiques des tribunaux fédéraux sont rédigés dans les deux langues officielles, elle vise à mettre en œuvre le paragraphe 18(1) de la *Charte* en prévoyant que les lois et leurs textes d'application seront adoptés et les archives parlementaires tenues dans les deux langues officielles, les deux versions étant d'égale valeur.

Pour sa part, la partie III reprend d'abord pour l'essentiel le contenu du paragraphe 19(1) de la *Charte* en prévoyant que « [c]hacun a le droit d'employer l'une ou l'autre [langue officielle] dans toutes les affaires dont [les tribunaux fédéraux] sont saisis et dans les actes de procédure qui en découlent[13] ». De plus, affirmant clairement que les langues officielles des tribunaux fédéraux sont le français et l'anglais, diverses dispositions imposent entre autres à ces tribunaux l'obligation d'offrir aux témoins et aux parties des services d'interprétation, de comprendre directement les parties sans l'aide d'un interprète (sauf dans le cas de la Cour suprême[14]) et de rendre leurs décisions disponibles simultanément dans les deux langues officielles lorsqu'elles présentent de l'intérêt ou un point de droit important, ou encore lorsque, en tout ou en partie, les débats se sont déroulés ou les actes de procédure ont été rédigés dans les deux langues officielles.

Quant à elle, la partie IV de la *Loi* de 1988 met en œuvre les obligations constitutionnelles du paragraphe 20(1) de la *Charte* en assurant au public le droit de communiquer avec les institutions fédérales (ou avec un tiers agissant en leur nom) et d'en recevoir des services dans les deux langues officielles[15].

Par ailleurs, une question laissée en suspens par la *Loi* de 1969 était de savoir si, dans les institutions fédérales, le français et l'anglais sont les langues de travail. En 1973, à défaut d'une jurisprudence claire quant à la portée déclaratoire ou exécutoire de l'article 2 de cette *Loi* eu égard à l'emploi de l'anglais et du français dans les institutions fédérales[16], le Sénat et la Chambre des communes avaient tout de même adopté une résolution parlementaire « qui reconnaissait l'égalité du statut des deux langues en tant que langues de travail dans la fonction publique fédérale, ainsi que le principe de la participation équitable des deux groupes linguistiques dans les institutions fédérales[17] ». Or, dans la suite logique de l'article 16 de la *Charte*, qui prévoit que les deux langues officielles bénéficient d'un statut et de droits et privilèges égaux dans les institutions fédérales, la partie V de la *Loi* de 1988 prévoit, à l'article 34, que « le français et l'anglais sont les langues de travail des institutions fédérales », tout en précisant, dans les articles qui suivent, les modalités selon lesquelles les agents de ces institutions ont le droit d'utiliser l'une ou l'autre langue.

Ainsi, on peut constater que les principes contenus dans les dispositions législatives des parties I à V de la *Loi* de 1988 sont en lien direct avec la mise en œuvre des articles 16 à 20 de la *Charte* et, dans cet esprit, il faut noter que, selon l'article 82 de cette loi, les dispositions en question l'emportent sur les autres lois et règlements fédéraux, à l'exception de la *Loi canadienne sur les droits de la personne*.

Il va sans dire que ces différents droits linguistiques individuels n'ont de sens que dans leur portée collective, en permettant aux communautés auxquelles ils se rattachent de se développer et de s'épanouir. Cela dit, dans les autres parties de la *Loi*, cette dimension collective ressort clairement, puisque l'on y prévoit explicitement des obligations du gouvernement fédéral à l'égard des communautés de langue officielle.

Ainsi, la partie VI établit un engagement du gouvernement fédéral de veiller non seulement à ce que « les Canadiens d'expression française et d'expression anglaise [ ] aient des chances égales d'emploi et d'avancement dans les institutions fédérales », mais également à ce que les effectifs de ces institutions « tendent à refléter la présence au Canada des deux collectivités de langue officielle ».

Dans ce même esprit, en 1988, la partie VII est venue préciser, à l'article 41 de la *Loi*, que le gouvernement fédéral s'engage non seulement « à promouvoir la pleine reconnaissance et l'usage du français et de l'anglais dans la société canadienne », mais à appuyer et à favoriser le développement et l'épanouissement des communautés francophones et anglophones du Canada[18]. Ainsi, par la *Loi* de 1988 et dans l'optique du paragraphe 16(3) de la *Charte* qui favorise la progression vers l'égalité de statut ou d'usage du français et de l'anglais, on n'accorde plus uniquement des droits individuels – qui ultimement favoriseront la survie culturelle des communautés minoritaires de langue officielle –, mais le gouvernement fédéral s'engage aussi à appuyer directement ces communautés à titre de bénéficiaires.

Cela peut sembler banal, mais, faut-il le rappeler, une langue ne peut être vivante que si les individus qui la parlent font partie d'une communauté, ce qui signifie que la survie de cette langue est intimement liée aux conditions de survie de cette communauté[19]. C'est pourquoi l'on ne peut sous-estimer l'importance de la partie VII de la *Loi* de 1988, qui confirme une évidence : les droits individuels en matière de langue n'ont pleinement de sens que s'ils sont mis en œuvre dans le but de favoriser le maintien et l'épanouissement des communautés qui justifient leur existence ; et, en l'espèce, l'administration fédérale s'engage directement à appuyer le développement des minorités francophones et anglophones du Canada, bénéficiaires ultimes de ces droits.

Par ailleurs, si la portée déclaratoire ou exécutoire de cet engagement que l'on retrouve à l'article 41 de la *Loi* a fait l'objet de débats juridiques et politiques[20], certaines modifications qui lui ont été apportées en novembre 2005 sont heureusement venues éclaircir la situation en précisant que les institutions fédérales ont l'obligation de prendre des mesures positives pour mettre en œuvre cet engagement à favoriser le développement des minorités de langue officielle et à promouvoir la dualité linguistique canadienne[21]. Dans un arrêt récent, la Cour suprême rappelle qu'au-delà des services et des communications dans les deux langues officielles garantis dans la partie IV de la *Loi*, l'obligation positive contenue à la partie VII peut signifier la nécessité de prendre en considération les besoins et les préoccupations des communautés minoritaires de langue officielle, et d'y répondre[22].

Cela dit, outre que cette obligation positive de l'administration fédérale peut donner lieu à une intervention du Commissariat aux langues officielles, chargé de recevoir les plaintes, de faire enquête et de proposer des recommandations en la matière aux termes de la partie IX, elle est d'autant plus importante compte tenu que la partie VII donne désormais droit également à un recours devant la Cour fédérale aux termes de la partie X de la *Loi*[23].

Ainsi, la législation fédérale en matière de langues officielles est passée d'une version initiale somme toute limitée – laissant une grande marge de manœuvre à l'administration centrale dans le cadre de sa mise en œuvre – et ne faisant aucune mention explicite des communautés de langue officielle, à une version moderne qui officialise l'objectif de favoriser le développement et l'épanouissement de ces communautés et impose à l'État l'obligation d'agir à cet égard.

Cette évolution législative a suivi un chemin similaire en matière jurisprudentielle, étant donné que, comme nous le verrons dans les prochaines pages, les tribunaux sont passés durant la même période d'une interprétation restrictive des droits linguistiques à une interprétation large et libérale qui reconnaît que l'objet des droits linguistiques, y compris ceux qui sont contenus dans la *Loi*, est de favoriser le développement durable des communautés de langues officielles au pays pour en arriver à une égalité réelle entre elles et mettre fin aux injustices historiques et aux insuffisances systémiques.

2. L'ÉVOLUTION JURISPRUDENTIELLE DE L'INTERPRÉTATION DE LA *LOI*

a) Les règles d'interprétation des droits linguistiques

En matière d'interprétation de la *Loi* par les tribunaux, outre la confirmation de sa validité constitutionnelle et le débat entourant la portée déclaratoire ou exécutoire de son article 2 originel (auxquels nous avons déjà fait référence), les règles d'interprétation des droits linguistiques eux-mêmes ont pris beaucoup d'importance.

À cet égard, il faut savoir que, dans la mesure où les droits contenus dans la *Loi* s'inscrivent dans la suite logique des droits linguistiques reconnus dans la Constitution, ces divers droits sont soumis aux mêmes règles d'interprétation[24]. Dans cette perspective, trois jugements de la Cour suprême du Canada a d'abord retenu l'attention en faisant une interprétation restrictive de l'ensemble des droits linguistiques au pays[25], y compris ceux de la *Loi*[26].

Selon ces jugements, les droits linguistiques étant fondés sur un compromis politique, ils doivent être interprétés avec retenue, d'autant qu'il vaut mieux les laisser progresser au rythme du processus législatif, donc politique, et ce, dans le respect du paragraphe 16(3) de la *Charte*[27]. Par exemple, dans cette logique, sans égard à la finalité collective et culturelle du droit en cause, le droit constitutionnel d'un justiciable d'utiliser le français ou l'anglais dans toutes les affaires dont sont saisis les tribunaux ne comprend pas le droit d'être entendu ou compris dans la langue officielle de son choix[28]. De même, le droit de faire usage du français ou de l'anglais dans toute pièce de procédure émanant des tribunaux appartient à son auteur, et ainsi le destinataire d'une sommation unilingue ne détient aucun droit correspondant de la recevoir dans sa langue[29], et ce, sans égard à la raison d'être des dispositions linguistiques en cause qui ne visaient certainement pas à protéger les fonctionnaires de l'État fédéral, mais plutôt à offrir le choix de langue au justiciable.

Or, au-delà du fait qu'en ces domaines le législateur fédéral est intervenu pour modifier la *Loi* de façon à rectifier le tir[30], une série de nouvelles décisions à compter de la fin des années 1990 ont sonné le glas de l'approche restrictive pour favoriser plutôt une interprétation large et libérale, ouvrant ainsi la voie à une égalité réelle en matière linguistique, ce qui aura des effets non négligeable eu égard à l'interprétation de la *Loi* comme nous pourrons l'apprécier pleinement dans notre analyse ultérieure de l'arrêt *DesRochers*.

Ainsi, dans le *Renvoi relatif à la sécession du Québec*, la Cour suprême précise que, même si les dispositions linguistiques sont le fruit de négociations et de compromis politiques, elles n'en sont pas moins fondées sur des principes, dont celui non écrit de la protection des droits des minorités qui, entre autres, influence l'interprétation de la Constitution[31]. De même, l'année suivante, dans l'arrêt *Beaulac*, rappelant que la caractéristique des droits linguistiques selon laquelle ils sont le résultat de compromis politique ne leur est pas propre, la Cour constate que cela n'a pourtant jamais donné lieu à une interprétation restrictive des autres garanties constitutionnelles[32].

Devant pareil constat, la Cour en vient à conclure « que l'existence d'un compromis politique n'a aucune incidence sur l'étendue des droits linguistiques[33] » et que « [dans] la mesure où l'arrêt *Société des Acadiens* [...] préconise une interprétation restrictive des droits linguistiques, [cet arrêt] doit être écarté[34] ». Dans cet esprit, comme pour tous les autres droits constitutionnels, les droits linguistiques doivent toujours être interprétés d'une manière large et libérale en fonction de leur objet[35], et ce, ajoute la Cour, de façon compatible avec le maintien, la protection et l'épanouissement des communautés de langue officielle[36].

Ce dernier énoncé prend tout son sens quand on réalise que vouloir interpréter les droits linguistiques, à l'instar des autres dispositions constitutionnelles, de façon large et libérale en fonction de leur objet revient à rechercher leur justification, à examiner pourquoi ils existent, afin de les définir et d'en connaître la portée. Autrement dit, suivant cette approche, les dispositions constitutionnelles en cause doivent être situées dans leurs contextes historique, démographique et social[37].

Or, une analyse de la jurisprudence de la Cour suprême nous apprend que les droits linguistiques ont généralement un double objet, soit un objet culturel et un objet réparateur et égalitaire.

À cet égard, le plus haut tribunal du pays n'a de cesse de rappeler l'importance des droits linguistiques pour assurer le maintien et l'épanouissement des collectivités de langue officielle et de leur culture[38]. D'ailleurs, en établissant ce lien entre l'importance des droits linguistiques et la survie culturelle des collectivités de langue officielle, la Cour suprême ne fait que reconnaître le rôle fondamental que joue la langue comme moyen d'exprimer l'identité culturelle d'une collectivité[39]. Dans cet esprit, tout en rappelant que langue et culture ne sont pas synonymes, elle précise, toutefois, que « le dynamisme de la première est indispensable à la préservation intégrale de la seconde[40] ». Ainsi, aux yeux de la Cour, les droits linguistiques « mettent en jeu non seulement des droits individuels, mais aussi la vie des communautés linguistiques et la perception que celles-ci ont de leur avenir[41] ». En cela, « toute garantie générale de droits linguistiques témoigne d'un respect et d'un intérêt fondamental pour les cultures qu'expriment les langues protégées[42] ». Confirmant ainsi l'objectif culturel des droits linguistiques[43], la Cour précise que « la protection constitutionnelle des droits linguistiques des minorités est nécessaire pour assurer la solidité et la vitalité des communautés linguistiques minoritaires, composantes essentielles à l'épanouissement du Canada comme pays bilingue[44] ». C'est pourquoi il n'est pas surprenant que, en fonction d'un objet qui cherche à soutenir les deux langues officielles et les cultures qu'elles expriment et représentent[45], « [l]es droits linguistiques doivent *dans tous les cas* être interprétés de façon compatible avec le maintien et à l'épanouissement des collectivités de langue officielle au Canada[46] ».

Ainsi, nous sommes clairement en présence de droits individuels à portée collective[47]. Dans cette optique, outre les dispositions explicites de soutien aux collectivités de langue officielle que nous avons observées, « [l]'objectif de protéger les minorités de langue officielle, exprimé à l'art. 2 de la *Loi sur les langues officielles*, est atteint par le fait que tous les membres de la minorité peuvent exercer des droits indépendants et individuels qui sont justifiés par l'existence de la collectivité[48] ».

Il va sans dire que cet objet des droits linguistiques visant la protection des communautés de langue officielle et leur culture s'inscrit parfaitement dans la logique du principe de la protection des droits des minorités, qui a été reconnu par la Cour suprême comme un fondement clé de la Constitution et qui façonne l'histoire de notre pays en influençant, entre autres, l'interprétation de la Constitution[49].

Par ailleurs, le contexte historique, démographique et social étant la toile de fond de l'analyse des droits linguistiques, il ne fait aucun doute que les dispositions linguistiques ont été adoptées en vue de mettre fin aux injustices historiques et aux insuffisances systémiques auxquelles sont confrontées les minorités de langue officielle au pays[50]. Ainsi, loin de chercher à renforcer le statu quo ou à ne viser qu'un simple accommodement, l'objet réparateur de ces dispositions ne fait aucun doute, et a pour but d'assurer aux minorités linguistiques en cause une égalité réelle eu égard aux droits linguistiques existants, et ce, pour favoriser activement l'épanouissement de ces minorités et contrer l'érosion progressive de leurs cultures[51]. D'ailleurs, pour paraphraser la Cour suprême, le paragraphe 16(1) de la *Charte* confirme l'égalité réelle des droits linguistiques constitutionnels existants, l'article 2 de la *Loi sur les langues officielles* ayant le même effet quant aux droits qu'elle contient[52].

Or, cette égalité réelle ne peut avoir de sens que si les droits linguistiques en cause créent des obligations positives pour l'État[53] comme le rappelle fort à propos le plus haut tribunal du pays :

> Les droits linguistiques ne sont pas des droits négatifs, ni des droits passifs ; ils ne peuvent être exercés que si les moyens en sont fournis. Cela concorde avec l'idée préconisée en droit international que la liberté de choisir est dénuée de sens en l'absence d'un devoir de l'État de prendre des mesures positives pour mettre en application des garanties linguistiques.[54]

Dans cette perspective, cette égalité réelle exige que « les minorités de langue officielle soient traitées différemment, si nécessaire, suivant leur situation et leurs besoins particuliers[55] » pour en faire de véritables « partenaires égaux[56] ».

En cela, dans le cadre d'une interprétation fondée sur un double objet visant à maintenir la vitalité linguistique et culturelle des communautés de langue officielle ainsi qu'à corriger les inégalités historiques et à mettre fin aux lacunes systémiques pour en arriver à une égalité réelle, il n'est pas surprenant que la Cour suprême souligne que « les réponses aux questions posées devraient idéalement être formulées en fonction de ce qui favorisera le mieux l'épanouissement et la préservation de la minorité linguistique [en cause][57] ».

b) Une mise en œuvre fort instructive de ces principes d'interprétation : l'arrêt DesRochers

L'arrêt *DesRochers*, rendu en 2009, permet de prendre la pleine mesure de ces enseignements du plus haut tribunal au pays. Dans cette affaire, pour l'essentiel, la Cour suprême devait décider si le gouvernement fédéral avait respecté ses obligations linguistiques d'offrir ses services de développement économique communautaire en français par l'entremise d'une société d'aide au développement des collectivités (SADC) dans la région de la Huronie en Ontario. Un droit de source constitutionnelle était donc en jeu puisque, comme nous l'avons vu, la partie IV de la *Loi* met en œuvre le paragraphe 20(1) de la *Charte* qui garantit le droit du public de recevoir des services des institutions fédérales dans la langue officielle de son choix[58].

De prime abord, en analysant les dispositions pertinentes à la lumière des principes d'interprétation étudiés – dont celui de l'égalité énoncé au paragraphe 16(1) de la *Charte* et à l'article 2 de la LLO –, la Cour convient avec les parties qu'en l'espèce l'institution fédérale a bel et bien une obligation « de mettre à la disposition du public des services qui sont de qualité égale dans les deux langues officielles[59] ». La véritable question qui nous intéresse est donc de découvrir ce que l'on entend par « services de qualité égale ».

À cet égard, la Cour commence son analyse en résumant les principes qui doivent guider l'interprétation de dispositions de nature linguistique : une interprétation libérale fondée sur l'objet, qui exige une compatibilité avec le maintien et l'épanouissement des collectivités de langue officielle et qui requiert une égalité réelle comme norme en matière de droits linguistiques, et non pas un simple accommodement[60].

Sur la base de ces principes, la Cour reconnaît à l'unanimité que la définition du contenu du principe de l'égalité linguistique en matière de services gouvernementaux doit tenir compte de la nature du service en cause et de son objet[61]. Cela signifie qu'en fonction de ces critères, il peut arriver que l'égalité réelle exige l'accès à des services dont le contenu est distinct, car, comme le dit si bien la Cour, « il se peut que l'élaboration et la mise en œuvre de services identiques pour chacune des communautés linguistiques ne permettent pas de réaliser l'égalité réelle[62] ».

Or, en l'espèce, le programme de développement économique communautaire en cause était axé sur une approche selon laquelle les collectivités locales devaient prendre leur avenir économique en main et décider de la marche à suivre pour y arriver en fonction des priorités fixées lors d'un processus local de planification stratégique[63]. Ainsi, étant donné la nature même du service offert et ses objectifs, la participation des communautés était essentielle tant dans l'élaboration des programmes que dans leur mise en œuvre. Dans cette optique, en matière d'accès à des services égaux de développement économique local, les communautés étaient en droit de s'attendre à un contenu distinct selon les priorités qu'elles auraient elles-mêmes fixées, et l'institution fédérale avait ainsi l'obligation de « prendre les mesures nécessaires pour que les francophones soient considérés comme des partenaires égaux avec les anglophones dans la définition et la prestation des services de développement économique[64] ».

Pour s'assurer d'une qualité égale de services dans les deux langues officielles[65], il faut nécessairement faire une analyse comparative et, en l'espèce, la Cour convient que, dans la mesure où la SADC locale « conformément aux objectifs du programme, faisait des efforts pour toucher la communauté linguistique anglophone et l'engager dans l'élaboration et la mise en œuvre de programmes, il lui incombait d'en faire autant pour la communauté linguistique minoritaire[66] ».

Dans cette perspective, prenant appui sur le fait que le plus haut tribunal au pays précise clairement que la définition du contenu du principe de l'égalité linguistique réelle en matière de services gouvernementaux est fonction de la nature du service offert et de ses objectifs, force est de constater que ce tribunal ouvre la voie à une obligation des institutions fédérales d'adapter leurs services aux besoins et aux réalités des minorités de langue officielle. Autrement dit, la Cour suprême ouvre la voie à une participation active des minorités de langue officielle afin que celles-ci, dans les services gouvernementaux qui de par leur nature et leurs objectifs touchent directement à leur développement et à leur épanouissement, puissent établir leurs besoins et soient en mesure d'indiquer quelles politiques, quels programmes et quelles structures, le cas échéant, répondent le mieux à leur réalité, et ce, dans le but d'en arriver à une égalité réelle des communautés de langue officielle.

CONCLUSION

Somme toute, au fil des ans, tant par les modifications apportées à la *Loi* que grâce aux décisions du plus haut tribunal du pays, il est devenu de plus en plus évident que les droits contenus dans la *Loi* ne sont pas que des droits individuels, mais comportent aussi un aspect collectif, dont personne ne peut plus nier l'existence et qui s'annonce prometteur pour l'avenir des communautés minoritaires de langue officielle.

À cet égard, il est facile de se rendre compte que le chemin parcouru depuis 1969 a permis de mettre au cœur des préoccupations juridiques le développement durable des communautés minoritaires de langue officielle. Par exemple, non seulement la *Loi* contient maintenant une obligation positive des institutions fédérales d'appuyer et de favoriser le développement et l'épanouissement de ces communautés au point de devoir vraisemblablement prendre en considération leurs besoins et leurs préoccupations et y répondre, mais, de plus, l'interprétation judiciaire fait place à une approche axée sur l'égalité réelle des communautés qui exige, dans les circonstances appropriées, des services distincts répondant à leur réalité[67].

Ce faisant, pour l'avenir, le message lancé aux institutions fédérales est clair : elles doivent s'adapter aux besoins et aux réalités des communautés minoritaires de langue officielle.

NOTES

1. *Loi sur les langues officielles*, L.C. 1969, c. 54 [*Loi de 1969*]. Cette loi s'inspire des conclusions de la Commission Laurendeau-Dunton, dont le mandat était « d'enquêter sur l'état du bilinguisme et du biculturalisme et de faire des recommandations en vue d'assurer une plus grande reconnaissance à la dualité linguistique du Canada ». Canada, *Rapport de la Commission royale d'enquête sur le bilinguisme et le biculturalisme – Les langues officielles*, livre I, appendice I. Ottawa : Approvisionnements et Services Canada, 1967.

2. *DesRochers c. Canada (Industrie)*, [2009] 1 R.C.S. 194 au par. 51 [*DesRochers*].

3. *Loi constitutionnelle de 1867* (R.-U.), 30 & 31 Vict., c. 3, reproduit dans L.R.C. 1985, app. II, n° 5 à l'art. 133.

4. Voir : *Air Canada c. Joyal*, [1976] C.S. 1211 inf. par [1982] C.A. 39 (Qc) ; *Association des gens de l'air du Québec Inc. c. Lang*, [1977] 2 C.F. 22, conf. par [1978] 2 C.F. 371 (C.A.).

5. *Jones c. N.-B. (P.G.)*, [1975] 2 R.C.S. 182 aux p. 192-193 [*Jones*].

6. Vanessa Gruben, « Le bilinguisme dans le domaine judiciaire » dans Michel Bastache (dir.), *Les droits linguistiques au Canada*, Cowansville : Yvon Blais,

2004, 155 aux p. 201-202 ; Nicole Vaz et Pierre Foucher, « Le droit à la prestation de services publics dans les langues officielles » dans Michel Bastache
(dir.), *Les droits linguistiques au Canada*, Cowansville : Yvon Blais, 2004, 275 à
la p. 333.

7.   Voir par exemple : Pierre Elliott Trudeau, *Déclaration du Premier ministre à
la Chambre des communes sur la résolution précédent la présentation du projet de
Loi sur les langues officielles* (18 octobre 1968). Ottawa : Cabinet du Premier
ministre, 1968 et *Rapport de la Commission royale d'enquête sur le bilinguisme
et le biculturalisme – Les langues officielles*, livre I, *op. cit.*

8.   Voir : *Société des Acadiens du Nouveau-Brunswick c. Association of Parents for
Fairness in Education*, [1986] 1 R.C.S. 549 [*Société des Acadiens*] ; *MacDonald c.
Montréal (Ville de)*, [1986] 1 R.C.S. 460 [*MacDonald*] ; *Bilodeau c. Manitoba (P.G.)*,
[1986] 1 R.C.S. 449 [*Bilodeau*].

9.   *Lavigne c. Canada (Commissariat aux langues officielles)*, [2002] 2 R.C.S. 773 au
para. 21.

10.   *Charte canadienne des droits et libertés*, partie I de la *Loi constitutionnelle de
1982*, constituant l'annexe B de la *Loi de 1982 sur le Canada* (R.-U.), 1982, c. 11
au para. 16(3) [*Charte*].

11.   Étant donné que l'éducation relève des provinces, nous ne ferons que souligner ici la présence de l'article 23 de la *Charte* qui accorde aux parents de la
minorité de langue officielle d'une province le droit de faire instruire leurs
enfants dans cette langue.

12.   *Loi sur les langues officielles*, L.C. 1988, c. 38, L.R.C. 1985, c. 31 (4ᵉ suppl.) à l'art.
2 [*Loi de 1988*].

13.   *Ibid.* à l'art. 14.

14.   Selon nous, cette exception de la *Loi* suivant laquelle les juges de la Cour
suprême n'ont pas à être en mesure de comprendre les parties sans l'aide
d'un interprète est inconstitutionnelle, puisqu'elle viole le paragraphe 19(1)
de la *Charte* : Serge Rousselle, « Juges bilingues à la Cour suprême – Une
obligation constitutionnelle ? », *Le Devoir* (14 mai 2008) ; Serge Rousselle,
« Bilinguisme à la Cour suprême – L'Association du Barreau canadien fait
fausse route », *Le Devoir* (26 août 2010) / *L'Acadie Nouvelle* [de Caraquet] (30
août 2010).

15.   Aux termes de la *Loi*, conformément aux exigences du paragraphe 20(1) de la
Charte, ce droit s'applique à des services fournis au siège ou à l'administration
centrale des institutions fédérales, ou encore dans les cas où une demande
importante ou la vocation du bureau de ces institutions l'exigent. Notons
que la *Loi* prévoit que, dans son évaluation de l'importance d'une demande
dans le cadre de l'adoption d'un règlement d'application (voir : *Règlement
sur les langues officielles – communications avec le public et prestation des services*,
DORS/92-48), le gouvernement peut tenir compte de la population de la
minorité linguistique, de sa proportion et de sa spécificité (*Loi de 1988, op.
cit.*, art. 32).

16.   On peut consulter, à ce sujet, la jurisprudence mentionnée à la note 4 de ce
texte.

17.   Warren J. Newman, « La *Loi sur les langues officielles* et la reconnaissance
constitutionnelle et législative des droits linguistiques au Canada », *Supreme
Court Law Review*, vol. 32, 2006, 263 à la p. 275.

18. La partie VII est l'aspect le plus novateur de la *Loi* de 1988 par rapport à la version de 1969 : Jean-Claude LeBlanc, « Les principes d'application de la partie VII de la *Loi* », *Bulletin du Centre canadien des droits linguistiques*, vol. 2, n° 2, 1995, 14 à la p. 14.

19. Voir : François Boileau. « L'égalité réelle du français et de l'anglais via le développement des communautés », *Supreme Court Law* Review, vol. 32, 2006, 237 à la p. 243 ; Rodrigue Landry et Serge Rousselle, *Éducation et droits collectifs : au-delà de l'article 23 de la Charte*. Moncton : Les Éditions de la Francophonie, 2003, p. 94 et suiv.

20. Par exemple, dans *Forum des maires de la Péninsule acadienne c. Canada (Agence d'inspection des aliments)*, 2004 CAF 263, [2004] 4 R.C.F. 276, la Cour d'appel fédérale conclut, au para. 46, que « l'article 41 est déclaratoire d'un engagement et qu'il ne crée pas de droit ou d'obligation susceptible en ce moment d'être sanctionné par les tribunaux, par quelque procédure que ce soit ». La Cour suprême semble d'accord avec ce point de vue puisqu'elle déclare qu'à l'époque « aucune disposition exécutoire ne s'ajoutait au texte déclaratoire de l'art. 41 » : *DesRochers, op. cit.* au para. 18. Voir également à ce sujet : Michel Doucet, « La partie VII de la *Loi sur les langues officielles* du Canada », *Revue de la common law en français*, vol. 9, 2007, 31 aux p. 63-69.

21. *Loi modifiant la Loi sur les langues officielles (promotion de français et de l'anglais)*, L.C. 2005, c. 41, art. 1, tel que modifiée par L.C. 2006, c. 9, art. 21.

22. *DesRochers, op. cit.* aux para. 63-64. Dans cette optique, voir aussi : Serge Rousselle, « Modifications à la partie VII de la *Loi sur les langues officielles* : l'obligation de consulter », *Revue de la common law en français*, vol. 9, 2007, 183 aux p. 194 et suiv. ; Boileau, *op. cit.* à la p. 241.

23. Soulignons que la partie VIII de la *Loi de 1988* vise, quant à elle, les attributions et obligations du Conseil du Trésor en matière de langues officielles.

24. *Canada (Procureur général) c. Viola*, [1991] 1 C.F. 373 aux p. 387-388 [*Viola*] ; *R. c. Beaulac*, [1999] 1 R.C.S. 768 aux para. 21 et 25 [*Beaulac*] ; *Lavigne, op. cit.* au para. 23. Au sujet du fait que la *Loi* s'inscrit dans la suite logique des dispositions linguistiques constitutionnelles, voici d'ailleurs ce qu'en dit la Cour suprême : « La *Loi sur les langues officielles* est une réponse législative importante à l'obligation imposée par la Constitution canadienne en matière de bilinguisme au Canada. Son préambule fait expressément référence aux obligations linguistiques prévues par la Constitution. Il rappelle le statut d'égalité quant à l'usage du français et de l'anglais dans les institutions du Parlement et du gouvernement du Canada de même que l'universalité d'accès dans ces deux langues au Parlement et à ses lois ainsi qu'aux tribunaux. De plus, le préambule mentionne que la Constitution offre des garanties quant au droit du public d'utiliser le français et l'anglais dans leurs communications avec les institutions du Parlement et du gouvernement du Canada ou pour en recevoir les services. Il ne fait donc aucun doute que la *Loi sur les langues officielles* est une mesure législative prise dans le but de répondre à l'obligation constitutionnelle en matière de bilinguisme. » (*Lavigne, op. cit.* au para. 23).

25. *Société des Acadiens, op. cit.* ; *MacDonald, op. cit.* ; *Bilodeau, op. cit.*

26. *Viola, op. cit.*

27. *Société des Acadiens, op. cit.* aux para. 63-68. Cela dit, soulignons au passage qu'en dépit de cette approche, la Cour a rapidement précisé qu'elle pouvait

quand même « insuffler la vie à un compromis clairement exprimé ». *Renvoi relatif au projet de loi 30*, [1987] 1 R.C.S 1148 à la p. 1176 : Mahe c. Alberta, [1990] 1 R.C.S. 342 à la p. 365.

28. *Société des Acadiens, op. cit.* au para. 53.
29. *MacDonald, op. cit.* ; *Bilodeau, op. cit.*
30. Ainsi, par exemple, l'article 16 de la Loi de 1988, *op. cit.*, prévoit l'obligation pour les tribunaux fédéraux –autres que la Cour suprême– de comprendre directement les parties sans l'aide d'un interprète.
31. *Renvoi relatif à la sécession du Québec*, [1998] 2 R.C.S. 217 au para. 80. Voir aussi : *Gosselin (Tuteur de) c. Québec (P.G.)*, [2005] 1 R.C.S. 238 au para. 27 [*Gosselin*].
32. *Beaulac, op. cit.* au para. 24.
33. *Ibid.* Voir aussi : *Arsenault-Cameron c. Île-du-Prince-Edouard*, [2000] 1 R.C.S. 3 au para. 27 [*Arsenault-Cameron*] ; *Doucet-Boudreau c. Nouvelle-Écosse (ministre de l'Éducation)*, [2003] 3 R.C.S. 3 au para. 27 [*Doucet-Boudreau*].
34. *Beaulac, op. cit.* au para. 25.
35. *Ibid.* ; *Doucet-Boudreau c. Nouvelle-Écosse (Ministre de l'Éducation)*, 2003 CSC 62, [2003] 3 R.C.S. 3, para. 23-24 ; *Solski*, para. 20 ; *Hunter c. Southam Inc.*, [1984] 2 R.C.S. 145 ; *R. c. Big M Drug Mart Ltd.*, [1985] 1 R.C.S. 295 [*Big M*] ; *Nguyen c. Québec (Éducation, Loisir et Sport)*, 2009 CSC 47, [2009] 3 R.C.S. 208 au para. 26 [*Nguyen*].
36. *Beaulac* au para. 25. Voir aussi : *Solski (Tuteur de) c. Québec (P.G.)*, [2005] 1 R.C.S. 201 au para. 20 [*Solski*] ; *Renvoi relatif à la Loi sur les écoles publiques (Man.), art. 79(3), (4) et (7)*, [1993] 1 R.C.S. 839 à la p. 850 [*Renvoi manitobain de 1993*] ; *Arsenault-Cameron, op. cit.* au para. 27.
37. Voir par exemple : *Big M, op. cit.* à la p. 344 ; *Solski, op. cit.* au para. 5 ; *Nguyen, op. cit.* au para. 26. Dans cette optique, nous sommes fort conscients que l'analyse qui suit est générale et ne s'attache pas directement à chaque disposition linguistique en fonction du contexte qui lui est propre comme l'exige les règles d'interprétation.
38. *Mahe, op. cit.* à la p. 350 ; *Beaulac, op. cit.* aux p. 17 et 25.
39. En d'autres mots, la langue n'est pas qu'un simple outil de communication, elle constitue aussi un élément fondamental de l'identité et de la culture d'un peuple : *Ford c. Québec (Procureur général)*, [1988] 2 R.C.S. 712, aux p. 748 et 749 ; *Mahe, op. cit.* à la p. 362 ; *Beaulac, op. cit.* au para. 17 ; *Lavigne, op. cit.* au para. 63 ; *Renvoi : Droits linguistiques au Manitoba*, [1985] 1 R.C.S. 721 à la p. 744.
40. *Mahe, op. cit.* à la p. 362.
41. *Solski, op. cit.* au para. 4. À cet égard, la Cour a été jusqu'à affirmer qu'il est impossible de dissocier les droits linguistiques de préoccupations relatives à la culture véhiculée par la langue (voir par exemple : *Arsenault-Cameron, op. cit.* au para. 26 ; *Mahe, op. cit.* aux p. 362 et 364) .
42. *Solski, op. cit.* au para. 7 ; *Mahe, op. cit.* à la p. 362.
43. *Renvoi manitobain de 1993, op. cit.* à la p. 830 ; *Beaulac, op. cit.* au para. 19.
44. *Solski, op. cit.* au para. 2.
45. *Beaulac, op. cit.* au para 17 ; *Renvoi manitobain de 1993, op. cit.* aux p. 839 et 849-850 ; *Mahe, op. cit.* à la p. 362 ; *Doucet-Boudreau, op. cit.* au para. 26 ; *Solski, op. cit.* au para. 23. *Nguyen, op. cit.* au para. 26.
46. *Beaulac, op. cit.* au para. 25. Voir aussi : *Arsenault-Cameron, op. cit.* au para. 27 ; *Solski, op. cit.* au para. 20 ; *Gosselin, op. cit.* aux para. 28-29.

47. Autrement dit, on cherche à soutenir et à renforcer les communautés linguistiques minoritaires par l'octroi de droits individuels aux bénéficiaires visés (*Solski, op. cit.* au para. 28), garantissant ainsi « à la fois un droit social et collectif et un droit civil et individuel. » (*Ibid.* au para. 33). Voir aussi : *Nguyen, op. cit.* au para. 23.
48. *Beaulac, op. cit.* au para. 20.
49. *Renvoi relatif à la sécession du Québec, op. cit.* aux para. 79 et s. Voir aussi : *Solski, op. cit.* au par. 6 ; *Gosselin, op. cit.* au para. 27.
50. *Québec (P.G.) c. Quebec Protestant School Boards*, [1984] 2 R.C.S. 66 à la p. 79 ; *Mahe, op. cit.* à la p. 364 ; *Renvoi manitobain de 1993, op. cit.* à la p. 850 ; *Beaulac, op. cit.* au para. 19 ; *Solski, op. cit.* aux para. 5 et 9.
51. *Mahe, op. cit.* aux p. 363, 364 et 378 ; *Renvoi manitobain de 1993, op. cit.* à la p. 850 ; *Beaulac, op. cit.* aux para. 23-24 ; *Arsenault-Cameron, op. cit.* aux para. 26, 27 et 31 ; *Doucet-Boudreau, op. cit.* au para. 27 ; *Solski, op. cit.* aux para. 21 et 33.
52. *Beaulac, op. cit.* au par. 22 ; *Lavigne, op. cit.* au para. 22.
53. *Beaulac, op. cit.* au para 24.
54. *Ibid.* au para. 20.
55. *Arsenault-Cameron, op. cit.* au para. 31. Voir aussi : *Gosselin, op. cit.* au para. 15.
56. *Mahe, op. cit.* à la p. 364. Voir aussi : *Arsenault-Cameron, op. cit.* au para. 26.
57. *Renvoi manitobain de 1993, op. cit.* à la p. 850. Voir aussi : *Arsenault-Cameron, op. cit.* aux para. 9 et 51.
58. *Loi de 1988, op. cit.* à l'art. 22. Aux termes de cet article, « [i]l incombe aux institutions fédérales de veiller à ce que le public puisse communiquer avec leur siège ou leur administration centrale, et en recevoir les services, dans l'une ou l'autre des langues officielles [...] ».
59. *DesRochers, op. cit.* aux para. 2, 3, 41 et 45. Notons, à cet égard, que la région visée est majoritairement anglophone (para. 6) et compte une minorité francophone suffisamment importante pour que l'emploi du français fasse l'objet d'une « demande importante » aux termes de l'art. 22 de la *Loi*. De même, le fait que l'art. 25 de la *Loi* s'applique n'était pas contesté, dans l'optique que le gouvernement fédéral a l'obligation de veiller à ce que les services offerts par un tiers respectent ses obligations linguistiques.
60. *DesRochers, op. cit.* au para. 31.
61. *Ibid.* au para. 51.
62. *Ibid.*
63. Ibid. aux para. 52 et 53.
64. *Ibid* au para. 54.
65. À cet égard, la Cour prend bien soin de préciser que les obligations qui découlent du principe d'égalité linguistique en matière de prestation de services n'exigent ni un seuil minimal de qualité ni de répondre effectivement aux besoins de chaque communauté linguistique en cause, les services pouvant être également inadéquats et ne pas satisfaire au développement économique de l'une ou l'autre communauté (ce qui, toutefois, pourrait constituer un manquement aux obligations de la partie VII de la *Loi*). Ce principe d'égalité linguistique n'exige pas qu'il y ait égalité de résultats pour les deux communautés de langue officielle, quoique cela puisse constituer un indice valable d'une qualité inégale de services offerts à chacune de ces communautés (toutefois, en l'espèce, l'apparente disparité dans les résultats

pour les deux communautés n'a pas permis de conclure en une qualité inégale de services). Voir : *ibid.* aux para. 55, 56 et 62.

66. *Ibid.* au para. 55.

67. Dans cette perspective, il y a lieu de rappeler que, selon la Fédération des communautés francophones et acadiennes du Canada, « l'élaboration de politiques et de programmes applicables à l'extérieur du Québec se fonde généralement sur le seul examen des besoins de la population majoritaire anglophone. [Il faut] clairement indiquer aux décideurs qu'ils ne doivent plus négliger les besoins de la communauté minoritaire de langue officielle lorsqu'ils conçoivent leurs politiques et leurs programmes. Ces derniers devraient dorénavant tenter de répondre aux besoins, souvent fort différents, des deux communautés de langue officielle : la majoritaire ET la minoritaire. » Fédération des communautés francophones et acadiennes du Canada. *Des communautés en action : politique de développement global à l'égard des communautés francophones et acadiennes en situation minoritaire.* Ottawa : FCFA, 2002.

LES HÉRITIERS DE LA *LOI* *SUR LES LANGUES OFFICIELLES*

FRANÇOIS BOILEAU, *Commissaire/Commissioner,*
Commissariat aux services en français/Office of the French
Language Services Commissioner, Ontario

We often tend to look at the Official Languages Act only from a federal perspective, even though its impacts are found in three territories and no fewer than four provinces. If it is relevant to consider the impact of the act on Canadian society at large, it appears equally imperative to consider the different language regimes found in the provinces and territories.

In Ontario, the French Language Services Act was adopted in 1986 and was the result of a long struggle by the French-speaking community of Ontario for recognition of its rights. With this act, the provincial legislature has, in a sense, gambled on the future. We must continue to promote the francophonie, even if Canada as a whole is changing, and we must never question whether services should be delivered in French, regardless of the argument that other language communities are growing at the expense of the francophone community. Beyond needing to have its language rights recognized in order to grow and flourish, the francophone community of Ontario relies on the presence of provincial institutions.

The French Language Services Act does much more than simply mandate that services be provided in French; it is also a quasi-constitutional law. It confirms that the legislature must pass laws in both languages. Each member can also speak French in the legislature. In fact, the act lacks little to be considered a law on official languages. The only thing missing is the word "official" in the title; everything else is there.

Life After Forty: Official Languages Policy in Canada / Après quarante ans, les politiques de langue officielle au Canada,
J. Jedwab et R. Landry (dir.). Montréal et Kingston : Queen's Policy Studies Series, McGill-Queen's University Press.

With the enactment of the French Language Services Act, *the Franco-Ontarian community did not inherit, in our view, merely a noble gesture on the part of the provincial legislature, but rather a political and especially a legislative recognition of the existence of a strong community, rich in history, and one that has not said the last word on its future.*

Les 40 ans de la *Loi sur les langues officielles*[1] forcent évidemment à la réflexion. On a souvent tendance à considérer cette loi importante seulement du point de vue fédéral, alors qu'elle a eu des répercussions dans les trois territoires et dans pas moins de quatre provinces canadiennes. De fait, les conclusions de la Commission royale d'enquête sur le bilinguisme et le biculturalisme invitaient déjà à la création de districts bilingues. Mais, derrière ces districts bilingues, l'idée était de réunir, sur des territoires bien précis, des droits pour que les citoyens reçoivent des services dans l'une des deux langues officielles à la fois du gouvernement fédéral et des gouvernements provinciaux et municipaux concernés. On connaît la suite : le Parlement fédéral s'est éloigné du principe de territorialité et a plutôt choisi une approche des droits linguistiques basée sur le principe de personnalité.

S'il est pertinent de considérer l'impact de la *Loi sur les langues officielles* sur l'ensemble de la société canadienne, il est aussi nécessaire de considérer les régimes linguistiques propres aux provinces et aux territoires. Il y aurait long à écrire, par exemple, sur le cas de la *Loi sur les langues officielles* du Nouveau-Brunswick, qui, elle aussi, vient de souffler ses 40 bougies. On pourrait également débattre des régimes linguistiques particuliers qui régissent les gouvernements territoriaux, ou des lois sur les services en français de l'Île du Prince-Édouard[2] et de la Nouvelle-Écosse[3]. Mais l'objectif de ce chapitre n'est de traiter que de la *Loi sur les services en français*[4] de l'Ontario.

BREF RETOUR SUR LA *LOI SUR LES SERVICES EN FRANÇAIS* DE L'ONTARIO

L'histoire démontre que les gains de la communauté francophone ont souvent été obtenus à la suite de luttes, notamment dans le cas du *Règlement* 17, ou encore au moment de la crise scolaire de Sturgeon Falls, en 1971, et de Penetanguishene, en 1979. Plus récemment, la saga de l'hôpital Montfort[5] a montré ce qu'une communauté franco-ontarienne forte et qui se tient debout peut accomplir. Pourtant – rendons à César ce qui appartient à César –, lorsque le gouvernement a proposé à l'Assemblée législative de modifier la *Loi sur les services en français*, en mai 2007, aucune crise ne secouait la communauté franco-ontarienne : il s'agit donc d'un tournant important qu'il faut reconnaître. Cette modification de la Loi a permis d'y inclure la création d'un poste d'ombudsman indépendant pour aider le gouvernement à mieux faire respecter l'esprit et la lettre de la *Loi*.

La *Loi sur les services en français* de l'Ontario a été adoptée en 1986. À l'époque, elle comportait des obligations pour l'administration générale de la province, mais aussi pour 22 régions désignées. Aujourd'hui, ce nombre est passé à 25, et trois autres régions ont fait une demande pour obtenir le statut de région désignée, demandes qui sont encore à l'étude.

L'adoption de la *Loi sur les services en français* constitue le résultat de longues luttes pour la reconnaissance des droits des francophones menées par la communauté de langue française de l'Ontario. Comme l'affirme le professeur Donald Dennie, cette loi « est la suite plus ou moins logique d'une politique de petits pas amorcés par l'État ontarien depuis les années 1960[6] ». Au xxᵉ siècle, la question des écoles françaises avait déjà largement dominé les politiques liées au fait français en Ontario, particulièrement au cours des trois premières décennies. Le *Règlement 17*, par exemple, adopté le 25 juin 1912, interdisait l'usage du français dans les écoles ; or, paradoxalement, ce règlement été un formidable catalyseur de la résistance des Franco-Ontariens, dont les revendications, à l'époque, étaient axées sur les droits scolaires.

Dès les années 1960 et 1970, la classe politique fait ses premiers « balbutiements » en commençant à évoquer la possibilité d'offrir des services en français à la communauté franco-ontarienne. C'est le début d'une époque marquée par la fameuse expression gouvernementale du « là où le nombre le justifie ». Si les avancées que l'on observe alors sont encore loin d'être une panacée, il faut reconnaître qu'il y a des progrès. Les gouvernements Robarts et Davis, qui choisissent une politique de petits pas, entreprennent des réformes en douceur.

En 1972, le gouvernement adopte une politique relative à la prestation de services en français. À l'existence des régions désignées s'ajoute l'obligation, pour le gouvernement de l'Ontario, de traduire les documents destinés au public. Celui-ci doit aussi donner des réponses écrites en français aux demandes d'informations reçues en français. Puis, sept ans après l'entrée en vigueur de cette politique, c'est au tour de la Commission de la fonction publique de se doter d'une politique de recrutement de personnel bilingue.

Certes, la politique adoptée en 1972 constituait un pas en avant intéressant, mais la prestation des services en français restait tributaire de la bonne volonté politique du parti au pouvoir, et n'avait évidemment pas la même force qu'une loi votée par l'Assemblée législative. Notons par exemple qu'en 1985, le Conseil des affaires franco-ontariennes (CAFO), un conseil permanent (sans lien direct avec les institutions provinciales puisqu'il était composé que de gens de la communauté) alors présidé par Gisèle Lalonde, n'avait participé, en trois ans, qu'à trois rencontres avec le premier ministre Davis.

En mai de la même année, l'Ontario élit pour la première fois un premier ministre bilingue, David Peterson[7] ; et Bernard Grandmaître, qui succède à Albert Roy[8] comme député de la circonscription d'Ottawa-Est, se voit confier le nouveau poste de ministre délégué aux Affaires francophones.

L'honorable Bernard Grandmaître souhaitait alors voir la création d'un poste d'ombudsman ou de commissaire, mais après en avoir discuté avec d'autres décideurs, dont les gens de son propre parti, il avait abandonné l'idée, le fruit n'étant pas mûr. Le projet de loi de l'époque prévoyait plutôt la mise en place d'un Office des affaires francophones chapeauté par un ministre délégué.

Il a ensuite fallu près d'un an de travail en coulisse, de longues tractations entre tous les partis présents à l'Assemblée législative et un débat houleux avant que la *Loi sur les services en français* ne soit finalement adoptée à l'unanimité le 18 novembre 1986. L'adoption de la *Charte canadienne des droits et libertés* avait eu lieu quatre ans plus tôt.

La *Loi sur les services en français* n'est toutefois entrée en vigueur qu'en 1989. Ces trois années ont permis à l'administration provinciale de se préparer à offrir des services en français dans les régions désignées. En outre, la *Loi* a également permis au ministre délégué aux Affaires francophones de centraliser toutes les plaintes provenant du public, ce qui était auparavant la responsabilité des divers ministères.

Jusqu'en 2007, l'Office des affaires francophones recevait et traitait les plaintes liées à la prestation de services en français du gouvernement de l'Ontario dans les 24 régions désignées[9], à l'exception des municipalités de ces régions non assujetties à la *Loi*. Ce rôle est aujourd'hui repris et assuré par le Commissariat aux services en français, le deuxième commissariat provincial à avoir été créé au Canada (après celui du Nouveau-Brunswick).

L'OBJET DE LA *LOI SUR LES SERVICES EN FRANÇAIS*

Dans le préambule de la *Loi sur les services en français*, il est question de préserver l'apport du patrimoine culturel de la population francophone de l'Ontario, d'honorer l'héritage passé et de protéger les acquis. Mais l'objet de la *Loi sur les services en français* est bien plus encore. L'Assemblée législative a fait un véritable pari sur l'avenir. Il faut continuer d'œuvrer en matière de langue et de culture francophones, même si le Canada tout entier est en mutation. La prestation des services en français ne doit jamais être remise en question sous prétexte que d'autres communautés linguistiques augmentent en nombre. Rien dans la *Loi sur les services en français* n'empêche les institutions gouvernementales de se montrer proactives en fonction des besoins d'autres communautés linguistiques[10]. D'ailleurs, il est démontré que le taux de bilinguisme est plus élevé dans la population des communautés ethnoculturelles que dans la population dont l'anglais est la première langue[11]. Cela dit, faire fi du français au bénéfice d'autres langues serait faire un pied de nez non seulement à l'histoire de ce pays, mais aussi, et plus important encore, à son avenir.

Dans l'arrêt *Beaulac*[12], la Cour suprême du Canada a rappelé l'objet véritable des droits linguistiques, c'est-à-dire la recherche de l'égalité réelle. Au nom de la Cour, l'honorable juge Michel Bastarache confirmait ainsi le caractère collectif des droits linguistiques[13]. Il en est de même des droits linguistiques reconnus dans la *Loi sur les services en français*. Bien que celle-ci soit basée sur le principe de personnalité et la reconnaissance de droits individuels, la *Loi* implique en effet, par son préambule, la nécessité de reconnaître les droits de la communauté francophone et les obligations du gouvernement vis-à-vis de cette communauté. Autrement dit, sans communauté, sans société, la langue ne remplit plus sa fonction première, qui est de transmettre et de véhiculer la culture de la communauté.

Déjà en 1985, la Cour suprême du Canada écrivait : « L'importance des droits en matière linguistique est fondée sur le rôle essentiel que joue la langue dans l'existence, le développement et la dignité de l'être humain. C'est par le langage que nous pouvons former des concepts, structurer et ordonner le monde autour de nous. Le langage constitue le pont entre l'isolement et la collectivité, qui permet aux êtres humains de délimiter les droits et obligations qu'ils ont les uns envers les autres, et ainsi, de vivre en société[14]. »

Et, quelques années plus tard, elle a défini le concept d'égalité réelle de cette façon : « Ce principe d'égalité réelle a une signification. Il signifie notamment que les droits linguistiques de nature institutionnelle exigent des mesures gouvernementales pour leur mise en œuvre et créent, en conséquence, des obligations pour l'État [...]. Il signifie également que l'exercice de droits linguistiques ne doit pas être considéré comme exceptionnel, ni comme une sorte de réponse à une demande d'accommodement[15]. »

Dans l'arrêt *Lalonde*[16], la Cour d'appel de l'Ontario a cru bon de rappeler que la *Loi sur les services en français* a deux buts principaux : « L'un des buts et objectifs sous-jacents de la loi était de protéger la minorité francophone en Ontario ; un autre était de faire progresser le français et de favoriser son égalité avec l'anglais. »

En d'autres mots, la communauté francophone de l'Ontario doit être traitée de façon équivalente par rapport au reste de la population. Cela veut dire que, parfois, la simple traduction d'une politique est suffisante. Mais, bien souvent, pour arriver à cette égalité réelle, et, surtout, pour être utiles et efficaces, les politiques et les programmes doivent être adaptés aux besoins particuliers de cette communauté. C'est de cette façon que l'on peut protéger la minorité francophone, en tenant compte de sa spécificité et de ses besoins propres.

Voilà pourquoi le législateur a cru bon de faire la distinction, dans l'article 5 de la *Loi sur les services en français*, entre communication et services. La communication en français y est présentée comme un minimum. Par exemple, une politique en environnement, qui concerne l'ensemble des citoyennes et citoyens ontariens, doit paraître dans les deux langues sur le site Web du ministère de l'Environnement. Si un dépliant gouvernemental bilingue est distribué dans tous les foyers de la province, cela fait progresser le statut du français dans la société et favorise son égalité avec l'anglais, l'un des objectifs sous-jacents de la Loi.

Mais les services en français, c'est aussi plus qu'une simple question de traduction : c'est aussi une question de services modulés en fonction des besoins d'épanouissement de la communauté francophone de l'Ontario. C'est d'ailleurs la position que la Cour suprême a confirmée dans une récente décision unanime. L'affaire *Desrochers* c. *Canada (Industrie)*[17] (connue aussi sous le nom d'« affaire CALDECH ») concerne les institutions fédérales, mais sa portée a également un effet direct sur l'application de la *Loi sur les services en français* de l'Ontario. Selon ce jugement, l'expression « services équivalents » implique que les services offerts doivent répondre aux besoins particuliers des communautés en question. La traduction n'est pas suffisante pour répondre aux besoins des communautés francophones et ne reflète en rien le principe de l'égalité réelle.

Dans l'affaire *Desrochers*, il a donc été démontré que les services doivent être offerts de façon équivalente, mais aussi que le résultat, c'est-à-dire des services de qualité, doit aussi être équivalent, et que cela s'applique aussi à l'Ontario. Il faut que les services en français du gouvernement ontarien soient équivalents à ceux qui sont offerts en anglais, et que leurs résultats auprès de la population le soient également.

RECONNAISSANCE PUBLIQUE DE LA LANGUE FRANÇAISE

Au-delà de la reconnaissance des droits linguistiques, la communauté francophone de l'Ontario doit pouvoir compter sur la présence d'institutions pour se développer et s'épanouir. Il est généralement admis par les chercheurs qui s'intéressent à la vitalité des communautés francophones qu'il existe quelques principes incontournables pour évaluer cette vitalité, comme le nombre de francophones dans une communauté et la langue que ses membres parlent à la maison, à l'école, dans les loisirs et au travail. Les experts soulignent que deux autres facteurs sont aussi essentiels à la vitalité des communautés francophones : la reconnaissance publique de leur langue, soit son statut, et le soutien institutionnel accordé à la communauté[18].

« On ne naît pas francophone, on le devient[19] », écrivent Serge Rousselle et Rodrigue Landry. Ainsi, pour expliquer l'attraction ou le rejet de la langue française chez les jeunes enfants, les chercheurs émettent certaines hypothèses. « On peut faire l'hypothèse que les liens de famille et de parenté (milieu familial) et les liens d'amitié vécus à l'école et dans le milieu social sont des domaines sociaux de « solidarité », disent les chercheurs. Plus ces contacts seront vécus en français, plus l'identité francophone aura tendance à être forte. D'autres domaines sociaux de vécu langagier peuvent être appelés des lieux de « statut » (ex. : commerces, services publics, scolarisation, médias). Ces lieux reflètent les facteurs sociaux qui sont associés au succès économique, au prestige et à la mobilité sociale. Des recherches ont montré que le « paysage linguistique » décrit par l'affichage commercial et public semble être fortement associé au statut de la langue et que le type de paysage linguistique vécu par les jeunes est fortement corrélé à la vitalité que les jeunes attribuent à la langue française dans la région habitée[20]. »

Ainsi, le principe d'égalité réelle a de la valeur lorsqu'il accompagne la reconnaissance du droit de la communauté francophone à participer à des institutions essentielles à son développement, et à gérer ces institutions. La lutte autour de l'hôpital Montfort[21] rappelle toute l'importance du lien qui existe entre les institutions de la communauté, la reconnaissance publique de celle-ci par le gouvernement et la préservation de l'héritage et du patrimoine francophone de l'Ontario pour les générations à venir, comme le stipule le préambule de la *Loi sur les services en français*.

Voilà pourquoi le processus dit « de désignation » qui se fait en vertu de la *Loi sur les services en français* est si important. En effet, la *Loi* a ceci de novateur et de particulier qu'elle permet au lieutenant-gouverneur en conseil de prévoir, par règlement, que des institutions non gouvernementales, mais offrant des services au public, peuvent demander au gouvernement de confirmer une désignation qui garantit le caractère permanent de tous ou de certains services offerts en français par cette institution, mais aussi la participation des francophones au sein même de cette institution, notamment à son conseil d'administration. À ce jour, plus de 200 organismes ont été ainsi désignés par règlement, la plupart œuvrant dans le domaine de la santé. En mai 2008, le gouvernement a par exemple octroyé la désignation au Collège Boréal, faisant de cet établissement de formation postsecondaire de langue française le tout premier du secteur de l'éducation à recevoir cette désignation. Ce collège d'arts appliqués et de technologie devient ainsi fournisseur des services en français liés aux programmes réalisés pour le compte du ministère de la Formation et des Collèges et Universités. Par cette mesure, le gouvernement de l'Ontario reconnaît officiellement les efforts du Collège Boréal, destinés à desservir adéquatement la communauté francophone pendant les années à venir.

ALORS, POURQUOI PAS UNE LOI SUR LES LANGUES OFFICIELLES ?

D'abord, il importe de rappeler que la *Loi sur les services en français* est bien plus… qu'une loi sur les services en français. C'est aussi une loi quasi constitutionnelle, comme l'a confirmé la Cour d'appel de l'Ontario dans l'affaire Montfort. La *Loi sur les services en français* confirme également que les lois doivent être adoptées dans les deux langues par l'Assemblée législative. Tous les députés peuvent également utiliser le français à l'Assemblée législative. La *Loi sur les services en français* rappelle également que l'on peut se présenter devant les tribunaux ontariens en français et en anglais, ces deux langues étant officielles en vertu de la *Loi sur les tribunaux judiciaires*, adoptée en 1984, soit deux ans avant la *Loi sur les services en français*.

En fait, il manque peu de choses pour que la *Loi sur les services en français* ne soit une loi sur les langues officielles : il ne manque que le mot « officiel », et surtout dans le titre de la *Loi* ! Car tout le reste y est. « Le droit aux services en français entraîne cependant l'obligation correspondante de l'État ontarien d'utiliser le français dans son fonctionnement et dans son interaction avec les citoyens, écrit le professeur Pierre Foucher, et, à ce titre, le français devient, *de facto*, une langue officielle, dans le sens d'une langue employée par l'État pour communiquer avec le citoyen et lui offrir des services[22]. »

Certes, la *Loi sur les services en français* de l'Ontario n'est pas aussi détaillée que la *Loi sur les langues officielles* fédérale, mais il n'en demeure pas moins qu'elle permet d'accomplir de grandes choses. Par exemple, la question de l'offre active est maintenant comprise par le gouvernement provincial comme faisant partie intégrante de la *Loi*. Et, si les services gouvernementaux offerts par des tierces parties font l'objet d'un article précis dans la loi fédérale, le gouvernement ontarien, lui, comprend que ses obligations en vertu de la *Loi sur les services en français* s'appliquent également aux services offerts par des tiers[23] (des municipalités, par exemple). Et les services en français doivent être adaptés aux besoins de la communauté francophone, sans quoi ce ne sont pas des services utiles à la population francophone de l'Ontario. Naturellement, ces précisions seraient mieux protégées si elles faisaient partie du cadre législatif, mais, pour l'instant, le gouvernement se montre ouvert et compréhensif face à l'objet véritable de la *Loi*.

À la suite de l'affaire Montfort, plusieurs leaders de la communauté franco-ontarienne, provenant tant du milieu communautaire que du milieu juridique, ont entrepris une démarche, appelée Opération Constitution[24], afin de faire inclure, dans la Constitution canadienne, l'égalité des langues française et anglaise en Ontario. Toutefois, en raison du peu d'engouement suscité par les réformes constitutionnelles auprès des Canadiens et de leurs gouvernements, cette démarche est restée lettre morte. Mais, comme les Franco-Ontariens connaissent bien la valeur des petits pas comme des grands, il ne faudrait pas s'étonner de voir cette démarche reprendre de la vigueur dans un avenir pas si lointain.

Certains diront que la différence principale entre une loi sur les langues officielles et une loi sur les services en français tient du fait que, dans le cas de la première, les communautés minoritaires imposent leur égalité à la majorité, tandis que, dans le cas de la deuxième, c'est la majorité qui octroie des droits à la minorité. Voilà une thèse fort intéressante à laquelle il est tentant de souscrire. Toutefois, avec l'adoption de la *Loi sur les services en français*, la communauté franco-ontarienne n'hérite pas d'un simple geste noble de la part de la législature provinciale, mais plutôt de la reconnaissance politique et surtout législative de l'existence de cette communauté forte, riche d'histoire et qui n'a pas dit son dernier mot quant à son avenir.

NOTES

1. *Loi sur les langues officielles*, L.R.C. 1985, ch. 31 (4ᵉ) [1988 c.38].
2. *Loi sur les services en français*, S.P.E.I. 1999, ch. 13.
3. *Loi sur les services en français*, S.N.S. 2004, ch. 26.
4. *Loi sur les services en français*, L.R.O. 1990, ch. F.32.
5. Voir *Lalonde* c. *Ontario (Commission de restructuration des services de santé)* (2001) 56 O.R. (3d) 577.
6. Donald Dennie (2010). « Sur un fond de revendications : de l'étapisme à la Loi 8 », dans *La Loi 8, la Charte et l'avenir – Réflexions sur les droits linguistiques de l'Ontario français*. Sudbury, Institut franco-ontarien, p. 21.
7. Donald Dennie (1999). « La politique ontarienne et les Franco-Ontariens (1900-1995) », dans Joseph Yvon Thériault (dir.), *Francophonies minoritaires au Canada – L'état des lieux*. Moncton, Éditions d'Acadie, p. 363.
8. En 1978, le député Albert Roy a déposé un projet de loi privé visant à assurer des services en français aux Franco-Ontariens. Ce projet de loi a été rejeté en troisième lecture à l'Assemblée législative. La façon dont le premier ministre Bill Davis a expliqué sa décision est caractéristique du contexte de l'époque : « Les intérêts des Franco-Ontariens sont mieux protégés par une politique d'accroissement graduel des services que par une déclaration symbolique de bilinguisme qui créerait de l'amertume. » Disponible en ligne : www.aix1.uottawa.ca/~fgingras/polcan/ontario-francos.html (page consultée en octobre 2010).
9. Bien que désignée en 2006, la ville de Kingston n'est officiellement devenue la 25ᵉ région désignée qu'en 2009.
10. Statistique Canada a publié le 2 avril 2008 des analyses détaillées des données du Recensement de 2006 portant sur l'origine ethnique et les minorités visibles. Selon ces données, la proportion d'immigrants membres d'une minorité visible est passé de 72,9 % en 2001 à 75 % en 2006, dépassant désormais la barre des 5 millions de personnes. De plus, selon les projections démographiques de Statistique Canada, les membres des minorités visibles représenteront à peu près le cinquième de l'ensemble de la population en 2017.
11. Commissariat aux langues officielles (2007). *Profil linguistique de la population de minorités visibles bilingues au Canada*, Ottawa.
12. *R. v. Beaulac*, [1999] 1 R.C.S. 768.
13. *Beaulac, ibid.*, par. 25.
14. *Renvoi relatif aux droits linguistiques du Manitoba*, [1985] 1 R.C.S. 721 à la page 744.

15. *Beaulac, supra* note 12, aux par. 22 et 24.

16. L'arrêt *Lalonde, supra,* note 5 au par. 143.

17. *Desrochers c. Canada (Industrie),* [2009] 1 R.C.S. 194, 2009 CSC 8.

18. Marc L. Johnson et Paule Doucet (2006). *Une vue plus claire : évaluer la vitalité des communautés de langue officielle en situation minoritaire.* Ottawa, Commissariat aux langues officielles du Canada.

19. Rodrigue Landry et Serge Rousselle (2003). *Éducation et droits collectifs, Au-delà de l'article 23 de la Charte.* Moncton, Les Éditions de la francophonie, p. 93.

20. Landry et Rousselle, *ibid.,* p. 93-94.

21. L'arrêt *Lalonde, supra,* note 5. La Cour d'appel de l'Ontario a aussi reconnu le caractère quasi constitutionnel de la *Loi sur les services en français.* De plus, la preuve dans cette affaire a joué un rôle capital dans la démonstration de toute l'importance de cette institution, en particulier pour le développement et l'épanouissement de la communauté franco-ontarienne.

22. Pierre Foucher (2010). « Loi sur les services en français de l'Ontario : innovation et pistes d'avenir », dans *La Loi 8, la Charte et l'avenir – Réflexions sur les droits linguistiques de l'Ontario français.* Sudbury Institut franco-ontarien, p. 42.

23. Le *Règlement de l'Ontario 284/11 Prestation de services en français pour le compte d'organismes gouvernementaux,* entré en vigueur le 1er juillet 2011, vise à mettre fin aux échappatoires notées par le commissaire aux services en français dans un bon nombre de contrats négociés par le gouvernement avec divers tiers fournisseurs et partenaires. Le règlement comprend également des dispositions qui font de l'offre active un principe fondamental que les tierces parties devront désormais respecter.

24. Créé en 1997, au lendemain de la victoire dans l'affaire Montfort, le mouvement Opération Constitution visait l'enchâssement des droits des Franco-Ontariens dans la Constitution canadienne. À son lancement, il était formé d'une cinquantaine de membres représentatifs de la communauté francophone dont des avocats, des aînés et des jeunes ainsi que des universitaires venant de quatre coins de la province.

FINESSING FEDERALISM: THE DEVELOPMENT OF INSTITUTIONAL AND POPULAR SUPPORT FOR OFFICIAL LANGUAGES

MATTHEW HAYDAY, *Associate Professor,*
Department of History, University of Guelph

La question de l'enseignement des langues officielles est toujours aussi délicate sur le plan politique même 40 ans après l'adoption de la Loi sur les langues officielles *et la mise en œuvre de l'aide fédérale aux programmes provinciaux en éducation. Par exemple, la proportion de Canadiens qui parlent les deux langues officielles reste désespérément faible. Pourtant, malgré certaines difficultés, il y a eu beaucoup de progrès depuis 40 ans dans l'enseignement des langues officielles, et nous pouvons en tirer des leçons importantes. L'une des grandes réalisations de la politique des langues officielles a été la mise en place d'institutions pouvant fournir un soutien important pour nous permettre d'atteindre les objectifs de cette politique. Après le succès des négociations avec les provinces, la création du Programme des langues officielles dans l'enseignement a mis en place un mécanisme qui a permis de « faire l'impasse » sur la stricte division des pouvoirs entre le fédéral et les provinces afin de permettre des activités fédérales en matière d'éducation. Au cours des quatre dernières décennies, le discours sur le droit des individus à l'éducation dans la langue officielle de leur choix s'est développé, et les possibilités de l'apprentissage dans la langue seconde ont été confirmées. Toutefois, ce discours sur le bilinguisme comporte toujours une limite, puisque le bilinguisme est encore présenté comme un choix indivi-duel, et que la proportion des Canadiens qui ont fait ce choix, en particulier parmi la*

Life After Forty: Official Languages Policy in Canada / Après quarante ans, les politiques de langue officielle au Canada,
ed. J. Jedwab and R. Landry. Montreal and Kingston: Queen's Policy Studies Series, McGill-Queen's University Press.

population anglophone, reste relativement faible. Par conséquent, pour que les objectifs du gouvernement en matière de bilinguisme soient atteints, le discours qui soutient le bilinguisme officiel doit être modifié.

Our policy on bilingualism has been widely misunderstood. It does not mean that every English-speaking Canadian must learn to speak French any more than it means that every French-speaking Canadian must learn to speak English. It means that every Canadian will have access to public education in either official language, and will be free to use either language in dealing with the Federal Government and other public bodies in all areas of the country where the size of the minority justifies it. Only when this has been achieved will all Canadians of both languages feel that the whole of Canada is their country. (Trudeau 1969)

This statement was made by Prime Minister Pierre Elliott Trudeau at the federal-provincial Constitutional Conference being held in Ottawa in February 1969. The prime minister and provincial premiers had gathered to once again discuss the potential patriation of the Constitution. For many of the premiers, any such patriation had to be accompanied by the devolution of federal powers to the provinces, and perhaps even a curtailing of the use of the federal spending power in areas of provincial jurisdiction. For the federal government, the top priority was a constitution that included a bill of rights with explicit provisions for official languages. Each level of government resisted demands from the other, and the first ministers ultimately compromised on the Victoria Charter of 1971, which included limited language rights and limited changes to constitutional jurisdictions. Even this deal failed when it was rejected by the Quebec government of Robert Bourassa (Hayday 2011; Russell 2004, 90).

This period of constitutional negotiations also set the stage for the major debates over official languages that have carried forward to the present day. Issues of constitutional jurisdiction, the federal spending power, and indeed the desirability of a legislative approach to official languages were all hotly debated. Although the Victoria Charter itself failed, parallel negotiations on official languages coincided with the passage of both the federal and the New Brunswick *Official Languages Acts* of 1969; they also led to the establishment of a major federal-provincial program of co-operation for the promotion of bilingualism in education. This program, which later became the Official Languages in Education Program, was born in 1970, laying the foundation for extremely significant changes in Canada's official languages regime and the broader discourses surrounding the place of official languages within Canadian identity.

Canada's official languages policy has certainly not been without its flaws. Many of its most fervent critics have argued that prioritizing the fostering of access to federal government services in two official languages, and promoting language rights on an individual basis, was ill-conceived and, more importantly, did not respond to the major demands emanating from Quebec in the 1960s and 1970s. On this basis, a number of political scientists and other scholars have deemed the federal language policy a failure, pointing to Quebec's critical reaction to the federal policy and the development of language policies based on fundamentally differing basic principles as evidence (Laforest 1995; McRoberts 1997; Seymour 2008). Others have targeted the policy's failure to meet the stated objectives of fostering the federal government's capacity to operate in both official languages.

Although the federal government was rapidly transformed over the course of the 1970s from an anglophone-dominated institution to one in which francophones were equitably represented at all levels of the public service, the language of daily work in many departments continues to be predominantly English. Indeed, one of the major objectives in reforming the federal *Official Languages Act* in 1988 was to attempt to foster the right of public servants to work in the official language of their choice, an objective that has yet to be fully realized. Moreover, not only did the bilingual districts proposal of the Royal Commission on Bilingualism and Biculturalism (RCBB) end in failure in 1976 (Bourgeois 2006), but forty years after the passage of the *Official Languages Act*, the federal government still shells out substantial sums of money for language training for public servants, and its efforts to increase the number of bilingual-designated positions meet with resistance.

Despite these problems, it is clear that the Canadian government has had great success in other respects. In 1982, the revised Canadian Constitution included several sections entrenching two official languages, with a specific section (section 23) dedicated to official language minority education. More remarkable is the fact that all nine majority-anglophone provinces agreed to these provisions. Over the past four decades, popular support for official languages (although not necessarily "bilingualism") has steadily risen, and Canadians have become increasingly likely to indicate that they consider Canada's two official languages to be part of the country's national identity (COMPAS 1989; Jedwab 2008; Smith 1992). Most importantly, dramatic progress has been made in the sector of official languages in education, provided by the provincial governments.

In this chapter, I will discuss how and why this progress has been facilitated by a number of dimensions of the official languages policy. I intend to focus primarily on the roles played by this policy in developing an institutional framework in which progress could be made and be self-sustaining. I will also spend some time discussing how these policies facilitated a discursive shift in how official languages are considered by Canadians.

The fundamental challenge for the federal government in launching the official languages policy was to develop institutions and structures that would provide long-term stability and viability for this sea change in the country's approach to language issues. Before the 1960s, the status of the French language in federal institutions was token recognition at best. Outside the federal and Quebec governments, it was far worse. So how were governments to go about reversing a century of neglect?

My analysis of the history of official languages policy will be informed by the historical institutionalist (or neo-institutionalist) theories of public policy and politics. Theda Skocpol and other scholars, drawing on the work of Max Weber, have argued that the state plays a fundamental role in shaping politics. They argue that structural elements of the state, such as the constitution and the division of powers among levels of government, play important roles in the policy process and the methods whereby social movements seek to accomplish change (Skocpol 1985; Smith 2008, 15–32). Moreover, the institutions of the state, such as the bureaucracy, play a direct role in shaping, developing, and implementing public policies. Programs, policies, and directorates effectively take on a life of their own and in turn shape policy development over time.

In other words, the state is neither a completely neutral arbiter of the demands of competing interest groups nor purely a tool for class control. Bureaucrats not only often have their own opinions about the forms that policies should take, but they are also positioned to facilitate the continuation of their programs. A government that is successful in establishing new programs and policies is therefore able to change the playing field for future debates over these issues. I will contend that the establishment of state structures was crucial to the success of Canada's new language policies.

However, the policies of the late 1960s and early 1970s were themselves constrained by the policies and institutional landscape of the past. Most importantly, education was constitutionally defined as a provincial area of jurisdiction. Thus, one of the great successes of the official languages policy is how it effectively "finessed" a strict interpretation of Canadian federalism to facilitate long-term federal involvement in this sector. My analysis will also show how, on the other hand, federalism posed challenges to and placed limitations on the potential scope of federal action in education.

The long-term viability of the official languages policy as it dealt with education issues also required widespread popular acceptance. Otherwise, voters would have rejected governments that spent millions of dollars (billions over forty years) on minority- and second-language education and would have rebelled against their children receiving second-language instruction. They certainly would not have agreed to, and in some cases would have fought hard against, sending their children to second-language immersion programs.

To convey this facet of the long-term success of this policy, I propose adapting certain aspects of Foucauldian ideas about discourse analysis and Gramscian concepts of cultural hegemony. Together, these theorists and their followers posit the idea that language and discourse play important roles in circumscribing how the bulk of society thinks about a given issue. Moreover, at various points in history, a "historical bloc" occupies a dominant position in the way in which a certain society thinks about an issue, defining the scope of acceptable debate and providing the basis for "common sense" thinking about the issue.

In Canadian history, these theories are usually used to explain the dominance of the liberal order and the manner in which the capitalist classes control politics and the economy (Constant and Ducharme 2009; McKay 2000). To maintain this cultural hegemony, small concessions are sometimes made to competing blocs to foster broad-based societal acceptance of their governance. I believe that a variant of these theories helps to explain the long-term success of the official languages policy.

During the years of the RCBB and in the years following the adoption of the *Official Languages Act,* a competing vision of Canada, one that posited the equality of English and French, challenged an Anglo-centric conception of Canadian politics. To make government support of official languages acceptable to the population, a new discourse on language politics had to be fostered, and key political and social elites had to endorse and accept this new model. I will explore some of the ways in which this process of shifting the Canadian discourse on official languages took place, highlighting both the ways in which this was done in an incremental fashion as well as the major challenges that remain today for those who seek increased progress in this sector.

BUILDING AN INSTITUTIONAL FRAMEWORK

Launched by Lester Pearson's government in 1963, the RCBB provided a crucial opening for individuals and groups seeking the opportunity to change federal language policies. Individuals swarmed the public hearings to express their opinions, and provincial governments met directly with the commissioners. Organizations interested in questions of language were also given the opportunity to submit briefs. French-Canadian and Acadian community organizations, facing tremendous demographic challenges and a loss of financial support from Quebec-based institutions, were keenly interested in any chance to revitalize the possibilities for their long-term survival (Martel 1997). Groups including the Société nationale des acadiens, the Association des éducateurs canadiens-français du Manitoba, and the Association canadienne-française d'éducation d'Ontario appeared before the RCBB. They proposed a major change in Canadian educational policy: direct federal government financial support to official language minority education programs, which they believed had to be expanded if there were to be any hope of a future for their communities.[1]

After four years of work, the reports of the RCBB began appearing in print in 1967. The first report called for the creation of an official languages act and the establishment of an independent commissioner of official languages to act as an ombudsman for the implementation of the act. The second report, on education, released in 1968, made it clear that the demands of the francophone-minority community organizations had resonated with the commissioners. The report noted that "the future of language and culture, both French and English, depends upon an educational régime which makes it possible for them to remain 'present and creative'" (Canada. RCBB 1968, 3). Moreover, the commissioners added substance to their assertion in the first report that it was "the responsibility of the federal government to contribute to the additional costs involved" in the provision of this education (Canada. RCBB 1967, 126).

But what was the best way to do this? How could federal intervention in education be couched in such a way that it would be acceptable to the provincial governments and Canadians more generally? How could minority-language education be strengthened? After studying the policies of other countries with bilingual education systems, the commissioners noted that children of the minority population were often required to attend school in that language.

Commissioner Gertrude Laing was strongly opposed to following this lead and called for Canada to instead adopt a principle of "freedom of choice," which would allow parents from the minority-language community to send their children to majority-language schools if they felt that this was in the child's best interest (for economic reasons, etc.).[2] She and fellow commissioner Frank Scott recommended that this same option be extended to parents from majority-language communities who wanted their children educated in the other official language. Others were concerned that this might undermine the linguistic integrity of the fragile minority-language schools, and so on the issue of educating children in the other official language, the commissioners' report observed that the parents' "right to do so must be respected, but special measures will be required to ensure that the language problems of their children do not interfere unduly with the education of the children whose mother tongue is the language of instruction" (Canada. RCBB 1968, 20).

Professor Blair Neatby, the RCBB's research director, supported by Commissioner Laing, chair of the education study group, had proposed that the best way to provide this education was to have the federal government provide funding for official language programs in education.[3] A proposal for a constitutional amendment obligating the provinces to provide minority-language education was floated in commission meetings, but rejected. The modalities of a funding structure were extensively debated, with a plan to direct money to provinces with the weakest language programs rejected in favour of a universal program that would benefit all provinces. The commissioners also strongly believed that this funding had to be earmarked because simply increasing provincial equalization grants would leave open the possibility of funds being diverted to other sectors.[4]

While the commissioners recognized that education was a provincial jurisdiction, they believed that the confirmation of the bilingual and bicultural character of Canada required action by the federal government (Canada. RCBB 1968, 191–92). Accordingly, recommendations 26 and 27 suggested that "the federal government accept in principle the responsibility for the additional costs involved in providing education in the official minority language" and that "the federal grant to each province be based on the number of students attending official language minority schools in the province, and that the grant be 10 per cent of the average cost of education per student within the province" (Canada. RCBB 1968, 302). The commissioners also recommended federal grants to minority-language universities, teacher training institutions, and exchange programs. Moving beyond the question of official language minority education, Recommendation 31 called for "the study of the second official language [to] be obligatory for all students in Canadian schools" (Canada. RCBB 1968, 230), but notably did not make any recommendations about federal funding of second-language instruction.

The governments of Lester Pearson and Pierre Trudeau moved swiftly to pass the *Official Languages Act* by 1969, which cleared the House of Commons without any dissenting votes. Although the act was largely confined to mandating government services in both English and French in federal government departments, a number of provincial governments, notably Alberta and Saskatchewan, were concerned about how it might infringe on provincial prerogatives and capacity to provide services, particularly in the justice sector (Canada 1969a, 116). Indeed, these provinces would be joined by the other western provinces in contesting the constitutionality of the act, which the Supreme Court ultimately upheld in 1975 (Bourgeois 2006, 62).[5]

After the act was passed, Keith Spicer was appointed as the first commissioner of official languages. Study commissions were also established to examine the viability of establishing bilingual districts where federal government services would be provided. Ultimately, as Daniel Bourgeois points out (2006), seven years of work failed to produce a viable plan for bilingual districts, and the concept was abandoned. However, the creation of the Office of the Commissioner of Official Languages was not only viable but very successful. In fact, as we shall see, it had further-reaching consequences than was perhaps intended.

The *Official Languages Act* was created in the midst of the constitutional talks that led to the failed Victoria Charter. Enshrining language rights in the Constitution was a top priority for Prime Minister Trudeau, and the Bill of Rights, which was contained in that agreement, is a testament to his government's best efforts to convince the provinces to accept this plan (Hayday 2011).

However, the federal government did not put all of its eggs in the constitutional basket. A parallel set of committees of ministers and officials was charged with the task of discussing the RCBB's proposals for a federal funding program for what at the time was termed "bilingualism in education." Secretary of State Gérard Pelletier, whose department was charged with responsibility for the official languages dossier, indicated that the federal government was prepared to provide $50 million for the first year of a program to promote official languages in education. These contributions would likely follow a formula structure, with contributions tied to the per-student costs of this education. Pelletier's proposals went beyond the RCBB's plans, including federal subsidies for both minority- and second-language instruction (Canada 1969b).

The structure of Canadian federalism proved challenging for the federal government. Although its priority was the development of new educational programs, and it wanted to be able to evaluate the success of these programs, the provinces were adamant about their constitutional prerogatives. Quebec, in particular, was well aware that since it had the best-established language programs, it would be financially penalized under any funding formula that was targeted exclusively at newly developed programs. Moreover, it was extremely wary of allowing Ottawa to have any role in evaluating educational programs. Although some provinces were more eager to have access to federal dollars and less concerned with constitutional prerogatives, others, such as Ontario and Alberta, supported Quebec's stance that the provinces must have control over evaluation and the freedom to set priorities for how federal funds were spent on official languages in education.[6]

The Federal-provincial program of cooperation for the promotion of bilingualism in education was officially announced on 9 September 1970.[7] Under the terms of this federal-provincial understanding, the federal government would contribute 9 percent of the teaching costs associated with minority-language education and 5 percent of the costs of second-language instruction; it would also create dedicated funding envelopes for teacher training, exchange programs, administrative costs, and special projects. This was not intended to be a permanent program. The secretary of state had hoped to impose a time limit on its funding of four to five years for second-language programs and ten to fifteen years for minority-language programs, and the first agreement committed Ottawa to only five years of funding, over which period it intended to spend a total of $300 million.[8]

It is instructive that the language of the program's terms of reference played into a discourse on individual rights and free choice. The program's objectives were "to ensure that, insofar as it is feasible, Canadians have the opportunity to educate their children in the official language of their choice and that children have the opportunity to learn, as a second language, the other official language of their country."[9] The program was explicitly couched as voluntary, one that was being federally supported because of the national dimension of official languages. The press release announcing the program also explicitly specified that the arrangements were designed to avoid infringing on provincial jurisdiction in the field of education.

As a result, no formal mechanism to evaluate the program was included, a concession that would prove problematic for federal bureaucrats as financial constraints closed in by the late 1970s. Nevertheless, by 1970, three key institutional elements of a new language regime – the *Official Languages Act*, the commissioner of official languages, and a funding program for official languages in education – had all been created, and, as we shall see, these would all play important roles in shifting the terrain of official languages in Canada.

CHANGING THE DISCOURSE: BUILDING UP TO THE *CANADIAN CHARTER OF RIGHTS AND FREEDOMS*

Although this article's primary focus is the importance of the education sector in shifting the Canadian discourse on official languages, it must be noted that the three transformations mentioned above were shaped by the interplay of the multiple institutions created to support official languages. The *Official Languages Act* itself was fundamental in changing the operations of the federal government. In accordance with the recommendations of the RCBB, study commissions were established to consider which districts of the country should be designated as bilingual for the purpose of service delivery and departmental operations, a process thoroughly considered by Daniel Bourgeois (2006).

These varied commissions ultimately failed to come to agreement on bilingual districts, but the abandonment of this policy in 1976 was only a technical setback. The federal government did not await the final results of the studies to begin its process of hiring bilingual and francophone public servants. Language-training programs were initiated for federal public servants, and grants were made available to provinces that wanted to follow suit; this program was particularly valuable in New Brunswick, which had passed its own *Official Languages Act* in 1969. The federal Treasury Board allocated funding for a "bilingual bonus" for federal public servants, and monitored the progress made in meeting hiring targets, as more and more positions were deemed bilingual.

As other scholars have noted, these federal government transformations were not without their problems. On a positive note, by the end of the 1970s, the number of francophones in the public service, at all levels, reflected the overall population breakdown. The Trudeau administration's policy of appointing francophone cabinet ministers to departments that had hitherto been anglophone-dominated (such as Finance and the Treasury Board) helped this process. However, the language of work of Cabinet meetings and many departments continued to be English. Unilingual public servants were protected in their current positions, a situation that slowed the process of bilingualizing the bureaucracy, and language-retraining programs had dubious results.

Despite these very real problems, the *Official Languages Act* and the process of its implementation were reinforcing the discourse that the federal government *should* be a bilingual institution, and incremental progress was being made toward this goal. Debates increasingly moved toward the modalities of *how* this goal could be accomplished rather than *whether* it would or should take place at all. Although even programs to support bilingualism were vulnerable to periods of government restraint – as demonstrated in 1979, when a planned increase in spending from $455 million to $500 million was instead revised to a cutback to $349 million – the overall high levels of government spending in this sector testify to the continued importance accorded to this initiative (*Globe and Mail* 1979).[10]

Federal funding for education under the federal-provincial program of co-operation for the promotion of bilingualism in education, begun in 1970 and renamed the Official Languages in Education Program (OLEP) in 1979, also proved to be very important in shifting both policy and discourse surrounding official languages in the period from the adoption of the *Official Languages Act* to the 1982 passage of the *Canadian Charter of Rights and Freedoms*. Perhaps most obviously, the continuous duration of the OLEP throughout the period indicates how it became a fixture in Canadian political life.

The second-language funding envelope had initially been intended to cover a five-year period, with support for minority-language education intended to last ten to fifteen years. Instead, the program was expanded in 1972 to include "annex" programs of teacher training, student exchanges, language training centres, and special fifty-fifty cost-sharing projects. The entire program was then renewed in 1974 for a five-year period. And at the end of this time, although negotiations bogged down between Ottawa and the provinces, there was a series of four one-year extensions from 1979 to 1983, using the terms of the previous agreements. Neither level of government was willing to let this program lapse, a situation that indicates that the role of the federal government in official languages education, albeit limited to funding, was becoming more permanently entrenched.

The OLEP also led to substantive changes in provincial education policy. In the minority-language education sector (particularly French-language education for francophones outside Quebec), the results were dramatic. Provinces that had recently legislated in favour of provincial support for francophone education, as Ontario had done for public secondary schools in 1967, used this funding to expand their offerings in this sector. The availability of federal government funding, moreover, provided leverage for francophone lobby groups that sought to replace bilingual high schools with French-only ones, with success in communities such as Essex and Cornwall (both in Ontario). In Manitoba, this funding made it possible for the Société franco-manitobaine, in conjunction with supportive bureaucrats in the Bureau d'éducation française, to convince local school boards to offer French-language instruction for the maximum time (80 percent) permitted under its *Education Administration Act*.[11]

In other provinces, hitherto resistant to offering francophone education, the results were even more dramatic. In 1976, Alberta education minister Julian Koziak announced that his government was going to change its *School Act* to permit up to 80 percent French-language instruction, up from the 50 percent cap permitted in the late 1960s.[12] The Alberta government also began chipping in increased funding from its own treasury to supplement federal funding. Nova Scotia's Department of Education took advantage of federal funding in the late 1970s and early 1980s to develop a policy on Acadian education, which would allow schools to create new programs.[13] Comparable transformations took place in other provinces, demonstrating the impact that federal moral and financial support for official languages could have on provincial education systems. Moreover, the emergence of these structures contributed a powerful tool to the arsenals of local lobby groups seeking the development of these programs.

The shift in provincial approaches to official languages was not limited to programs and policies. Many provincial premiers recoiled at René Lévesque's offer of quid pro quo access, under the terms of Bill 101, to anglophone-minority education in Quebec for residents migrating from other provinces. As Ontario premier Bill Davis wrote in 1977: "I feel, however, that an issue as fundamental as language rights in education is not something that can be negotiated on a bilateral basis between provinces. Such rights should be accepted as a matter of fundamental principle and not be the subject of quid pro quo arrangements."[14] At a provincial conference in St. Andrew's, New Brunswick, later that summer, all nine of the other premiers committed to a declaration that they would "make their best efforts to provide instruction in English and French wherever numbers warrant" (Johnson, Williamson, and Simpson 1977).

Development of second-language instruction was also impressive, albeit in a different way. Many provinces already offered French second-language instruction and thus used federal funding to offset the costs associated with the itinerant teachers who delivered their core programming. Where such programs did not exist, as was the case with elementary school French in Nova Scotia, OLEP funding provided a basis to create them. However, in terms of basic second-language instruction, the major accomplishment of the OLEP was to provide opportunities for students who wanted to take these courses.

Although more school boards offered these opportunities at the high school level, some provinces, such as Ontario, actually witnessed lower participation rates. The commissioner of official languages observed that this was likely linked to the fact that Canadian universities were relaxing their admission requirements. Keith Spicer specifically blamed the "chicken-hearted and anti-humanist attitude" of Canadian universities for the fact that second-language courses at the senior levels of high school were often no longer a prerequisite for admission (Canada. OCOL 1975, 30–31). This state of affairs relates to the discourse of second-language acquisition that was fostered by Canadian governments in this period: they considered individual bilingualism to be a personal choice and not something that would be "shoved down [Canadians'] throats" (Trudeau 1969).

On the other hand, for those Canadians who did choose to become bilingual, or wanted their children to follow this route, the OLEP made a dramatic difference. It became operational at the same time as awareness of the success of pilot projects in French immersion was spreading (e.g., Lambert and Tucker 1972; Swain 1972); thus, provincial governments sought and were granted permission to spend OLEP funds on new French immersion programs. Parents' groups that sought to convince their local school boards or provincial education departments to introduce French immersion were extremely quick to incorporate federal funding into their arguments for the creation of these new programs.[15] Enrolment in these programs, which quickly became widely perceived as the best route to individual bilingualism, skyrocketed in every province through the 1970s and 1980s. Many provinces took advantage of special project funding to launch pilot projects in immersion, then used base OLEP funding to expand them into actual programs.

By the end of the 1970s, every province had developed at least a limited number of French immersion programs, and new grades were constantly being added to existing programs. Throughout the mid-1980s, the total enrolment in French immersion programs increased annually by 10 to 20 percent, so that by 1990, they were being offered by 1,860 schools (Pageau Skuce Vézina 1992, 64–65). Moreover, as will be discussed in more detail below, an influential new lobby group, Canadian Parents for French (CPF), had been established to apply continued pressure on provincial governments to improve their language-education offerings.

The Office of the Commissioner of Official Languages was established primarily to serve as ombudsman for the official languages policy. Thus, one might well have expected this independent parliamentary officer to field complaints and concerns about the implementation of the *Official Languages Act* and make recommendations about how its implementation might be improved. Certainly this function was carried out by the first two commissioners, Keith Spicer and Maxwell Yalden, whose annual reports contain extremely detailed accounts of the complaints and responses emanating from federal government departments and Crown corporations as well as their compliance with the act.[16] However, as any observer familiar with the peculiarities of Canadian parliamentary life will attest, these independent officers can often take on a more active role than initially predicted – witness the recent clashes between Parliamentary Budget Officer Kevin Page with the government of Stephen Harper or the acerbic reports and press conferences of former auditor-general Sheila Fraser.

The first commissioner would certainly not have found these recent examples of outspoken, activist parliamentary officers to be unacceptable. Keith Spicer's annual reports, in addition to discharging his formal obligations, were humorous, pointed, and sometimes scathing analyses of the progress that Canada was making with respect to official languages. Written in clear, engaging prose, they also included his personal recommendations for how the policies might be improved. In particular, he despaired at the poor performance of public service retraining programs, repeatedly calling for the development of a "youth option" for bilingualism, a proposal he raised in his fifth annual report and in meetings with Prime Minister Trudeau and Treasury Board president Jean Chrétien in the summer of 1976.[17] This option would have entailed pumping more resources into educational programs for children, thereby fostering favourable attitudes to bilingualism and more effectively developing language competency.

Indeed, although the federal government moved in Spicer's suggested direction in the fall 1976 Throne Speech, the commissioner's office had already taken direct action to foster this approach. It had developed a bilingual educational kit called *Oh! Canada*, which it had begun distributing to Canadian schoolchildren in 1975. The kit contained a board game in which players advanced by translating words from English to French (and vice versa); a bilingual comic book; an activity book; and a record of bilingual songs, including "Bonjour, My Friend" by Angèle Arsenault. The kit was distributed to over one million schoolchildren.

Five years later, following the success of *Oh! Canada*, the commissioner's *Explorations* kit was distributed to schoolchildren aged twelve and up. The kit demonstrated the importance of language skills, particularly English and French, around the world using a map of countries coloured according to their official languages (e.g., crimson red for English, cobalt blue for French, pale green for Japanese). The *Explorations* kit also included a board game in which players earned language cards that they could trade to "collect" cities around the world. An *Oh! Canada 2* kit followed shortly thereafter, as did posters, school agendas, and other youth-aimed paraphernalia. The commissioner was thus working directly to stimulate an interest in official languages among Canadian schoolchildren using a set of activities that went beyond the more narrowly defined mandate of his office.

Although these actions could perhaps be considered to fall under a broad interpretation of the commissioner's role, direct intervention with the provinces and local school boards would likely have been interpreted as a violation of the strictures of Canadian federalism – as the commissioner's agents were occasionally forced to observe when parents urged them to do so.[18] However, even in this respect, the agency of this office can be detected. Early in 1977, the commissioner's office helped to organize a conference of parents interested in second-language learning. Out of this conference, the new national lobby group CPF was born, an organization that would become one of the key actors in efforts to promote second-language learning, particularly French immersion, in Canada. Its provincial, local, and national branches lobbied for expanded programs and more stable funding. They also intervened directly in the debates over the renewal of the OLEP[19] and the language rights contained in the *Canadian Charter of Rights and Freedoms*, arguing for the right of all Canadians to choose either official language for their children's education.[20]

For many years, CPF received direct funding from the commissioner's office and/or the Department of the Secretary of State, thus effectively acting as an arm's-length advocate of the federal government's official languages policy. CPF could lobby provincial governments and school boards that the federal agencies could not, and in this way, it helped to finesse the constraints of Canadian federalism to strengthen the policy. Accordingly, the Office of the Commissioner of Official Languages, as an institution associated with federal language policies, took on a life of its own to support and foster certain aspects of this policy beyond what might conservatively have been predicted. Moreover, with its emphasis on children and youth, it was acting to try to shape the discourse of future generations of Canadians regarding official languages and their place in Canadian life.

RIGHTS DISCOURSE AND INDIVIDUALISM IN THE CHARTER ERA

By 1980, several key Canadian institutions were well established to facilitate the development of a stronger official languages policy, particularly in the education sector. The embedded state, to use Alan Cairns' term (1986), thus included a variety of elements that supported those individuals who were working for an even firmer position for official languages. Moreover, as demonstrated by the St. Andrew's declaration and the growing force of lobby groups such as CPF, the Fédération des francophones hors Québec, and their respective provincial chapters, a middle class discourse supportive of official language rights, and particularly the right to choose the official language for one's child's education, was growing in strength. Indeed, one could make the case that the emergence in the late 1970s of anti-French fringe groups such as the Alliance for the Preservation of English in Canada and the publication of the anti-bilingualism screed *Bilingual Today, French Tomorrow* were occasioned by fear of the strength of the pro-bilingualism discourse.

Certainly at the level of social and political leaders, the upper levels of the federal and provincial public services, social movement activists, editorialists, journalists, academics, and other individuals who might be considered to constitute a Canadian elite of opinion-makers, the groundwork had been laid for the next major phase of entrenching official languages in Canada. As part of the constitutional renewal process from 1980 to 1982, the Trudeau government worked hard to secure both constitutional recognition of Canada's (and New Brunswick's) two official languages and official language education rights for Canada's official language minority communities. These rights, entrenched in sections 16 to 23 of the *Canadian Charter of Rights and Freedoms*, were notably not subject to the charter's notwithstanding (or "override") clause. However, true to the liberal individualistic discourse to which Canada's official languages policy was attached, the obligation of the provinces to provide this education would be subject to areas "where numbers warrant." This right was thus contingent on a sufficient number of individuals geographically concentrated in a particular area. It is also noteworthy that the province that objected most strongly to these new provisions was Quebec – not one of the English-majority provinces – the province to which clauses limiting the application of section 23 exclusively applied.

Once the new provisions of the charter obligating the provinces to provide minority-language education had been approved, the thorny issue of renegotiating the OLEP was resolved, as the provinces sought to ensure an ongoing flow of federal dollars to support the programs they were now constitutionally obligated to provide. Ottawa and the provinces signed a three-year renewal (later extended to five years) in 1983. The program has been renewed every three to five years up to the present, providing ongoing support for both minority- and second-language education.

Official language minority education assumed centre stage as the dominant political question for official languages in the post-charter era. This was facilitated both by the new institution of the charter, whose rights could be leveraged to create new educational programs, and by the expansion of the Court Challenges Program. Established by the Trudeau government in 1978, this program provided federal government funding to help defray the legal expenses of groups that sought to have their constitutional language rights recognized. In 1982, this program was expanded to encompass the charter-protected language rights of sections 16 to 23, then expanded again in 1985 to encompass equality and multiculturalism rights (sections 15, 27, and 28).

Official language minority communities took extensive advantage of the Court Challenges Program. As both Michael Behiels (2004, 174–77) and Angéline Martel (2001) have noted, this program was particularly useful in the campaign for school governance rights, as minority-language communities fought for the establishment of separately controlled governance over minority-language educational institutions. A key victory occurred in Alberta in the *Mahe* case in 1990, establishing the important precedent that the provinces were obligated to grant this governance under particular circumstances.[21] This favourable decision spurred on a host of other provincial court cases, including such successes as *Arsenault-Cameron* in Prince Edward Island and *Boudreau* in Nova Scotia.

The principle of minority-language community school governance rights has thus become progressively embedded in Canada's legal and political culture. Moreover, I would argue that even the principle that the federal government should help minority-language communities to secure these rights has become entrenched in Canadian political discourse. Although the government of Stephen Harper cancelled the Court Challenges Program in the fall of 2006, it established a new program in 2008, called the Language Rights Support Program, that fulfilled the same mandate but was more narrowly defined. The need for the federal government to appear to support language rights seems now so firmly established in the dominant Canadian political discourse that it transcends political lines: established under a Liberal government, it now shapes the policies of a Conservative government that emerged, and had sitting members of Parliament, from the former Reform Party, which had opposed official bilingualism.

Oddly, although it received over $1 billion in funding in the 1970s, the OLEP was not officially covered by any federal legislation, but rather was justified as an extension of the *Official Languages Act*. As part of the 1988 revision of that legislation, specific sections were added to cover the federal government's involvement in education. For example, under Part VII, section 43 stated:

(1) The Secretary of State of Canada shall take such measures as he considers appropriate to advance the equality of status and use of English and French in Canadian society, and, without restricting the generality of the foregoing, may take measures to:

(*a*) enhance the vitality of the English and French linguistic minority communities in Canada and support and assist their development;

(*b*) encourage and support the learning of English and French in Canada;

(*c*) foster an acceptance and appreciation of both English and French by members of the public;

(*d*) encourage and assist provincial governments to support the development of English and French linguistic minority communities generally and, in particular, to offer provincial and municipal services in both English and French and to provide opportunities for members of English or French linguistic minority communities to be educated in their own language;

(*e*) encourage and assist provincial governments to provide opportunities for everyone in Canada to learn both English and French;

(*f*) encourage and cooperate with the business community, labour organizations, voluntary organizations and other organizations or institutions to provide services in both English and French and to foster the recognition and use of those languages;

(*g*) encourage and assist organizations to project the bilingual character of Canada in their activities in Canada or elsewhere; and

(*h*) with the approval of the Governor in Council, enter into agreements or arrangements that recognize and advance the bilingual character of Canada with the governments of foreign states. (Canada 1988, 1052–53)

The new section of the act essentially confirmed a long-standing set of practices that had become entrenched in the practice of Canadian federalism and that were largely accepted by the provincial governments, despite their jurisdiction over education. Other sections of the revised act sought to give greater clout to its implementation, such as by including expanded rights for federal government employees to work in the official language of their choice.

The charter era thus featured the new establishment and further entrenchment of the federal government's language policies and the institutions that supported them. As this occurred, it also became both possible and prudent for one of the initial actors in this sector to withdraw from its more activist role. The Office of the Commissioner of Official Languages, a key instigator of new programs and initiatives in the 1970s, began a process of retreating to the ombudsman function it was initially created to perform. Although the commissioners remained vocal advocates of the continuation of the official languages policy and continued to vigilantly track its implementation, programs such as the school-targeted educational games and kits were wound down. Moreover, the task of lobbying for second-language education and immersion programs was largely handed off to civil society groups such as CPF. Although the commissioner remained the official patron of this group, the nuts and bolts of activism were left in its hands.

The expansion of minority-language education rights was greatly facilitated by the entrenched institutions of the official languages policy, and by the late 1980s and onward, polling data largely indicated that Canadians supported the right to choose either official language for the education of their children (Peat Marwick and Churchill 1987; Prairie Research Associates 2003). Yet in other respects, the official languages policy in education remained vulnerable. In 1996, among the various cost-cutting measures undertaken by Jean Chrétien's government to balance the federal budget, the OLEP budget was reduced by 36.6 percent, a cut that was most keenly felt in the second-language and immersion sectors (CPF 1997). Minority-language education was protected by the charter, and consequently, provinces dealt with these federal cuts by either halting expansion of or cutting back on their second-language programs; as a result, enrolments in these programs plateaued (Makropoulous 1998, 115).

Although funding was restored to the OLEP in 1998 and subsequent announcements by both Liberal and Conservative governments set ambitious targets for increasing individual bilingualism among Canadians, the institutional supports for second-language programming are weaker than those for minority-language education (Canada. OCOL 2009, 53).[22] They are also tied into a more fragile aspect of the official languages discourse.

The expansion of minority-language education is facilitated by a discourse that stresses the right of Canadians to choose the language of their children's education. Although this emphasis on the right to individual choice has led to public support for Canadians to *have the option* of their children learning a second language, this has often not translated into this option being exercised, and it definitely does not translate into support for compulsory second-language instruction throughout high school. Cutting back on the expansion of these programs is thus less politically problematic for provincial governments seeking to make budget savings. Moreover, the institutions that have been established to support the official languages policy have been structured in such a way as to make it problematic for the federal government to aggressively promote individual bilingualism among the Canadian population. The existing official languages discourse, rooted in individual choice and freedom, has thus far lacked the capacity to extend engagement with second-language learning among the broader population; however, the steady growth of French immersion suggests that there is a cohort of the population that recognizes the personal benefits that flow from these language skills.

CONCLUSION

Questions of official languages in education remain politically charged forty years after the passage of the *Official Languages Act* and the launch of federal supports to provincial education programs. A quick scan of recent newspaper headlines reveals intense debates over elementary school French immersion in New Brunswick; charges of elitism aimed at immersion schools in Oakville, Ontario; and concerns over a home for middle-school immersion programs in Guelph, Ontario. Advocates of French minority-language education continue to face the challenge of convincing parents to educate their children in their mother tongue, especially in families where one parent is an anglophone. A depressingly low proportion of the Canadian population feels comfortable carrying on a conversation in both official languages. And yet, despite these ongoing challenges, there is much to celebrate in the historical development of official languages in education and key lessons to be learned.

As has been demonstrated throughout this chapter, one of the great accomplishments of the official languages policy has been the establishment of institutions that could grow and provide deep-rooted support for the continuation and elaboration of the policy's objectives. Following on successful negotiations between the federal government and the provinces, the establishment of the OLEP initiated a mechanism whereby the strict division of powers under Canadian federalism could be finessed to allow federal activity in education. Over the past few decades, this activity has become not only accepted, but also expected and demanded, particularly once another key institution, the charter guarantees for minority-language education, became entrenched. Seed funding from federal government departments and the commissioner of official languages (another key institutional creation) has helped to establish lobby groups that have been able to exert long-term, sustained pressure to maintain and expand these programs. Meanwhile, the directorates and branches established at both federal and provincial levels have created an institutional cohort in the public services of these governments that has been willing to fight to maintain these programs. Over the past forty years, therefore, a solid institutional culture, committed to maintaining the official languages agenda, has been firmly embedded in the federal and provincial states.

As these institutions have become entrenched, so too has a discourse associated with official languages become part and parcel of the language of Canada's political and educational elites. An individualistic, rights-based discourse centred on the right to choose the official language for education, and to have the option of excellent opportunities for learning one's second language, has firmed up over the past four decades. However, as I have discussed, the limitation of this discourse is that personal bilingualism has been constructed as optional, and a relatively small proportion of the population, particularly the anglophone population, has exercised this option. This suggests that the discourse supporting official bilingualism needs to be modified if government objectives in this respect are to be accomplished.

However, these limitations should not be construed as detracting from the remarkable success of implanting a discourse under which a governing Conservative Party, born of a merger with the anti-bilingualism Reform Party, has committed itself to maintaining and expanding the official languages programs initiated decades earlier by the Trudeau Liberals. Indeed, the fact that James Moore, the minister of Canadian heritage and responsible for these language policies at the time of writing, is a British Columbia–raised, bilingual graduate of French immersion programs speaks volumes about the success of the official languages policy that has developed since 1969. The question is how these solid foundations can be used to foster further development and growth in the education sector.

NOTES

1. Library and Archives Canada (LAC). RG 33. Series 80. Royal Commission on Bilingualism and Biculturalism (RCBB). This theme occurs repeatedly. For example, see Vol. 41. File 730–153. Mémoires, Nouveau-Brunswick. Société nationale des acadiens (1964), 26–29.
2. Ibid. Vol. 221. Binder: Meetings 51–54. Minutes of Meeting #51. 2–4 February 1967, 41.
3. Ibid. Vol. 221. Binder: Meetings 39–44. Minutes of Meeting #43. 18–20 May 1966, 7–8.
4. Ibid. Vol. 221. Binder: Meetings 55–60. Minutes of Meeting #57. 31 May–2 June 1967, 20–22.
5. *Jones v. Attorney General of New Brunswick,* [1975] 2 S.C.R. 182, 199.
6. Letter from W. Davis to G. Pelletier, 21 October 1969; A Position Proposal on French Instruction, prepared by P. Lamoureux and R. Rees, Alberta Education, January 1969. Provincial Archives of Alberta (PAA). 76.422. Federal and Intergovernmental Affairs. Box 4. File: Constitutional Conference, subcommittee on official languages 1969–71.
7. Secretary of State News Release. "Federal-Provincial Program on Bilingualism in Education Agreement Reached with Provinces Concerning Financial Assistance." 9 September 1970. Archives of Ontario (AO). RG 2-200. Council on French-Language Schools. Acc. 17121. Box 2. File: Fed/Prov – Bilinguisme 1972.
8. Memo from Pierre Vachon to Premier Robichaud. 15 May 1970. Centre des études acadiennes. Université de Moncton. Fonds 146 Armand-Saintonge. Fiche 146.86. Langues officielles au Nouveau-Brunswick – Domaine de l'éducation.
9. Secretary of State News Release.
10. For purposes of comparison, federal spending on multiculturalism was only slightly over $10 million at this point.
11. For additional detail on the development of the OLEP, see also Hayday, M. 2005. *Bilingual Today, United Tomorrow: Official Languages in Education and Canadian Federalism.* Montreal and Kingston: McGill-Queen's University Press.
12. Statement by Peter Lougheed and Education Minister Julian Koziak re: Minority Language Instruction. 24 February 1978. PAA. 85.360. ACFA. Box 1. File: Réunions et autres documents – Bureau de l'éducation – ACFA 1978 (1).
13. Speech by Terence Donahoe on Bill 65 and the establishment of Acadian schools in Nova Scotia. 23 August 1983. Archives du centre acadien. Université Ste-Anne. MG8 Fonds Fédération acadienne de la Nouvelle-Écosse. Vol. 16. B. 4. Fiche 21b: L'école acadienne et la loi 65.

14. Letter from Premier Davis to Premier Lévesque. 21 July 1977. AO. RG 58-9-1. Ministry of Intergovernmental Affairs. TR 83-1499. Box 52. File: SD 7g – Bilingualism – Quebec Language Policy.
15. Canadian Parents for French (CPF). *National Newsletter* Issue 1 (June 1977). Also interviews with Marion Langford (16 June 2009) and Judy Gibson and Janet Poyen (22 June 2009).
16. Canada. Office of the Commissioner of Official Languages. 1970–1984. *Annual Report of the Commissioner of Official Languages*. Ottawa: Queen's Printer.
17. Keith Spicer. "A Bilingual New Deal." 1976. LAC. RG 122. Commissioner of Official Languages (COL). Acc. 1997–98/632. Box 18. File 1140-1-1: Official Languages – General, Language Rights – Education – Second Language.
18. Letter from Robert Pichette, Commissioner of Official Languages Representative (Atlantic Region) to Barbara Jardine. 17 June 1980. Mount Allison University Archives, Canadian Parents for French fonds. – 1976–1994. 1. CPF Sackville Chapter, Sackville, NB, records. – 1976–1990. 1/3. CPF Sackville Chapter. – 1979–1982. See also Hayday, M. 2008. "Mad at Hatfield's Tea Party: Federalism and the Fight for French Immersion in Sackville, New Brunswick, 1973–1982." In *Mobilizations, Protests and Engagements: Canadian Perspectives on Social Movements*, ed. M. Hammond Callaghan and M. Hayday, 145–63. Halifax: Fernwood Publishing.
19. CPF. *National Newsletter* Issue 6 (March 1979), Issue 12 (January 1981), Issue 14 (July 1981).
20. Brief from the CPF to the Council of Ministers of Education Canada. January 1981. PAA. 85.360. Association canadienne-française de l'Alberta (ACFA). Box 28. File: Divers documents – Canadian Parents for French (Alberta Branch) 1980–81.
21. *Mahe v. Alberta*, [1990] 1 S.C.R. 342.
22. See also Canada. Privy Council Office. 2003. *The Next Act: New Momentum for Canada's Linguistic Duality – The Action Plan for Official Languages*, 25–26. The most recent plan, *Roadmap for Canada's Linguistic Duality 2008–2013: Acting for the Future* was criticized by Commissioner of Official Languages Graham Fraser for its lack of specific targets in second-language learning.

REFERENCES

Behiels, M. 2004. *Canada's Francophone Minority Communities: Constitutional Renewal and the Winning of School Governance, 1960–2000*. Montreal: McGill-Queen's University Press.

Bourgeois, D. 2006. *Canadian Bilingual Districts: From Cornerstone to Tombstone*. Montreal and Kingston: McGill-Queen's University Press.

Cairns, A. 1986. "The Embedded State: State-Society Relations in Canada." In *State and Society: Canada in Comparative Perspective*, ed. K. Banting, 53–86. Toronto: University of Toronto Press.

Canada. 1969a. *Constitutional Conference Proceedings, Second Meeting, 10–12 February*. Ottawa: Queen's Printer.

—. 1969b. *House of Commons Debates*, 6 November, 577–80. Ottawa: Canadian Government Publishing.

—. 1988. *Official Languages Act*. Statutes of Canada, c. 38.

—. Office of the Commissioner of Official Languages (OCOL). 1975. *1973/74 Annual Report of the Commissioner of Official Languages*. Ottawa: Information Canada.

—. OCOL. 2009. *Annual Report 2008–2009: Two Official Languages, One Common Space – 40th Anniversary of the Official Languages Act*. Ottawa: Minister of Public Works and Government Services Canada.

—. Royal Commission on Bilingualism and Biculturalism (RCBB). 1967. *Report of the Royal Commission on Bilingualism and Biculturalism – Book I: The Official Languages*. Ottawa: Queen's Printer.

—. RCBB. 1968. *Report of the Royal Commission on Bilingualism and Biculturalism – Book II: Education*. Ottawa: Queen's Printer.

Canadian Parents for French (CPF). 1997. *Focus on French Second Language Education: A Canadian Parents for French Position Paper on the Renewal of the Official Languages in Education Program and a New Protocol for Agreements*. Ottawa. November.

COMPAS Inc. 1989. *Annotated Bibliography and Assessment Report: Official Languages Related Surveys*. Commissioned by the Office of the Commissioner of Official Languages and the Secretary of State. Ottawa: Secretary of State for Canada.

Constant, J.-F., and M. Ducharme, eds. 2009. *Liberalism and Hegemony: Debating the Canadian Liberal Revolution*. Toronto: University of Toronto Press.

Globe and Mail. 1979. "Federal Spending on Bilingualism to Fall by a Third." 20 February.

Hayday, M. 2011. "Reconciling the Two Solitudes? Language Rights and the Constitutional Question from the Quiet Revolution to the Victoria Charter." In *Debating Dissent: Canada and the Sixties*, ed. L. Campbell, D. Clément, and G. Kealey. Toronto: University of Toronto Press.

Jedwab, J. 2008. "Where There's a Will, There's a Way? Explaining the Divide between Canadians' Desire for Bilingualism and their Actual Knowledge of English and French." *Canadian Issues* July:35–46.

Johnson, W., R. Williamson, and J. Simpson. 1977. "Leaders Pledge School Rights, But No Pacts." *Globe and Mail*, 20 August.

Laforest, G. 1995. *Trudeau and the End of a Canadian Dream*. Montreal and Kingston: McGill-Queen's University Press.

Lambert, W., and G.R. Tucker. 1972. *Bilingual Education of Children: The St. Lambert Experiment*. Rowley: Newbury House Publishers.

Makropoulous, J. 1998. "Sociopolitical Analysis of French Immersion Developments in Canada." MA diss., Ontario Institute for Studies in Education, Toronto.

Martel, A. 2001. *Rights, Schools and Communities in Minority Contexts: 1986–2002 – Toward the Development of French Through Education, an Analysis*. Ottawa: Office of the Commissioner of Official Languages.

Martel, M. 1997. *Le deuil d'un pays imaginé : Rêves, luttes et déroute du Canada français*. Ottawa: Les Presses de l'Université d'Ottawa.

McKay, I. 2000. "The Liberal Order Framework: A Prospectus for a Reconnaissance of Canadian History." *Canadian Historical Review* 81:617–45.

McRoberts, K. 1997. *Misconceiving Canada: The Struggle for National Unity*. Toronto: Oxford University Press.

Pageau Skuce Vézina. 1992. *Official Languages in Education Program: An Evaluation. Final Report*.

Peat Marwick & Partners, and S. Churchill. 1987. *Evaluation of the Official Languages in Education Program – Final Report*. Ottawa: Program Evaluation Directorate of the Secretary of State.

Prairie Research Associates. 2003. *Evaluation of the Official Languages in Education Program*. Ottawa: Canadian Heritage.

Russell, P. 2004. *Constitutional Odyssey: Can Canadians Become a Sovereign People?* 3rd ed. Toronto: University of Toronto Press.

Seymour, M. 2008. "Les lois linguistiques au Québec ou la longue histoire d'un parfait malentendu." In *Le fédéralisme asymétrique et les minorités linguistiques et nationales*, ed. L. Cardinal, 203–28. Sudbury: Prise de parole.

Skocpol, T. 1985. "Bringing the State Back In: Strategies of Analysis in Current Research." In *Bringing the State Back In*, ed. P.B. Evans, D. Rueschemeyer, and T. Skocpol, 3–37. Cambridge: Cambridge University Press.

Smith, A.H. 1992. *National Research on Official Languages Opinions – A Report Submitted to the Commissioner of Official Languages*.

Smith, M. 2008. *Group Politics and Social Movements in Canada*. Peterborough: Broadview.

Swain, M., ed. 1972. *Bilingual Schooling: Some Experiences in Canada and the United States. A Report on the Bilingual Education Conference, Toronto, 11–13 March 1971*. Toronto: Ontario Institute for Studies in Education.

Trudeau, P.E. 1969. "Why Are They Forcing French Down Our Throats?" Ottawa: Queen's Printer.

IS CANADA BILINGUAL? PERCEPTION AND REALITY ABOUT KNOWLEDGE OF THE TWO OFFICIAL LANGUAGES

JACK JEDWAB, *Executive Director, Association for Canadian Studies/Association d'études canadiennes*

Le Canada est-il un pays bilingue ? La majorité des Canadiens semble le croire. Mais encore faut-il préciser ce que veut dire « pays bilingue ». Pour la majorité des Canadiens, cela n'est pas lié au nombre de citoyens qui parlent les deux langues officielles, mais plutôt au fait que le gouvernement fédéral offre des services dans les deux langues officielles. Un pays peut-il toutefois être considéré comme étant véritablement bilingue quand moins de 1 citoyen sur 5 parle les deux langues officielles – une proportion qui atteint même moins de 1 citoyen sur 10 parmi la population canadienne-anglaise ? Si, après 40 ans d'existence, la Loi sur les langues officielles n'a pas permis d'améliorer la connaissance des langues anglaise et française dans l'ensemble de la population, c'est en partie parce que les leaders d'opinion ont été très prudents, et n'ont pas exercé de pression sur les citoyens pour qu'ils apprennent les deux langues : au contraire, on a tenté de rassurer la population en affirmant que, à l'exception de plusieurs fonctionnaires fédéraux, personne n'est obligé de connaître les deux langues officielles. Malgré tout, les leaders d'opinion ont souvent fait l'éloge du bilinguisme, en montrant ses avantages et en le présentant comme une valeur fondamentale du Canada. La Loi sur les langues officielles a certainement eu un effet positif sur l'attitude des Canadiens face au bilinguisme, mais elle a eu beaucoup moins de succès à les convaincre d'apprendre, en plus de la langue officielle qui est leur langue maternelle, l'autre langue officielle. Les Canadiens qui sont séduits par l'idée d'être bilingues sont beaucoup plus nombreux que les Canadiens qui, dans les faits, sont bilingues. Dans l'avenir, il sera donc nécessaire d'investir d'une manière constructive dans l'apprentissage des deux langues, d'offrir des incitatifs pour favoriser l'apprentissage d'une deuxième

Life After Forty: Official Languages Policy in Canada / Après quarante ans, les politiques de langue officielle au Canada, ed. J. Jedwab and R. Landry. Montreal and Kingston: Queen's Policy Studies Series, McGill-Queen's University Press.

langue officielle et d'envoyer un message clair à la population sur la nécessité de cet apprentissage pour augmenter le taux de bilinguisme parmi les Canadiens. S'il y a peu de progrès dans les années à venir, il ne sera plus possible d'entretenir l'illusion collective d'un pays bilingue : nous devrons arrêter de faire semblant d'être ce que nous ne sommes pas.

Following the recommendations of the Royal Commission on Bilingualism and Biculturalism (RCBB), it was assumed that reconciliation of the country's English and French peoples required that more Canadians know both official languages. The report of the RCBB noted, "A bilingual country is not one where all the inhabitants necessarily have to speak two languages; rather it is a country where the principal public and private institutions must provide services in two languages to citizens, the vast majority of whom may very well be unilingual" (Canada. RCBB 1967, xxviii). When in 1969 the Government of Canada introduced the *Official Languages Act,* it was unclear what the future held for the ability of the population to function in both English and French.

In the absence of precise national objectives for future levels of bilingualism, there was much speculation as to the intention of supporters of the act. Many francophones felt that a national policy of bilingualism implied that the country's minority French-speaking population would be compelled to learn the majority English language. On the other hand, some English Canadians understood the act to mean that the French language would be forced on them. That criticism is still heard to this day despite only modest progress over the four decades in the share of bilingualism among English Canadians. In effect, if the intention of the architects of the act was to generate substantial knowledge of the French language among English Canadians, they certainly have not attained their goal.

Regardless of the national share of bilingualism, public opinion surveys continually reveal that a majority of Canadians believe that their country is bilingual. Underlying that view is the knowledge that "where required," the federal government offers services to the population in both English and French. According to the guide *Welcome to Canada: What you should know,* we are an officially bilingual country under the *Official Languages Act.* It adds, "This means that Canadians have the right to receive federal government services in English and French. At the provincial, territorial and municipal levels, the availability of services in both official languages varies." New Brunswick is referred to as the only province that is officially bilingual (Canada. CIC 2010, 13).

If the share of bilingualism in Canada remained above 17 percent in 2006, it was largely owing to the 40 percent of Quebecers reporting knowledge of both languages. Paradoxically, the government of Quebec declares that French is the province's sole official language.

If bilingualism is measured by the percentage of Canadians who know both English and French, it is fair to contend that the idea of a bilingual Canada remains elusive. This chapter will examine the relationship among the degree of knowledge of English and French in the country, national objectives for bilingualism, and public attitudes toward knowledge of English and French. By way of analysis of public opinion surveys and data from the census, an assessment will be provided of the prospects for expanding the level of bilingualism in the country.

BILINGUALISM BY THE NUMBERS

In his 1992 book, *Canada's Official Languages: The Progress of Bilingualism*, Richard Joy observed a noticeable upward trend in the country in rates of bilingualism (between 1961 and 1986) but regarded the overall percentage as "still very low" (1992, 12), except in Quebec and, to a lesser extent, in New Brunswick.

Undoubtedly, Canada has made some progress over the last four decades in the number and share of persons able to speak both official languages. In 1961, some 12.2 percent of the population reported an ability to carry on a conversation in English and French; this rose to 16.2 percent in 1986 and to 17.4 percent in 2006. Federal public servants, in particular those employed in the National Capital Region (NCR) and in Montreal, possess higher than average rates of bilingualism, as do francophones in Quebec and the rest of Canada, anglophones in Quebec, and to a lesser extent anglophones in New Brunswick. But the hope for substantial progress in the degree of bilingualism throughout Canada has not materialized: in Ontario, for example, the total bilingual population declined from 11.7 percent in 1986 to 11.3 percent twenty years later.

According to the 2001 census, while more than 43 percent of francophones said they were bilingual, some 9 percent of anglophones – and only 7.1 percent of anglophones outside Quebec – could make a similar claim. Knowledge of the French language increased between 2001 and 2006 among the anglophone population (from 9.0 percent to 9.4 percent) and the allophone population (from 11.8 percent to 12.1 percent); English-French bilingualism grew or remained unchanged among anglophones in every province and territory during that time. In 2006, nearly seven out of ten anglophones (68.9 percent) in Quebec reported knowing both English and French, compared to 66.1 percent in 2001. Also in 2006, 7.4 percent of anglophones outside Quebec said they could carry on a conversation in both official languages, an increase from the 7.1 percent reported in 2001.

Table 1 below presents bilingualism rates and their distribution across Canada in 1996, 2001, and 2006. Only the provinces of Quebec, New

Brunswick, and Prince Edward Island count more than one in eight Canadians who can speak both languages. At best, the figures suggest that part of the country is bilingual. That part has been described by Richard Joy as a "bilingual belt" (1967, 21) or the "region of contact" (1992, 5) between the Quebec heartland, in which French is the overwhelmingly predominant language, and the rest of Canada, in which English is the overwhelmingly predominant language. More specifically, he defined the area as "… bounded on the West by a line drawn from Sault Ste. Marie through Ottawa to Cornwall and on the East by a line from Edmonston to Moncton.… [O]ver 90% of all Canadians who claimed to have a knowledge of the French language were found within the Soo-Moncton limits" (1967, 24). Joy points out that beyond this area, not one person in twenty could speak French, and not one in forty would use it in the home (1992, 5).

Data from the 2006 census suggest that the geographic distribution of the country's bilingual population has evolved little over the past few decades. An estimated 63 percent of bilingual Canadians live in the bilingual belt, a region that represents 24 percent of the overall Canadian population.

TABLE 1

Rates of English-French Bilingualism and Distribution of the Bilingual Population in 1996, 2001, and 2006 (Canada, Provinces, and Territories)

	English-French Bilingualism, Canada, Provinces, and Territories, 1996, 2001, and 2006			Distribution of Bilingual (English-French) Population, Canada, Provinces, and Territories, 1996, 2001, and 2006		
	% of Population 1996	% of Population 2001	% of Population 2006	% of Population 1996	% of Population 2001	% of Population 2006
Canada	17.0	17.7	17.4	100.0	100.0	100.0
NL	3.9	4.1	4.7	0.4 (excluding Labrador)	0.4	0.4
PEI	11.0	12.0	12.7	0.3	0.3	0.3
NS	9.3	10.1	10.5	1.7	1.7	1.7
NB	32.6	34.2	33.4	4.9	4.7	4.4
QC	37.8	40.8	40.6	55.0	55.6	55.4
ON	11.6	11.7	11.3	25.5	25.2	25.3
MB	9.4	9.3	9.1	2.1	2.0	1.9
SK	5.2	5.1	5.0	1.0	0.9	0.9
AB	6.7	6.9	6.8	3.7	3.9	4.1
BC	6.7	7.0	7.3	5.1	5.1	5.4

Source: Statistics Canada (1996, 2001, 2006).

Table 2 further tracks the change in the numbers of English-French bilinguals that occurred over the 2001-to-2006 period. There was a 4.1 percent increase in the number of English-French bilinguals over that time, while the increase in the country's total population was 5.4 percent. In short, the overall population of the country grew more quickly than its bilingual population. This, however, was not the case for British Columbia and its capital or for the NCR. (Ottawa's bilingual population grew faster than its overall population.)

TABLE 2
Knowledge of English and French, Canada, Selected Provinces, and Cities, 2001 and 2006

	2006	2001	Increase in Bilingual Population	Increase in Bilingual Population 2001–2006 (%)	Increase in Overall Population 2001–2006 (%)
Canada	5,448,850	5,231,575	217,275	4.1	5.4
Quebec	3,017,860	2,907,700	110,160	3.8	4.3
Rest of Canada	2,430,990	2,323,875	107,115	4.6	4.4
New Brunswick	240,085	245,865	−5,780	−2.3	0.1
Ontario	1,377,325	1,319,715	57,610	4.4	6.6
Manitoba	103,520	102,840	680	0.7	2.6
Alberta	222,885	202,905	19,980	10.0	10.6
British Columbia	295,645	269,365	26,280	9.7	5.3
Montreal	1,861,925	1,801,005	60,920	3.3	5.3
Quebec City	232,535	221,260	11,275	5.0	4.2
Ottawa-Gatineau	496,025	467,030	28,995	6.3	5.9
Ottawa	320,175	299,735	20,440	6.8	4.9
Gatineau	175,855	167,295	8,560	5.0	6.8
Toronto	418,505	393,415	25,090	6.4	9.2
Vancouver	162,790	147,775	15,015	10.0	6.5

Source: Statistics Canada (2001, 2006).

BILINGUAL AWARENESS

Are Canadians aware of the level of bilingualism in their country? Some 56 percent of us estimate that about one in ten English Canadians possesses knowledge of French, while 25 percent believe it is one in four. As for Quebec francophones, 50 percent of respondents estimate at one in three or more the share that possesses knowledge of English. The other half underestimates Quebec francophones' knowledge of English, with 27 percent putting it at one in four and 23 percent at one in ten. Despite a relatively realistic assessment of levels of bilingualism, some 60 percent of the population thinks that "bilingualism is a success that Canadians can take pride in" (Leger Marketing 2009).

Does official bilingualism mean that all Canadians must speak English and French? Approximately two in three do not agree that this is the meaning of official bilingualism. Still, 60 percent believe that someone must be bilingual to work for the federal public service. (The reality is that 60 percent of all federal public service jobs require knowledge of only one official language.) Table 3 shows that since 1978, there has been growth in the number of public service jobs that require bilingualism.

TABLE 3
Language Requirements of Positions in the Core Public Administration

Year	Bilingual		English Essential		French Essential		English or French Essential		Incomplete Records		Total
	Number	%	Number	%	Number	%	Number	%	Number	%	
1978	52,300	24.7	128,196	60.5	17,260	8.1	14,129	6.7	0	0.0	211,885
2000	50,535	35.3	75,552	52.8	8,355	5.8	7,132	5.0	1,478	1.0	143,052
2008	75,889	40.5	95,688	51.0	7,365	3.9	8,168	4.4	470	0.3	187,580
2009	79,688	40.4	100,191	50.8	7,770	3.9	8,928	4.5	549	0.3	197,126

Source: Treasury Board Secretariat (2010).

About 77 percent think that all federal services must be offered in both official languages across the entire country. (The reality is that the government of Canada offers bilingual services only where there is significant demand or where the nature or location of the office requires such services.)[1]

If Canadians do not appear dissatisfied with the current level of bilingualism, the action of federal policy-makers suggests that they regard the percentage of bilinguals as insufficient. In 2003, the federal government issued an Action Plan for Official Languages, emphasizing that bilingualism was increasingly important for young Canadians. In it, the government proposed to "double the proportion of secondary school graduates with a functional knowledge of their second official language" (Canada. PCO 2003, 27). (In 2001, the proportion of bilingual francophones and anglophones in the 15-to-19 age group was around 24 percent, and the objective was to raise this proportion to 50 percent by 2013.) Describing this objective as "quite realistic," the document proposed to offer assistance to the provinces and territories to achieve it (ibid.). This chapter contends that, however well intentioned, the action plan aimed too high in the level of bilingualism it hoped to attain.

The authors of the action plan provided a number of facts to bolster their case. While half of anglophone Quebecers between fifteen and twenty-four had mastered French in 1971, more than eight out of ten had done so by 2001. The proportion of francophone Quebecers of the same age with a command of English had risen from 30 percent to 38 percent between 1981 and 1991. In fifteen years, between 1981 and 1996, the proportion of anglophones outside Quebec able to express themselves effectively in French had risen from 8 percent to 15 percent (Canada. PCO 2003, 27–28).

Based on the knowledge acquired from these experiences, it was deemed feasible that in a decade, one young Canadian out of two would master both official languages (ibid., 28).

This chapter argues further that such goals may not have taken into sufficient consideration the degree of the unevenness in the state of bilingualism across the regions of the country. It is the asymmetrical nature of bilingualism in Canada that makes such objectives difficult to attain. Moreover, national targets for bilingualism risk masking the large regional gaps in language knowledge outside Quebec, where bilingual environments are much less common and thus opportunities to use the other official language much less frequent.

BILINGUALISM IN PRINCIPLE AND PRACTICE

The government of Canada is concerned about the possible impact of the stagnation in the share of young Canadians that knows a second language. However, the authors of the action plan take comfort in public opinion surveys that suggest strong interest among Canadians in the acquisition of the two official languages. For example, the document describes the results of a 2001 Environics poll, which found that "... 86% of all Canadians (and 82% of Anglophones) think it is important for their children to learn a second language. Moreover, 75% believe this second language should be French. By comparison, 90% of Francophones who want their children to be bilingual favour English as their second language" (Canada. PCO 2003, 23).

There is a considerable gap between public support for the principle of bilingualism and the extent to which the population knows both English and French. According to a 2006 Decima Research poll, conducted for the Department of Canadian Heritage, "... 72 percent of Canadians are in favour of bilingualism in Canada, an increase of 16 percent since 2003. This figure represents significant progress, especially among Anglophones, where the level of support for language equality sits at 65 percent. Support is even stronger among young people aged 18–34, with 80 percent in favour of bilingualism" (Canadian Heritage 2008). (Table 4 provides a regional breakdown.) A 2006 CROP/Radio-Canada poll supports the Decima findings, noting that roughly 80 percent of Canadians say they support bilingualism in Canada.

The Decima poll found that "... 70 percent of Canadians felt that bilingualism was a defining feature of the country" (Canadian Heritage 2008). Still, as Parkin and Turcotte (2004) point out, the number of those who say it is important to learn French is much higher than the actual rate of bilingualism among young anglophones. The authors conclude that support for bilingualism as a policy is not being translated into commitment to the practice of bilingualism at the level of individual citizens.

TABLE 4
Regional Summary of Public Opinion on Bilingualism, Percentages

	Quebec	Maritimes	Ontario	Manitoba/ Saskatchewan	Alberta	British Columbia
In favour of bilingualism across Canada	91	77	66	66	58	68
In favour of bilingualism in their province	85	79	66	63	53	59
Agree that it is important for children to learn a language other than English (French in Quebec)	98	90	84	78	–	88

Source: Canadian Heritage (2008).

There is a much lower cost attached to expressing a desire to learn a second language than to actually acquiring one. (Although when an important majority of individuals indicate such interest, the state can justify significant investment on behalf of the taxpayer to support bilingualism.) As suggested earlier, the better measure of whether a nation is bilingual is less a function of the degree of interest in learning a second language than the extent to which its population is able to communicate in two languages. Very often, it is assumed that where there is a will to learn another language, a way can be found to make it happen. This chapter will observe that finding the way is no simple task.

The challenge for any pluralistic society that values dual- or multiple-language knowledge is to translate the motivation to learn into the acquisition of a second language. Undoubtedly, the two are related, but the strength of one's motivation to acquire a second language is influenced by a variety of circumstances and factors. Put another way, the commitment to second-language acquisition may be deemed "soft" when an individual identifies obstacles to learning a second language.

Perhaps the main question arising from all this is, if the interest is indeed as high as the opinion polls suggest, why has the degree of bilingualism slipped among the population? It is a question that is not sufficiently addressed. Historically, meaningful increases in bilingualism in Canada have generally occurred where individuals have felt pressured to acquire the other official language. Canadians may believe that knowledge of English and French will improve their mobility, but this differs from believing that there is a penalty associated with failing to acquire the other language. It can be argued that this reflects the difference between encouraging people to learn a second language and requiring them to do so.

PRINCIPAL GAPS IN BILINGUALISM

Underlying the regional differences in knowledge of English and French is the concentration of francophones in a given part of the country. Despite limited English-language instruction in Quebec's French-language schools, the province's francophone youth between the ages of ten and nineteen possess considerably higher rates of knowledge of English than anglophones outside Quebec possess of French. This is in large part because exposure to the second language outside the classroom is far greater among francophones in Quebec than it is for anglophones in the rest of Canada. (See Table 5.)

TABLE 5
Percentage Reporting Knowledge of English and French among Francophones in Quebec and Anglophones outside Quebec, 2006

	Francophones in Quebec	Anglophones outside Quebec
Total – Age groups	35.8	7.4
Under 5 years	4.5	1.2
5 to 9 years	7.7	7.2
10 to 14 years	17.8	11.9
15 to 19 years	40.7	13.0
20 to 24 years	50.9	12.1

Source: Statistics Canada (2006).

The data point to an important challenge for the promotion of bilingualism from the classroom to the workplace. If Canadians' eventual place of work does not offer any meaningful opportunity to use their second language, in what ways might they retain the language they learned in school? It is a question that merits greater attention from language planners. As observed in Table 6, among anglophones and allophones (notably those outside Quebec), the rate of bilingualism decreases by the age of twenty-five. For francophones, such declines are more evident at the age of sixty-five.

In the upper age cohorts, the lower percentage of bilingualism is certainly a result of having considerably less exposure to the French language in the era preceding the expanded opportunities for learning French as a second language in school. In the case of non-francophone Canadians between the ages of fifteen and fifty-four, the data suggest that lack of exposure to the French language beyond the school years is responsible for declines in second-language knowledge. However, definitive conclusions in this regard would require additional research.

TABLE 6
Percentage Reported of Mother Tongue and Knowledge of English and French by Age Cohort, Canada, 2006

	Total Population	English	French	Allophone
Total – Age groups	18.8	9.5	47.3	12.3
15 to 24 years	22.8	14.8	50.5	17.7
25 to 54 years	19.6	9.5	50.3	13.4
25 to 34 years	23.0	11.2	55.7	15.7
35 to 44 years	19.1	9.0	51.5	13.7
45 to 54 years	17.4	7.3	45.3	11.7
55 to 64 years	17.3	7.2	44.0	10.1
65 to 74 years	14.5	5.4	40.0	7.3
75 years and over	12.1	4.2	37.0	6.2

Source: Statistics Canada (2006).

It is worth noting that age and level of education indicate the principal gaps in levels of interest in language learning in Europe, where the younger population (83 percent) is almost two and a half times more likely than the oldest (34 percent) to express interest in studying a foreign language. A similar gap emerges when contrasting the most educated people in Europe (77 percent) with persons who have the least formal education (32 percent). In sum, "multilingual Europeans" are younger, well educated, either students or employed in positions that presumably require the use of a foreign language, and, when surveyed, tend to say they are motivated to learn another language. (See Figure 1.)

FIGURE 1
Interest in Language Learning in Europe

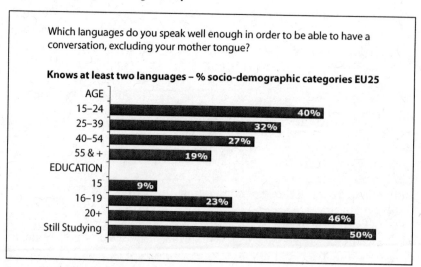

Source: Eurobarometer 243 (2006, 11).

One's level of education is also a factor in rates of knowledge of English and French. As observed in Table 7, when looking at the age group fifteen to twenty-four, the gap in language knowledge is more pronounced among francophones as those without a high school degree report considerably less knowledge of the two languages than those with a high school degree, who in turn are less bilingual than those with the equivalent of a college degree or higher. While level of education also plays a role in reported knowledge of English and French among anglophones, the difference is particularly apparent between those individuals with a university degree and those without. Among allophones, the level of education has little impact in reported knowledge of English and French.

TABLE 7
Percentage Reporting Knowledge of English and French among Persons Aged Fifteen to Twenty-Four Years by Mother Tongue (English, French, or Other), Canada, 2006

	Total	English	French	Other
Total – Highest certificate, diploma, or degree	23.0	15.0	50.5	17.6
No certificate, diploma, or degree	18.5	13.0	37.3	16.6
High school certificate or equivalent	22.5	15.0	57.7	16.0
Apprenticeship or trades certificate or diploma	25.0	10.7	40.0	21.0
College, CEGEP, or other non-university certificate or diploma	33.0	16.0	64.0	26.8
University certificate or diploma below the bachelor level	27.5	19.0	69.5	16.0
University certificate, diploma, or degree	34.0	27.4	75.1	19.8

Source: Statistics Canada (2006).

Among Canadians aged twenty-five to fifty-four, the pattern of knowledge of English and French across language groups on the basis of their level of education is roughly similar to the entire population. Francophones with a university degree report considerably higher rates of knowledge of English and French than those with the equivalent of a high school certificate. As anglophones and francophones attain higher levels of education, their knowledge of both official languages shows a widening gap: a majority of university-educated francophones reported being bilingual in 2006, compared to 20 percent of their anglophone counterparts. (See Table 8.)

TABLE 8

Percentage Reporting Knowledge of English and French among Persons Aged Twenty-Five to Fifty-Four Years by Mother Tongue (English, French, or Other), Canada, 2006

	Total	English	French	Other
Total – Highest certificate, diploma, or degree	19.6	9.5	50.0	13.4
No certificate, diploma, or degree	10.3	3.7	27.2	5.8
High school certificate or equivalent	15.2	6.6	48.3	9.7
Apprenticeship or trades certificate or diploma	19.0	5.9	38.1	15.8
College, CEGEP, or other non-university certificate or diploma	19.4	7.5	57.0	14.5
University certificate or diploma below the bachelor level	23.0	11.2	61.7	13.7
University certificate, diploma, or degree	29.3	20.0	72.5	18.0

Source: Statistics Canada (2006).

THE QUESTION OF BILINGUALISM: ATTITUDES TOWARD NATIONAL BILINGUALISM AND LANGUAGE LEARNING

When determining the level of interest in bilingualism, it is important to look at the manner in which questions about language learning are put to the population. In an analysis of various opinion polls on the issue, Parkin and Turcotte (2004) observe that support for bilingualism varies considerably according to the precise wording of the question. As a general rule, we can learn more about views on language issues when the question is clear. For example, a large percentage of Canadians support the right of francophones outside Quebec to have their children educated in the French language and the right of citizens to receive federal government services in the official language of their choice. More vaguely worded notions, such as the idea of "bilingualism for all of Canada," attract much lower levels of support.

As described earlier, when it comes to some aspects of bilingualism in Canada, there is a noticeable "softness" in public support, thus permitting varying interpretations of the results. As observed in Table 9 below, Canadians are split into four groups across a spectrum of agreement and disagreement when estimating the relative importance of speaking both English and French. There is also a fair degree of softness on the issue of whether Canadians are required to learn a second language

(16 percent strongly agree) and whether they should be required to do so (22 percent strongly agree). And a majority of Canadians disagree that bilingualism keeps the country united (a proposition to which less than one in five Canadians strongly adheres). While many Canadians would like to improve their language skills, most seem content with their actual command of the language they need.

TABLE 9
Percentage Reporting Level of Agreement on Various Questions Pertaining to Knowledge of English and French, February 2008

	Strongly Agree	Somewhat Agree	Somewhat Disagree	Strongly Disagree
It is important to speak both English and French	24	24	24	25
I would like to either learn a new language or improve my command of an existing one	38	37	10	10
I already know or have sufficient command of the language(s) I need	37	35	18	6
I cannot take the time to learn or improve my command of another language	11	30	34	19
In Canada, we are required to learn a second official language	16	22	22	35
We should be required to learn a second official language	22	23	23	30
Bilingualism keeps the country united	17	24	28	25

Source: Leger Marketing (2008).

Views on language issues differ among Canadians based on mother tongue, age, and regional differences, as discussed below.

Mother Tongue

Overall, some 47 percent of Canadians agree (both strongly and somewhat) that it is important to speak both English and French. But when it comes to the extent to which Canadians believe bilingualism is important, there is a considerable difference on the basis on one's language background. In effect, francophones (81 percent) are far more inclined to say that it is important to speak both English and French than do non-francophones (38 percent). Around three-quarters of Canadians would like to either learn a new language or improve their command of an existing one. Francophones were most likely to agree that they would like to either learn a new language or improve their command of an existing one (84 percent), followed by allophones (77 percent), and then anglophones (70 percent).

Some 87 percent of francophones agree that they already know or have sufficient command of the language(s) they need, compared to 65 percent of anglophone respondents. This is also the case for 74 percent of allophone respondents.

Approximately 41 percent of Canadians believe that they cannot take the time to learn or improve their command of another language. As shown in Table 10, anglophone respondents were the most likely to agree that they cannot take the time to learn or improve their command of another language (45 percent), followed by allophone respondents (43 percent). Francophone respondents were most likely to demonstrate openness to learning or improving their command of another language (84 percent).

TABLE 10
Percentage Reporting Level of Agreement by Mother Tongue (English, French, or Other) on Various Questions Pertaining to Knowledge of English and French, February 2008

	Total	French	English	Other
It is important to speak both English and French	47	81	38	37
I would like to either learn a new language or improve my command of an existing one	75	84	70	77
I already know or have sufficient command of the language(s) I need	41	87	65	74
I cannot take the time to learn or improve my command of another language	72	29	45	43
In Canada, we are required to learn a second official language	38	51	30	48
We should be required to learn a second official language	45	76	34	42
Bilingualism keeps the country united	40	63	31	43

Source: Leger Marketing (2008).

Age

On the basis of age, the younger cohort of Canadians expresses greater openness to learning English and French. Moreover, the relative age gap narrows when it comes to the level of satisfaction with the existing degree of language knowledge. (See Table 11.)

TABLE 11
Percentage Reporting Level of Agreement by Age Cohort on Various Questions Pertaining to Knowledge of English and French, February 2008

	Ages 18 to 24	Ages 25 to 34	Ages 35 to 44	Ages 45 to 54	Ages 55 to 64	Age 65 and Over
It is important to speak both English and French	60	49	48	45	47	40
I would like to either learn a new language or improve my command of an existing one	94	78	73	67	75	69
I already know or have sufficient command of the language(s) I need	73	64	66	73	71	82
I cannot take the time to learn or improve my command of another language	47	37	45	49	30	35

Source: Leger Marketing (2008).

However, when examining the data on the basis of language, it is clear that francophones are considerably more open than anglophones outside Quebec to the acquisition of the other official language. For example, 76 percent of francophones versus 45 percent of anglophones between the ages of eighteen and twenty-four agree that it is important to speak both English and French. In the upper age cohorts, the gap widens further, with some 84 percent of francophones between the ages of thirty-five and thirty-nine agreeing with the importance of speaking both English and French versus 35 percent of anglophones in the same age group.

Regional Differences

Table 12 shows that respondents from Quebec were the most likely to agree that it is important to speak both English and French (82 percent), compared to British Columbians, who were the least likely to agree with the statement (19 percent). Quebecers were the most likely to agree that they would like to either learn a new language or improve their command of an existing one (84 percent), while respondents from the Prairies were the least likely to agree with the statement (61 percent). British Columbians were the most likely to say that they cannot take the time to learn or improve their command of another language (56 percent), while Quebecers were the least likely to agree with the statement (28 percent).

TABLE 12

Percentage Reporting Level of Agreement by Province/Region on Various Questions Pertaining to Knowledge of English and French, February 2008

	Maritimes	Quebec	Ontario	Manitoba/ Saskatchewan	Alberta	British Columbia
It is important to speak both English and French	54	82	41	32	32	19
I would like to either learn a new language or improve my command of an existing one	65	84	71	61	79	77
I already know or have sufficient command of the language(s) I need	76	86	67	66	69	61
I cannot take the time to learn or improve my command of another language	46	28	42	43	40	56

Source: Leger Marketing (2008).

Of those Canadians who think it is important to speak both English and French, some 78 percent believe they can take the time to improve their command of another language. Not surprisingly, among those who do not think that knowledge of the two languages is important, about 40 percent say they cannot take the time to improve their command of another language. Those who strongly agree that they would like to either learn a new language or improve their command of an existing one are more likely to agree that they can afford the time to improve their command of another language.

BILINGUALISM IN THE PUBLIC DOMAIN: OFFICIAL LANGUAGES AT WORK

Beyond using the level of knowledge of English and French as a basis for assessing societal bilingualism, the actual use of the languages in the public domain may also serve as such a benchmark. It is to be expected that there will be an important gap between knowledge of a second language and its use, and this is often a function of the opportunity for contact in the language. Such contact can take the form of either personal interaction or exposure to the language through its cultural expression (i.e., the arts and media). The workplace provides an opportunity to evaluate the extent to which two languages are employed in the public domain.

As observed in Table 13, in 2006, some 3.6 percent of anglophones used the French language either often at work or on a regular basis. By contrast in that same year, 34.9 percent of francophones used the English language most often at work or regularly.

TABLE 13
Number and Percentage of Persons of English Mother Tongue Using the French Language at Work Most Often and Regularly and Persons of French Mother Tongue Using English at Work Most Often and Regularly, Canada, 2006

	Total	French/English at Work	Percentage
English Mother Tongue	10,717,070	392,520	3.6
French Mother Tongue	3,992,820	1,397,785	34.9

Source: Statistics Canada (2006).

But there are important variations in the extent to which the second language is employed in the workplace depending on where in Canada the group resides. As indicated in Table 14, outside Quebec – including in the "bilingual province" of New Brunswick – the share of anglophones who speak the French language most often at work or use it regularly stands at less than 2 percent. It is only in the province of Quebec that we find 23.4 percent of anglophones using the French language in their workplace and 36.1 percent of them using it on a regular basis. Outside Montreal, some 44 percent of anglophones use the French language most often, compared to 16 percent of Montreal anglophones who do so.

The pattern of language use at work on the part of francophones contrasts significantly with that of the anglophone population, as shown in Table 15. Outside Quebec, some 80 percent of francophones report working in English, with just over 60 percent doing so most of the time and nearly 20 percent doing so regularly. In Moncton, nearly 50 percent work in English most of the time, with nearly 30 percent doing so regularly. In Quebec, about 5 percent of francophones work in English most of the time at work, with another 23.5 percent doing so regularly. In the city of Gatineau, francophones are more likely to report working in English (22.5 percent most often and 37.2 percent regularly) than do anglophones in the French language, with 13.1 percent doing so most often and 35 percent regularly).

TABLE 14

Number and Percentage of Persons of English Mother Tongue Using French at Work Most Often and Regularly, Canada, Selected Provinces, and Cities, 2006

	Total	French Used Most Often at Work		French Used Regularly at Work	
		Number	%	Number	%
Canada	10,717,070	98,080	0.9	294,420	2.7
Quebec	321,950	75,185	23.4	115,895	36.1
Rest of Canada	10,495,120	23,895	0.2	178,625	1.7
Montreal	238,775	38,760	16.2	93,380	39.2
Rest of Quebec	83,175	36,425	43.8	22,515	27.1
New Brunswick	267,285	4,360	1.6	18,115	6.7
Moncton	46,200	735	1.6	5,800	12.6
Ottawa-Gatineau	339,140	5,555	1.6	58,400	17.2
Gatineau	21,950	2,880	13.1	7,660	35.0
Ottawa	317,190	2,675	0.8	50,740	16.0

Source: Statistics Canada (2006).

TABLE 15

Number and Percentage of Persons of French Mother Tongue Using English at Work Most Often and Regularly, Canada, Selected Provinces, and Cities, 2006

	Total	English Used Most Often at Work		English Used Regularly at Work	
		Number	%	Number	%
Canada	3,992,820	487,015	12.1	910,770	22.8
Quebec	3,415,895	140,785	4.9	799,965	23.5
Rest of Canada	576,925	346,230	60.7	110,805	19.2
Montreal	1,385,975	81,445	5.9	462,275	33.4
Rest of Quebec	2,029,920	59,340	2.9	337,690	16.6
New Brunswick	137,580	34,455	25.0	46,045	33.6
Moncton	28,200	13,510	47.8	8,190	29.0
Ottawa-Gatineau	220,030	80,035	22.4	69,605	31.6
Gatineau	133,220	29,870	22.5	49,695	37.2
Ottawa	86,805	50,165	58.3	19,910	23.1

Source: Statistics Canada (2006).

CAPITAL LANGUAGE: DIFFERENCES IN LANGUAGE KNOWLEDGE BETWEEN OTTAWA AND GATINEAU

As noted previously, most Canadians wrongly believe that all federal public servants must be bilingual. One would think that if any part of the country was the object of particular attention in the federal government's promotion of knowledge of the two official languages, it would be the NCR. Of course, provincial jurisdiction, notably in the area of education, might hinder the promotion of English-French bilingualism. Among other challenges, this would affect the Ontario side of the NCR, whereas the Quebec side would presumably be influenced by the provincial authority's promotion of French as the sole official language. Yet the NCR offers an excellent illustration of the asymmetrical character of bilingualism in the country.

In 2001, some 44.3 percent of the population of the NCR reported an ability to speak both the English and French languages versus 44.4 percent in 2006. (In 1991, it was 42.8 percent and in 1996, 44.0 percent.) In effect, over that five-year period, there was virtually no change in the level of bilingualism and this despite a fairly strong push on the part of the federal government to increase knowledge of English and French. In the NCR, some 29.1 percent of anglophones reported knowledge of English and French in 2001, and 30.5 percent in 2006, versus 75.3 percent and 73.3 percent of the share of NCR francophones in 2001 and 2006, respectively. Among allophones, there was a slight increase in the percentage of English-French bilinguals between 2001 and 2006, from 25.4 percent to 26.6 percent.

Overall, 28.5 percent of the anglophone population of Ottawa reports an ability to speak the French language, compared to 60 percent of their linguistic counterparts in Gatineau. Some 63 percent of Gatineau's francophones report an ability to speak the English language, compared to 89 percent of Ottawa's francophone population. As for allophones, some 52.2 percent of the Gatineau population are bilingual (in fact, they are trilingual), compared to 23.4 percent of those residing in Ottawa.

On the basis of age cohort, Table 16 observes that Gatineau's anglophones acquire knowledge of the French language at a younger age and to a much greater extent than do their linguistic counterparts in Ottawa. By the age of fifteen, some three-quarters report knowledge of English and French, compared to 40 percent of Ottawa's anglophone population. In Gatineau, there is a ten-point drop in the degree of bilingualism among anglophones between the early and late twenties. Ottawa anglophones experience a near ten-point drop in their thirties.

In the case of Ottawa francophones, the acquisition of the English language occurs in the early years of school, while francophones in Gatineau enjoy a substantial increase in their level of bilingualism in their late teens and beyond, coinciding with their entry into the workplace. (See Table 17.)

TABLE 16

Percentage Reporting Knowledge of Both Official Languages by English Mother Tongue, Populations in the Ottawa and Gatineau Regions, 2006

	Ottawa	Gatineau
Total – Age groups	28.5	60.6
Under 5 years	6.3	32.2
5 to 9 years	26.2	55.3
10 to 14 years	38.2	63.0
15 to 19 years	38.9	75.9
20 to 24 years	38.1	77.7
25 to 29 years	38.8	66.4
30 to 34 years	36.5	68.0
35 to 39 years	33.6	66.1
40 to 44 years	27.3	68.0
45 to 49 years	25.4	59.3
50 to 54 years	26.8	57.4
55 to 59 years	26.7	59.2
60 to 64 years	21.7	52.1
65 to 69 years	17.8	44.2
70 to 74 years	15.3	47.6
75 years and over	11.5	34.8

Source: Statistics Canada (2006).

TABLE 17

Percentage Reporting Knowledge of Both Official Languages by French Mother Tongue, Populations in the Ottawa and Gatineau Regions, 2006

	Ottawa	Gatineau
Total – Age groups	89.5	63.2
Under 5 years	44.0	11.8
5 to 9 years	70.8	14.9
10 to 14 years	88.5	29.4
15 to 19 years	92.1	60.3
20 to 24 years	94.0	76.2
25 to 29 years	94.4	76.9
30 to 34 years	93.7	79.8
35 to 39 years	94.6	77.1
40 to 44 years	95.7	76.9
45 to 49 years	94.0	74.8
50 to 54 years	94.3	75.4
55 to 59 years	93.5	73.1
60 to 64 years	92.2	71.2
65 to 69 years	90.6	69.6
70 to 74 years	88.3	68.0
75 years and over	82.6	60.1

Source: Statistics Canada (2006).

As for the allophones, the Gatineau population develops an advantage over those in Ottawa at the earliest age, and by the late teens, it is considerably ahead: 75 percent report knowledge of English and French, compared to one in three in Ottawa. (See Table 18.) Much of the difference can be explained by the requirement on the part of immigrant children in Quebec to attend French-language schools.

TABLE 18
Percentage Reporting Knowledge of Both Official Languages by Those Whose Mother Tongue Is Neither French nor English, Ottawa and Gatineau Regions, 2006

	Ottawa	Gatineau
Total – Age groups	23.4	52.2
Under 5 years	8.2	20.1
5 to 9 years	28.2	45.1
10 to 14 years	38.3	51.1
15 to 19 years	34.5	74.9
20 to 24 years	29.3	76.3
25 to 29 years	28.5	67.4
30 to 34 years	25.9	57.1
35 to 39 years	22.8	58.0
40 to 44 years	22.5	58.3
45 to 49 years	22.8	56.5
50 to 54 years	24.3	50.8
55 to 59 years	23.2	41.6
60 to 64 years	19.5	39.7
65 to 69 years	15.8	28.9
70 to 74 years	11.4	19.8
75 years and over	12.7	20.3

Source: Statistics Canada (2006).

Paradoxically, when in future the public service of Canada seeks candidates for employment who possess knowledge of the two official languages, the better place to look is Quebec. This is most certainly apparent when it comes to the NCR, where Quebec non-francophones are considerably more bilingual than their Ontario non-francophone counterparts.

BILINGUALISM: CANADA VERSUS THE WORLD

As mentioned previously, Canadians describe their country as bilingual when such a question is put to them. When it comes to support for the principle of bilingualism, Canadians are not very different from much of the rest of the world in attributing value to second-language knowledge. For example, many Americans, and especially many young Americans, express an interest in learning Spanish. In Canada, 62 percent of non-francophones living outside Quebec, aged eighteen to thirty-four, say it is important for their children to learn French; in comparison, the number of non-Hispanic Americans aged eighteen to thirty-four who say it is important for their children to learn Spanish is not far behind (55 percent) and in some regions is much higher (e.g., in the western states, it is 70 percent). A survey of the twenty-seven countries of the European

Union (EU) found that 60 percent of their populations would either like to learn a new language or improve their command of an existing one.

For its part, the EU describes itself as a truly multilingual institution that fosters the ideal of a single community with a diversity of cultures and languages. It has a long-term objective that all EU citizens be capable of speaking two languages in addition to their mother tongue. In November 2005, the European Commission identified the three core aims of its policy of multilingualism as encouraging language learning, promoting a healthy multilingual economy, and providing all EU citizens with access to legislation, procedures, and information on the EU in their own language.

A Eurobarometer survey conducted in November–December 2005 revealed that a majority (56 percent) of Europeans were able to hold a conversation in a language other than their mother tongue. In nine out of twenty-nine European countries covered in the survey, over half of the respondents reported an ability to hold a conversation in at least one language other than their mother tongue. Of course, the global expansion of English and its penetration in Europe is an important factor in reported levels of bilingualism on the continent. Moreover, it is important to exercise caution when drawing conclusions about levels of bilingualism on the basis of responses to national surveys. Still, some 28 percent of respondents stated that they had mastered two languages along with their native language (Eurobarometer 243 2006, 8).

It is worth noting that the authors of the federal government's 2003 Action Plan for Official Languages acknowledged that in terms of how much of its population was bilingual, Canada was not faring especially well. They observed that "... Canada has fewer bilingual people than does Britain, which ranks lowest among the European countries for second-language skills" (Canada. PCO 2003, 23).

CONCLUSION

Is Canada a bilingual country? The majority of Canadians appear to think so. However, they do not seem to be making this conclusion on the basis of the percentage of Canadians who know both official languages. Rather, they are likely thinking in terms of the offer of official-language services by federal government departments. Can a country truly be considered bilingual when less than one in five people speaks its two official languages (less than one in ten among the English-Canadian population)? Discourse around official languages implicitly recognizes the gap between the collective perception of being bilingual and the degree to which both languages are known by the population. While there is no national or international benchmark against which a country might measure how bilingual it is, Canada appears well behind many

European countries and not very far ahead of the United States, which does not consider itself a bilingual country.

If forty years of the *Official Languages Act* have not meaningfully enhanced the population's actual knowledge of English and French, it is in part because opinion leaders have been very cautious not to exert cinordinate pressure on the population to acquire both languages. Indeed, there have been many attempts to reassure the population that aside from the need for bilingualism among many federal public servants, we are by no means required to know both official languages. Government officials have repeatedly reiterated this to thwart critics of federal language policies.

However, this has not prevented opinion leaders from praising bilingualism, pointing to its benefits, and describing it as a fundamental Canadian value. Indeed, the *Official Languages Act* may have had a positive effect on attitudes toward bilingualism but less of an impact on motivating people to acquire the second language. In effect, far more Canadians like the idea of being bilingual than are actually learning the other official language. That gap between interest in learning and knowing a second official language is narrower among younger non-francophone Canadians, francophones in Canada, and anglophones in Quebec (though given their relatively high rates of bilingualism, the gap barely exists among the minority-language communities). The strongest claim that can be made for our collective knowledge of the two official languages is that a part of the country is bilingual.

The importance attributed to such knowledge in the broader society is crucial to the success of any action plan that seeks to increase the level of bilingualism. Underlying the plan's ambitious goal is the hope that the education system can singularly bring bilingualism up to that level. However, as this chapter has shown, we cannot rely on this alone. The challenge, therefore, is to ensure that there are strong incentives, beyond school, for acquiring second-language knowledge. Since the level of second-language knowledge drops considerably among non-francophones in places of work outside Quebec, it would appear that some incentive is needed there so as to partially retain French in those cases where it was previously acquired in the school system. In other words, Canadians should be encouraged by their employers to either preserve or learn the second language and, where warranted, be recognized for their efforts.

Reconciling the investment in learning the two languages, providing incentives for second-language learning, and delivering a public message that endorses such language acquisition are all necessary if we hope to augment the rate of English-French bilingualism. If we do not do this, the coming decades will likely generate more of the same lacklustre progress toward building a country that is bilingual in fact and not just in law. If indeed there is little progress in the years ahead, we will be unable to cling to the widely held illusion of national bilingualism and, in that eventuality, perhaps we would all be better off no longer pretending to be something that we are not.

NOTE

1.   See, for example, the web page "Common Myths about Official Languages" on the web site of the Office of the Commissioner of Official Languages at http://www.ocol-clo.gc.ca/html/myths_mythes_2008_e.php.

REFERENCES

Canada. Department of Canadian Heritage. 2008. *Report on Government of Canada Consultations on Linguistic Duality and Official Languages.* At http://www.pch. gc.ca/pc-ch/conslttn/lo-ol_2008/lord/index-eng.cfm#jmp-lan1. Last modified 8 December 2008.

—. Department of Citizenship and Immigration (CIC). 2010. *Welcome to Canada! What you should know.* At http://www.cic.gc.ca/english/resources/publications/ welcome/index.asp. Last modified 12 July 2010.

—. Privy Council Office (PCO). 2003. *The Next Act: New Momentum for Canada's Linguistic Duality – The Action Plan for Official Languages.* At http://epe.lac-bac. gc.ca/100/205/301/pco-bcp/website/06-07-27/www.pco-bcp.gc.ca/olo/default. asp@language=e&page=action.htm. Last modified 12 March 2003.

—. Royal Commission on Bilingualism and Biculturalism (RCBB). 1967. *Report of the Royal Commission on Bilingualism and Biculturalism* Vol. I. Ottawa: Queen's Printer.

—. Treasury Board Secretariat. 2010. At http://www.tbs-sct.gc.ca/reports-rapports/ol-lo/08-09/arol-ralo/arol-ralo07-eng.asp. Last modified 21 July 2010.

CROP/Radio-Canada. 2006. Survey on bilingualism.

Decima Research. 2006. Survey on official languages for the Department of Canadian Heritage.

Eurobarometer 243. 2006. "Europeans and their Languages." Special study on multiculturalism requested by the Directorate General for Education and Culture of the European Commission. At http://ec.europa.eu/public_opinion/ archives/eb_special_260_240_en.htm. Last modified 16 December 2010.

Joy, R. 1967. *Languages in Conflict.* Ottawa: Self-published. Available from McGill-Queen's University Press.

—. 1992. *Canada's Official Languages: The Progress of Bilingualism.* Toronto: University of Toronto Press.

Leger Marketing. 2008. Survey conducted for the Association for Canadian Studies. Week of 6 February 2008.

—. 2009. Survey conducted for the Association for Canadian Studies. Week of 17 August 2009.

Parkin, A., and A. Turcotte. 2004. "Bilingualism: Part of Our Past or Part of Our Future?" *The CRIC Papers* No. 13. Montreal: Centre for Research and Information on Canada.

Statistics Canada. 1996, 2001, 2006. Census of Canada.

BELONGING TO TWO WORLDS AT ONCE

DIANE GÉRIN-LAJOIE, *OISE, University of Toronto*

La notion d'identité se trouve au cœur même du discours sur le développement et la vitalité des minorités francophones et anglophones au Canada. On constate que le discours officiel relie souvent rapport à l'identité et appartenance des individus à un groupe. De plus, c'est souvent dans le contexte des langues que le discours sur le rapport à l'identité s'articule. À cet effet, on remarque, depuis déjà quelques années, que la référence à la notion d'identité bilingue est de plus en plus présente tant dans le discours officiel que dans le discours populaire. Il faudrait considérer l'identité bilingue comme un nouvel « état identitaire » pour les francophones de l'extérieur du Québec et les anglophones du Québec qui se réclament d'une telle appartenance et qui vivent dans deux mondes sur les plans à la fois intellectuel, émotif, culturel et linguistique. Cette référence à l'identité bilingue est très présente dans le discours d'un groupe en particulier, celui des jeunes. Deux études ont examiné de près le rapport à l'identité chez des groupes de jeunes qui fréquentent des écoles de la minorité linguistique, en Ontario et dans la région de Montréal. On peut en conclure que la notion d'identité bilingue est présente chez les deux groupes, mais aussi qu'elle représente plus que le simple bilinguisme : c'est aussi une question de culture et de sens d'appartenance à un groupe. Il ne fait aucun doute que le développement des minorités de langue officielle au Canada nécessite plus que le seul enseignement du français et de l'anglais, bien que ce droit demeure fondamental. Il faut aller plus loin et trouver des façons de créer des milieux de vie où il devient possible de vivre dans la langue et dans la culture minoritaires, tout en tenant compte des diverses réalités.

Life After Forty: Official Languages Policy in Canada / Après quarante ans, les politiques de langue officielle au Canada, ed. J. Jedwab and R. Landry. Montreal and Kingston: Queen's Policy Studies Series, McGill-Queen's University Press.

INTRODUCTION

In making French and English Canada's two official languages in 1969, the federal government was recognizing the existence of a linguistic duality within Canadian provinces and territories. Section 2 of the *Official Languages Act* specifies that its purpose is to:

(*a*) ensure respect for English and French as the official languages of Canada and ensure equality of status and equal rights and privileges as to their use in all federal institutions, in particular with respect to their use in parliamentary proceedings, in legislative and other instruments, in the administration of justice, in communicating with or providing services to the public and in carrying out the work of federal institutions;

(*b*) support the development of English and French linguistic minority communities and generally advance the equality of status and use of the English and French languages within Canadian society; and

(*c*) set out the powers, duties and functions of federal institutions with respect to the official languages of Canada. (Canada 1988)

In this chapter, I will be discussing the act not in the context of second languages, but rather in the context of minority languages and the promotion of official language communities in Canada. I will focus mainly on paragraph 2(*b*). I will also discuss a notion that is increasingly present in the official discourse: that of the *rapport to* identity.[1] The notion of identity is indeed at the heart of the discourse on the development of minority communities in Canada. In addition, the official discourse often links the *rapport to* identity to the group membership of an individual. Finally, it is often in the context of languages that the conversation around identity evolves. To this end, we note that for some years now, the reference to the concept of bilingual identity circulates more and more in both the official and the popular discourse. However, this concept remains obscure, if we judge by the various interpretations made of it. It is bilingual identity and, more specifically, the complexity of the very notion that will be discussed in this chapter.

I will first review Part VII of the *Official Languages Act*, which aims to promote French and English among official language minority communities, before continuing my reflection on the social construct represented by bilingual identity.

PART VII OF THE *OFFICIAL LANGUAGES ACT*

It is impossible to speak of francophone and anglophone minorities in Canada without addressing the question of identity. The *Official Languages Act* not only permits the recognition of French and English as official languages, but it also contributes to the preservation of official language communities. Why address the issue of bilingual identity when talking about the *Official Languages Act*? Before talking more specifically about the theme of bilingual identity, it is necessary to examine the legislation dealing with the francophone and anglophone minorities in Canada. It is important to understand the spirit of some of the sections of the legislation mentioned in Part VII in order to better situate the subsequent discussion. The first sections – or parts thereof (41 to 43) – read as follows:

41. (1) The Government of Canada is committed to

(*a*) enhancing the vitality of the English and French linguistic minority communities in Canada and supporting and assisting their development; and

(*b*) fostering the full recognition and use of both English and French in Canadian society.

...

42. The Minister of Canadian Heritage, in consultation with other ministers of the Crown, shall encourage and promote a coordinated approach to the implementation by federal institutions of the commitments set out in section 41.

43. (1) The Minister of Canadian Heritage shall take such measures as that Minister considers appropriate to advance the equality of status and use of English and French in Canadian society and, without restricting the generality of the foregoing, may take measures to

(*a*) enhance the vitality of the English and French linguistic minority communities in Canada and support and assist their development;

(*b*) encourage and support the learning of English and French in Canada;

(*c*) foster an acceptance and appreciation of both English and French by members of the public;

(*d*) encourage and assist provincial governments to support the development of English and French linguistic minority communities generally and, in particular, to offer provincial and municipal services in both English and French and to provide opportunities for members of English or French linguistic minority communities to be educated in their own language;

(*e*) encourage and assist provincial governments to provide opportunities for everyone in Canada to learn both English and French;

(*f*) encourage and cooperate with the business community, labour organizations, voluntary organizations and other organizations or institutions to provide services in both English and French and to foster the recognition and use of those languages;

(g) encourage and assist organizations and institutions to project the bilingual character of Canada in their activities in Canada or elsewhere; and

(h) with the approval of the Governor in Council, enter into agreements or arrangements that recognize and advance the bilingual character of Canada with the governments of foreign states. (Canada 1988)

We should note that the French version of the document directly references the existence of a bilingual identity in Canada, which reinforces the existence of such a notion in the collective imagination (*imaginaire collectif*): "... reconnaissant et renforçant l'identité bilingue du Canada." However, the English version of paragraph 43(1)(*h*) specifies "the bilingual character of Canada," which does not have the same meaning. This in itself is quite an interesting finding.

THE NOTION OF BILINGUAL IDENTITY IN THE OFFICIAL DISCOURSE

First, before talking more specifically about bilingual identity, let me explain the notion of *discourse*. Discourse must be understood as going well beyond language practices. The reality in which we live is indeed shaped by the discourses conveyed in society; these discourses influence our interactions and the way we think. The meaning we give to our actions comes through the social practices in which we take part, practices that are themselves heavily influenced by the historical and political contexts in which they operate. As expressed by Niesz, "while discourses are shared often within and across communities, they are also linked to particular historical moments, and they represent interests that are political in nature. Moreover, discourses are not static across time, they are always in competition with contradictory discourses...." (2006, 337). Discourse is thus much more than just a communication tool; it represents ways of thinking determined by a so-called common sense, but sometimes called into question through counter-discourses.

Official documents are often the ideal vehicle for circulating ideas favouring a particular discourse, one that will be shared by the majority and that we can then call "official discourse," as is the case with the *Official Languages Act*. A particular section, section 43, refers specifically to the concept of *bilingual identity*. However, it gives no explanation of the meaning of this concept. Does the definition go beyond mere bilingualism, i.e., the ability to communicate in two languages – namely, here, French and English? What exactly do we mean by bilingual identity? Unfortunately, it is impossible to understand its true meaning in the context of the act. The fact remains that the reference to bilingual identity indicates that this concept has become part of the public space.

But it is not only in the text of the *Official Languages Act* that we see references to bilingual identity. We also find it in the annual report of the commissioner of official languages, published in 2009. This document states, "As for young Anglophones and Francophones from official language communities, they increasingly declare that they have a 'bilingual' or 'bicultural' identity"; these phenomena show that linguistic behaviours are complex and that it is thus difficult to define the "Anglophone" or "Francophone" identity (Canada. OCOL 2009, 60).

But even if these texts refer directly to the concept of bilingual identity, they tend, in general, to limit this concept to the language skills of individuals and to discuss it in terms of bilingualism. This, in my opinion, is the wrong way to talk about bilingual identity. Indeed, bilingual identity does not only consist of individuals' ability to speak two languages. It also does not mean that we must associate bilingual identity with the phenomenon of assimilation of linguistic minorities into the dominant language group (Bernard 1998; Castonguay 2002, 1999; Wagner 1990). Bilingual identity means much more.

IDENTITY, THE RESULT OF A SOCIAL CONSTRUCTION

If we are to examine the concept of bilingual identity in all its complexity, we must move away from these deterministic, even reductionist approaches to understanding it. It seems preferable to consider bilingual identity as a new "identity state," where francophones outside Quebec and anglophones in Quebec who claim such membership live in two worlds at once – intellectually, emotionally, culturally, and linguistically. Thus, identity must be understood as the result of a process of social construction: a social construct that is dynamic, changing, constantly in flux, so to speak. This way of conceiving identity departs from an essentialist view in which identity is seen as something permanent, acquired at birth, and that cannot change over time (Hall 2006; Gérin-Lajoie 2001, 2003, 2005). This more dynamic perspective on the notion of identity focuses on how individuals establish their *rapport to* identity: how they position themselves as members of a minority, whether it is linguistic, racial, ethnic, etc.

Assuming that identity is in perpetual motion, we can assume that the *rapport to* identity developed by individuals in society will be greatly influenced by the power relations in which they operate. This new state of identity, that of bilingual identity, would thus reflect a way to position oneself in relation to a group and would constitute, in fact, a stable phenomenon (Grosjean 1982; Lamarre et al. 2002; Gérin-Lajoie 2003). In this context, bilingual identity means, for those who claim it, that they constantly cross linguistic and cultural borders; they go back and forth between two social realities. We must recognize that identity is complex and accept that this concept has various meanings as individuals understand it. For example, bilingual identity may result in some cases in a strong sense of belonging to the francophonie (Gérin-Lajoie 2003); this goes against the claim of the minority's inevitable assimilation into the majority-language group.

This reference to bilingual identity is very present in the discourse of a particular group: that of young people. This discourse undoubtedly deserves our attention, and the reason is simple: these youth are the citizens of tomorrow, and as such, they represent the future of official language communities. In two studies conducted in recent years, I examined how the youth of official language communities in Canada viewed themselves in terms of their identity, paying special attention to the concept of bilingual identity. As the positioning of identity depends on the social practices in which young people evolve, it was important to understand these practices in order to paint as accurate a portrait as possible of the experiences lived by youth belonging to the two official language minorities.

A FEW WORDS ON THE TWO STUDIES

The Studies' Theoretical Framework

Young people from official language minorities in Canada – francophones outside Quebec and anglophones in Quebec – develop a *rapport to* language and culture that lead them to live on the border of the two languages – and in the case of racial and ethnic minorities, sometimes even three languages. In this context, what *rapport to* identity do they develop? How do these young people perceive themselves? As francophone, anglophone, bilingual, trilingual? Of which group do these minority youth ultimately identify themselves as being part?

The objective of both studies was to closely examine the *rapport to* identity in groups of youth attending minority-language schools in Ontario and in the Montreal area. For young people, the social relations they maintain are centred around family, school, and friends – three milieux that are less and less homogeneous in terms of language and culture and where we seem to find an increasing number of youth who claim bilingual identity. It is thus within these three social spheres, serving as powerful agents for the reproduction of minority language and culture, that the issue of *rapport to* identity was studied.

The analytical framework used here was inspired by writings about ethnic relations understood as the result of a social construction, where membership in a particular group is interpreted as being closely linked to social interactions experienced by individuals in society (Breton 1968, 1983; Barth 1969; Juteau 1999; Gérin-Lajoie 2003, 2007; Ladson-Billings and Gillborn 2004; Henry and Tator 1999). As Juteau explained, "We are not born ethnic, we become ethnic" (1999, 87), meaning that the fact of belonging to one group rather than another at birth does not mean that we necessarily share its history or its values throughout our life. In other words, being born into an English-speaking family in Quebec, for example, does not mean one is automatically an anglophone; one can be, provided that he or she (a) is exposed to the English language and culture and (b) makes the choice to live as an anglophone. In minority communities, this choice can sometimes be difficult to make given the pervasiveness of the majority language and culture.

Few empirical studies have been done in Canada on the concept of bilingual identity as a social construct. Existing studies have mainly examined young people living in francophone-minority communities (Mougeon et al. 1984; Heller 1999; Boissonneault 1996; Gérin-Lajoie 2003; Dallaire 2003; Pilote 2006; Deveau and Landry 2007), although the case of young English-speaking Montrealers attending CEGEP has also been analyzed (Lamarre et al. 2002).

In two studies on the process of identity construction in students attending French schools in the Toronto area, Heller (1987, 1999) came to the conclusion that a bilingual culture did exist among the groups of students and that they positioned themselves on the border of the two languages, thereby enabling them to participate in both worlds at once. The first of my two studies, conducted with other young francophones, completed in the early 2000s and used here for discussion, confirmed in many ways Heller's findings on language borders easily crossed (Gérin-Lajoie 2003). It found that the students shifted from one language to another or from one culture to another without effort, sometimes without even realizing it.

The Studies' Methodological Framework

The main part of the data collection for the two studies discussed here used a qualitative ethnographic approach. The subject matter lent itself to a qualitative rather than quantitative analysis because the *rapport to* identity can be fully examined only as part of an analysis that gives voice to its participants, as in the case of an ethnography. The three research techniques used were semi-structured interviews, observation, and document analysis. Nevertheless, at the start of each study, we did use quantitative analysis in the form of a short survey on the linguistic practices of the young people, and this provided factual information about the language in which their activities were taking place. The survey results were used primarily to select a small group of participants for the ethnographic component of the studies.

The Social and School Context of the Two Ethnographic Studies. The youth who participated in both studies lived in Ontario and Quebec as members of the official minority language communities of those provinces. If I try to briefly describe the social context in which these young people live, I can say that nearly one million francophones live outside Quebec, including over 500,000 in Ontario, where they represent nearly 5 percent of its total population. There are nearly 600,000 anglophones in Quebec, representing 13 percent of the total population of that province. Ontario has twelve French-language school boards, while Quebec has nine English school boards.

The Sample. In Ontario, the youth in the first study were in grades 10 and 11 (at the start of the study) and attended two French-language high schools in Toronto and Ottawa. In Quebec, participants were enrolled in Secondary 3 at two English-language secondary schools, the first located on the Island of Montreal and the second on the south shore of Montreal.

The Research Techniques. The survey on the linguistic habits of young people was carried out early on in the study for the primary purpose of gathering information on the linguistic practices of students so that participants could then be selected for the ethnographic component (ten students for each study). A total of 565 questionnaires were sent to the four participating schools, and the survey was conducted by teachers in class. Completed questionnaires were then analyzed, allowing the second part of the research to be implemented: the ethnographic study.

The qualitative component, the ethnographic study, constituted the most important part of the studies. For three years, for each study, this component of the research monitored twenty selected youth (ten per study and five per school). Observations were made primarily at school. In Ontario, we conducted a total of 110 days of observation, mainly in the classroom, as well as 115 semi-structured interviews (individual and group), held with selected students, members of their families, their friends, and teachers. Finally, we analyzed documents relevant to the selected schools and to French-language education in Ontario. In the Montreal area, the same data collection techniques were used for a total of 105 in-class observations as well as 113 individual and group interviews with students, their families, their friends, and their teachers. As with the Ontario study, we also analyzed relevant official documents.

PRESENTATION AND DISCUSSION OF THE RESULTS

Among the results obtained, two deserve our attention. First, we find the notion of bilingual identity among both groups of young people in Ontario and the Montreal area, a finding that will be presented here in all its complexity. Second, our research suggests that the promotion of official languages cannot occur without taking into account the environment within which these communities evolve.

Bilingual Identity, a Complex Notion

The survey results, as well as those derived from the ethnographic component of the research, clearly indicate that young people in both communities say they have a bilingual and, in several cases, even tri-lingual identity.

TABLE 1
Perception of Youth with Regard to Their Identity – Montreal Area and Ontario

	Montreal Area			Ontario Area		
	School A	School B	Combined (%)	East	Centre	Combined (%)
Identity of the majority group in the province of residence	0	0	0.0	0	2	1.3
Identity of the minority group in the province of residence	0	1	0.9	10	4	9.0
Bilingual identity	24	23	44.3	63	43	67.9
Trilingual identity	6	52	54.7	10	19	18.6
Other	0	0	0.0	4	1	3.2

Source: Gérin-Lajoie et al. (2009).

It can be seen from the table that very few participants claim to have only one identity, whether in favour of the minority group (9.9 percent overall) or in favour of the majority group (1.3 percent overall). It is the category of bilingual identity that attracts more young people, with an average of 56.1 percent when combining the entire sample (Montreal and Ontario areas). We find, however, that a fairly high percentage of youth reported a trilingual identity in the Montreal area – 54.7 percent, to be exact; a strong proportion of these students were in one particular school and were of Italian origin.

What do these findings mean in concrete terms? This is what I tried to find out by going ahead with the ethnographic component of the two studies. According to the collected interviews, youth who say they have a bilingual identity can simultaneously have a sense of belonging to the minority-language community of their province, and this is very strong in some cases. The following interview extracts illustrate this point:

For me, it is completely different from everyone else. This [the French language] is part of my culture, I want to keep it. It really insults me when people insult my language because they not only insult my language, they're insulting me as well. The St-Jean Baptiste, things like that, it is part of my life. I go see French theatre, I will try to incorporate French in my life. For sure, with my friends, I am a minority, so English takes the front stage. (Annie, Toronto area; translated from French)

For me [to speak French] is important because it's my mother tongue.... There is too much influence of the English language right now. Everyone is losing their French. I don't speak the best French, but I want at least to keep my mother tongue. I have a right to get my education in that language. (Sherley, Ottawa area; translated from French)

Some other young people admitted that they do not prioritize one language over another in their social interactions, as this participant explains:

I learned both languages [French and English] at the same time. So I can't really say that I have a first one and a second one because the reality is that both are my first and second languages at the same time. If I want to make my parents happy, I should say that French is my first language. But in reality, I learned both languages at the same time, so I can't really see a difference. (Patricia, Toronto area; translated from French)

This comment clearly indicates that young people living in minority francophone communities are aware of the expectations associated with their group membership.

School is also there to remind them of that fact. This institution has a specific mandate to maintain the French language and culture and looks more specifically at the construction of a francophone identity for students. The school therefore becomes a place where we try to preserve language and culture among minority students, who do not always share the linguistic and cultural reality of the school. The educational institution is in many cases the only place where students live in French, since very often English is the language spoken beyond the school walls, whether in the private sphere with family or friends, or in the public sphere, given the low level of services provided in French in Ontario. I will return to this point in the next section.

In the Montreal area, the *rapport to* language as described by the participating youth differs greatly from that of the young francophones in Ontario. Here they do not appear to see English as a minority language, as the following participant expresses:

Of course, you understand a language [French] which is spoken in a few countries. It won't help you elsewhere. English is almost a universal language, it is the language that will open doors for you.... If you want to go to the United States, French will not help you; you need to know English. (Derek, Montreal area)

A participant with an anglophone father and francophone mother goes on to say that attending English school has affected her ability to speak the majority language, French:

> I am losing my French because I am in an English-language school. I have trouble speaking French with the people around me. (Daphne, Montreal area)

Classroom observations, as well as interviews with the youth, their families, groups of friends, and teachers, led to the conclusion that the majority language does not seem to have the same impact on minority communities in the two provinces surveyed. For example, for the francophone participants in Ontario, the influence of the anglophone majority is omnipresent. In the public sphere, everything usually takes place in English. In many cases, French resources are virtually non-existent. Francophones, even the most confident among them, are thus limited in their ability to live in French. The testimony of a young participant in the Toronto area illustrates my point:

> I hear it everywhere [English] on the streets, and then it's like, you step into the school and you're supposed to start speaking French right away; it makes things complicated. Sometimes, you're all mixed up; you say a few words in French, "Franglais," as we say. It's difficult for me as a Francophone.... (Annie, Toronto area; translated from French)

If we compare the results of the surveys administered in the two regions (as shown in Table 2), youth from both schools in the Montreal area, where the second study took place, said they had access to resources in English more often than Ontario's francophone youth said they had access to resources in French. There are indeed important differences, especially in the materials available at home to each group.

We can presume that the existing differences, which are relatively significant, may be the result of reduced access to public services offered in French in Ontario. Even if one is convinced of the importance of using French resources, it is impossible to use them if they are non-existent or no longer exist or if they are not easily accessible. I am thinking, among other things, of the recent closure of Toronto's only French bookstore; this is a good example of the lack of French services in this part of Ontario.

Under these circumstances, how can we develop among young minority francophones a sense of belonging to this linguistic group? What should be done to reach these young people if the infrastructure allowing people to live in French is so limited? And how can we promote awareness about issues relating to the francophone minority when school is often the only public place where people can live in French? The question we must ask is: Is it enough to promote the learning and use of minority languages in official language communities in Canada – specifically the French who live outside Quebec and English-speakers in Quebec who live outside the Montreal area – without developing a better institutional infrastructure, greater access to resources, and improved public services in the minority language? How exactly can we support the development of official language minorities?

TABLE 2
Resources at Home (Minority Language) – Montreal and Ontario Areas

	Montreal Area			Ontario Area		
	School A	School B	Combined (%)	East	Centre	Combined (%)
Books						
Yes	30	76	100.0	80	63	91.1
No	0	0	0.0	6	4	6.4
Don't know	0	0	0.0	2	2	2.5
Magazines						
Yes	27	70	92.4	49	43	59.0
No	1	5	5.7	35	23	37.2
Don't know	1	1	1.9	4	2	3.8
Newspapers						
Yes	21	64	81.0	39	28	42.9
No	8	10	17.1	43	36	50.6
Don't know	0	2	1.9	6	4	6.4
Dictionaries						
Yes	29	74	98.1	84	67	97.4
No	0	2	1.9	1	1	1.3
Don't know	0	0	0.0	2	0	1.3
Encyclopedias						
Yes	21	70	85.8	55	42	62.2
No	5	3	7.5	28	25	34.0
Don't know	4	3	6.6	5	1	3.8
CDs						
Yes	30	76	100.0	47	49	61.5
No	0	0	0.0	35	17	33.3
Don't know	0	0	0.0	6	2	5.1
DVDs						
Yes	29	75	99.0	30	26	35.7
No	0	1	1.0	55	38	59.2
Don't know	0	0	0.0	3	5	5.1
Electronic games						
Yes	25	72	91.5	8	3	7.0
No	4	3	6.6	73	60	84.7
Don't know	1	1	1.9	7	6	8.3
Software						
Yes	30	75	99.1	35	33	43.9
No	0	1	0.9	43	28	45.8
Don't know	0	0	0.0	9	7	10.3

Source: Gérin-Lajoie et al. (2009).

A BETTER INSTITUTIONAL INFRASTRUCTURE

If one compares the situation of francophones outside Quebec with that of anglophones in Quebec, we can say that both linguistic minorities often live in difficult situations. However, when examining the situation of anglophones in the Montreal area, where my ethnographic study took place, we realize that they have easier access to services in their own language, compared to francophones across the country. As mentioned previously, I acknowledge that this is not always the case for English-speakers who live outside Montreal.

Despite this important clarification, I think it is nevertheless crucial to examine the positions of the two participating groups studied in terms of the institutions dedicated to the minority-language community in their respective provinces. I will mention only a few examples. In the case of French-language institutions in Ontario (beyond elementary and secondary schools), there are two French-language community colleges, six bilingual universities, and one francophone hospital (the planned closure of which a few years ago caused such a revolt that francophones have since managed to keep it open). Quebec (albeit mostly in the Montreal area) has five CEGEP (one of them with campuses across the province), three universities (one in the regions), and four hospitals (though they have become somewhat francicized over time, patients can still receive care in English). We can add that in Quebec, in general, access to English media (newspapers, television, and radio) is not a problem.

Anglophones, especially those in the Montreal area, can easily find what they need in English; this is rarely the case for francophones in Ontario. We can therefore conclude that anglophones who live mostly in the Montreal area enjoy an institutional infrastructure that allows them to live more in English in the public sphere. This is not the case for francophones living outside Quebec.

The Social Context in Which Official Language Minorities Live

These research findings suggest that the realities of official language minorities in Canada are not necessarily the same in each province or even within the same province. As mentioned earlier, Ontario's francophones have few institutions of their own except, of course, school. The educational institution has therefore taken on an increasingly important role in maintaining the francophone community, a responsibility that lies within the official mandate of French-language schools in Ontario. However, I found in the course of the Quebec study that maintaining the English language and culture was not an explicit part of the schools' formal mandate. The documents of the Ministère de l'Éducation, des Loisirs et des Sports du Québec do not specifically mention it. Schools do not seem to be defenders of the minority language and culture, as is the case for French schools in Ontario.

In addition, it was found during classroom observations and interviews conducted in both selected English-language schools that French was not perceived as a threat, as is the case with English in French schools in Ontario. As this school administrator from the Montreal region indicates:

> The anglophone community, generally, even if I know there are exceptions, does not feel a similar threat [as is the case for francophones outside Quebec]. Maybe this is due to the fact that we live in an international society, in a North American context in which English dominates. It is not the same fear, the same fear of losing something. And this can be seen at school when French is spoken: it is not the same fear – that is, to feel that your language and your culture are under threat. (School board administrator in the Montreal area)

The results of both studies suggest that differences exist in how the role of the school is perceived. There are also differences in how the *rapport to* identity, language, and culture are described in the discourse of young participants. Here, in my opinion, the issue of power relations must be considered. There are many ways to discuss power relations in society. However, because this space is not long enough for me to present a sophisticated analysis of this concept, I will limit myself to a particular way of addressing this issue – that is, through the notion of institutional completeness.

It will be recalled that the concept of *institutional completeness* was developed by Raymond Breton (1968). According to this sociologist, the more an ethnic group has control over its own institutions, the more it is able to create a strong community. Commenting on the concept of institutional completeness, Reitz explains that "the key insight is that the strength of a community is affected not only by the strength of the commitments of individual members, or by the resources they may have to contribute, but also by the range and diversity of the institutional sectors existing within the community" (2005, xii). In other words, the more an ethnic group has institutions of its own, the more it becomes possible for this group to live in its own language and culture.

The theory of institutional completeness suggests a specific way of examining the structural factors that influence the positioning of individuals in particular communities; it also explains the differences between the two linguistic minorities in our studies with regard to identity, language, and culture. A closer examination of the power structure and social practices that exist between the minority and majority in both provinces may shed light on the social realities in which the studies were conducted and on their influence on the way that people make sense of their *rapport to* the group.

Using Breton's argument, one can easily conclude that particularly in the Montreal area, the school is not the only institution on which anglophones rely to maintain their language and culture. As noted earlier, hospitals, churches, and English-language media are easily accessible. There is, therefore, a greater institutional completeness than in the case of francophones in Ontario. In that province, it often happens that the school remains the only francophone institution, apart from a Catholic Church weakened over time. There are few places in the public sphere where francophones are visible. In this particular context, the school becomes a tool for survival and is perceived as such in the official discourse of the community.

The process of "minoritization" that goes on in these social contexts is not identical. For this reason, the notion of minority language should be explored, taking into account the historical, political, and economic context in which the social practices of official language minorities have evolved and continue to evolve.

For example, the important role of English around the world makes it a powerful tool for those who use it. In this context, it is not surprising that for the young participants from the Montreal area, French does not represent a majority language, but rather a language that I would call "utilitarian" in the sense that it is one they sometimes have to use in the public sphere. English is not perceived as a minority language. This is not the case for French in Ontario, where English is omnipresent: French remains a minority language, and it is practised mostly in the private sphere – that is to say, in the family.

I would also add that the historical context in which a minority language evolved has a definite influence on people's daily practices. For example, the way in which the anglophone minority community in Quebec developed has ensured that it remains more visible than its francophone neighbour in Ontario. Although the situation has changed for anglophones in Quebec in recent decades, in comparison to francophones in Ontario they remain very much in the public sphere, largely because the institutional infrastructure is still relatively strong – at least in the Montreal area, where my study was conducted.

RESEARCH FINDINGS AND IMPLICATIONS

The two studies presented have tried to illustrate the complexity of the *rapport to* identity for official language minorities in Canada, whose social practices are embedded in specific power relations. A discourse focused on the notion of identity cannot be understood without taking into consideration the issues associated with it. I arrived at three specific findings.

A first observation that follows from the two studies is that bilingual identity means more than just bilingualism. It is not just the ability to communicate in one language or another, but rather an issue of culture and of a sense of group belonging. It is a complex notion that we must try to understand if we are to be able to measure the challenges faced by official language minorities. In the case of the young citizens of tomorrow, we must come to a better understanding of their *rapport to* identity if we want to fully comprehend what it means for them to belong to these groups. The worlds of research and government services have not yet sufficiently addressed the concept of identity and all that comes along with it, such as language and culture.

In addition, it is important to note that bilingual identity is not always attached to the anglophone-francophone dichotomy. For example, with increasing immigration from abroad to francophone minority communities in Canada, we must examine bilingual identity in the light of this new racial, linguistic, and cultural diversity in which relationships to the dominant language may be quite different. In this particular context, bilingual identity may refer to the language and culture of origin rather than the language and culture of the francophone minority in a province.

A second important finding relates to the discourse of youth with regard to minority language and culture. The results of both studies indicate that this discourse differs from one province to another:

1. In Ontario, importance is placed on speaking French because of its sentimental value. There is, in fact, a nostalgic discourse surrounding the French language and French culture. We talk about it in terms of folklore in many cases; it is the language of origin, the language of our ancestors, and we need to keep it alive. We also speak of French as a right that we must preserve. To do so, it becomes essential to use the minority language. These comments clearly come from among the youth whose parents have been involved in the defence of francophone rights in Ontario. Finally, we see the minority language as a plus. Indeed, speaking French can open more doors for young people in the labour market. We should note that this discourse is also part of the official discourse, where emphasis is placed on the utilitarian value of French.

2. In the Montreal area, English is not perceived as a minority language that we must safeguard. In the discourse of young people, the English language and culture are not at risk. The young participants, as well as all of the others who were interviewed during the study, showed in their discourse that they did not feel threatened by Quebec's majority culture and language. Rather, it is the English language and culture that seem to be regarded as dominant, even among youth from mixed marriages, in which one parent is anglophone and the other francophone. However, it is important to reiterate here that these remarks are put forward in regard to a part of Quebec where most of the province's anglophones are found. The discourse elsewhere in the province could be quite different. Therefore, caution is needed here,

and we should not generalize. Again, we would do well to consider this issue further through detailed studies.

These contrasting discourses show that young people's bilingual identity, which we can call a "new form of identity," according to the official discourse, must be considered in the context of power relations, in which the social practices of young people are embedded.

The third and last observation in the context of this chapter is that the visibility of the minority language and culture in the public sphere has an important impact on how the *rapport to* identity is conceived by social actors. Because of Quebec's different socio-historical context, the anglophone minority, at least in the Montreal area, seems to rely on a greater number of institutions that help to maintain and develop its various English-speaking communities and cultures.

Regarding the francophonie in Ontario and the rest of Canada, the situation is different. In a context where the French-language school is sometimes the only institution that can reproduce the minority language and culture, and when there are few resources to increase public access to the French minority language and culture, it is difficult for francophones to find their place in the public sphere. This results in the school, often the only francophone institution in the community, becoming a kind of institution of "salvation" whose purpose is to ensure the survival of the minority language and culture. Should we not instead consider the school as an important partner to other institutions, both private and public, as is the case in the Montreal area for English schools, rather than the sole institution on which we depend to ensure the minority culture's visibility in the public sphere?

At this point, we must return to the *Official Languages Act*, in particular to sections 2 and 41, which stress the importance of developing francophone and anglophone minorities in Canada. Both of my studies clearly demonstrate (see the second finding above, for example) the complexity of Canadian linguistic minorities' *rapport to* language and the balance of power in which language practices are embedded. There is no doubt that the development of official language minorities in Canada must go beyond the teaching of French and English, although this remains a fundamental right. We must go further and find ways to create spaces in which it is possible to live in the minority language and culture, taking into account diverse realities.

Government bodies, under the *Official Languages Act*, should undoubtedly play a greater role than they do now in the vitality of the anglophone and francophone minorities in Canada. This could be done through studies that seek to know more about the real needs of linguistic minorities or with concrete actions such as better access to resources and services tailored to the community. These needs cannot be the same for everyone. Indeed, differences exist not only between anglophone and francophone minorities, but even within the same communities, where individuals do not all share the same reality. Therefore, these differences should be recognized in the efforts made to support these groups.

This complexity is not yet fully recognized by the state. The establishment, by government agencies, of infrastructure better suited to the particular needs of different communities – for example, more services and resources for francophones living outside Quebec and anglophones living in Quebec – could generate greater support from the members of these communities, living in multiple realities, where the *rapport to* language remains a major social, economic, and political challenge, whichever way you look.

NOTE

1.   The notion of *rapport to* identity is borrowed from the French expression *rapport à*, which refers to the positioning of an individual in regard to identity, language, culture, race, and ethnicity. In the context of this chapter, the emphasis will be on identity, language, and culture.

REFERENCES

Barth, F. 1969. Introduction. In *Ethnic Groups and Boundaries*, ed. F. Barth. Boston: Little, Brown, 14–20.

Bernard, R. 1998. *Le Canada français : Entre mythe et utopie.* Ottawa: Éditions Le Nordir.

Boisonneault, J. 1996. "Bilingue/francophone, Franco-Ontarien/Canadien français : Choix des marques d'identification chez les étudiants francophones." *Revue du Nouvel-Ontario* 20:173–93.

Breton, R. 1968. "Institutional Completeness of Ethnic Communities and the Personal Relations of Immigrants." In *Canadian Society: Sociological Perspectives*, ed. B.R. Blishen. Toronto: Macmillan of Canada.

—. 1983. "The Production and Allocation of Symbolic Resources: An Analysis of the Linguistic and Ethnocultural Fields in Canada." *Canadian Review of Sociology* 21(2):123–44.

Canada. 1988. *Official Languages Act.* Statutes of Canada, c. 38. Consolidated. Current to 17 May 2011.

—. Office of the Commissioner of Official Languages (OCOL). 2009. *Annual Report 2008–2009: Two Official Languages, One Common Space – 40th Anniversary of the Official Languages Act.* Ottawa: Minister of Public Works and Government Services Canada.

Castonguay, C. 1999. "Évolution démographique des Franco-Ontariens entre 1971 et 1991." In *L'enjeu de la langue en Ontario français*, ed. N. Labrie and G. Forlot, 15–32. Sudbury: Les Éditions Prise de parole.

—. 2002. "Pensée magique et minorités francophones." *Recherches sociographiques* 43(2):369–80.

Dallaire, C. 2003. "Not Just Francophones: The Hybridity of Minority Francophone Youths in Canada." *International Journal of Canadian Studies* 28:163–99.

Deveau, K., and R. Landry. 2007. "Identité Bilingue: Produit d'un déterminisme social ou résultat d'une construction autodéterminée?" In *La jeunesse au Canada français : formation, mouvements et identité*, ed. M. Bock, 113–34. Ottawa: Les Presses de l'Université d'Ottawa.

Gérin-Lajoie, D. 2001. "Identité bilingue et jeunes en milieu francophone minoritaire : Un phénomène complexe." *Francophonies d'Amérique* 12:61–71.

——. 2003. *Parcours identitaires de jeunes francophones en milieu minoritaire.* Sudbury: Les Éditions Prise de parole.

——. 2005. "Bilingual Identity among Youth in Minority Settings: A Complex Notion." In *ISB4: Proceedings of the 4th International Symposium on Bilingualism*, ed. J. Cohen, K.T. McAlister, K. Rolstad, and J. MacSwan, 902–13. Somerville, MA: Cascadilla Press.

——. 2007. "Le rapport à l'identité dans les écoles situées en milieu francophone minoritaire." In *Recherche en éducation en milieu minoritaire de langue française*, ed. Y. Herry and C. Mougeot, 48–57. Ottawa: Presses de l'Université d'Ottawa.

Gérin-Lajoie, D., O. Falenchuck, C. Lenouvel, and K. Perris. 2009. *Youth in Two Anglophone High Schools in the Montreal Area: Survey on Language Practices.* Final Report. Toronto: Centre de recherche en éducation franco-ontarienne, OISE, University of Toronto.

Grosjean, F. 1982. *Life with Two Languages: An Introduction to Bilingualism.* Cambridge, MA: Harvard University Press.

Hall, S. 2006. "The Future of Identity." In *Identity and Belonging: Rethinking Race and Ethnicity in Canadian Society*, ed. S.P. Hier and B. Singh Bolaria, 249–69. Toronto: Canadian Scholars' Press.

Heller, M. 1987. "The Role of Language in the Formation of Ethnic Identity." In *Children's Ethnic Socialization: Identity, Attitudes and Interactions*, ed. J. Phinney and M. Rotherman. Boston: Sage Publications.

——. 1999. *Linguistic Minorities and Modernity: A Sociolinguistic Ethnography.* New York: Longman.

Henry, F., and C. Tator. 1999. "State Policy and Practices as Racialized Discourse: Multiculturalism, the Charter, and Employment Equity." In *Race and Ethnic Relations in Canada*, 2nd ed., ed. P.S. Li, 88–115. Toronto: Oxford University Press.

Juteau, D. 1999. *L'ethnicité et ses frontières.* Trajectoires sociales. Montréal: Les Presses de l'Université de Montréal.

Ladson-Billings, G., and D. Gillborn, eds. 2004. *The RoutledgeFalmer Reader in Multicultural Education: Critical Perspectives on Race, Racism and Education.* London: Routledge.

Lamarre, P., J. Paquette, E. Kahn, and S. Ambrost. 2002. "Multilingual Montreal: Listening in on the Language Practices of Young Montrealers." *Canadian Ethnic Studies* 34(3):47–75.

Mougeon, R., et al. 1984. "Acquisition et enseignement du français en situation minoritaire : Le cas des Franco-Ontariens." *Revue canadienne des langues vivantes* 41(2):315–35.

Niesz, T. 2006. "Beneath the Surface: Teacher Subjectivities and the Appropriation of Critical Pedagogies." *Equity & Excellence in Education* 39:335–44.

Pilote, A. 2006. "Les chemins de la construction identitaire : Une typologie des profils d'élèves d'une école secondaire de la minorité francophone." *Éducation et francophonie* 34(1):39–53.

Reitz, J.G., ed. 2005. *Ethnic Relations in Canada: Institutional Dynamics; Raymond Breton*. McGill-Queen's Studies in Ethnic History 2.19. Montreal: McGill-Queen's University Press.

Wagner, S. 1990. *Analphabétisme de minorité et alphabétisation d'affirmation nationale à propos de l'Ontario français*. Toronto: Ontario Ministry of Education.

DROITS LINGUISTIQUES ET MILIEU UNIVERSITAIRE : IMPACTS DE LA RECHERCHE SUR LES ENJEUX JURIDIQUES ET DÉMOGRAPHIQUES DE LA FRANCOPHONIE MINORITAIRE ET CONTRIBUTION DU CRSH

CLAUDE COUTURE ET DONALD IPPERCIEL[1],
University of Alberta

In line with an international movement among countries in the Organisation for Economic Co-operation and Development, the Canadian government has undertaken, through its three granting councils, to promote the establishment of mechanisms for "measuring" the impact of state-funded research projects on Canadian society. How can we measure the impact of an idea on society? How can we measure its effects? In the case of certain public policies in Canada, including the question of the linguistic point of view of franco-phone minorities in particular, it is possible to measure such an impact if one accepts the premise that time is fundamental to understanding the influence of ideas coming from the political and social sciences on public policy.

We sought to measure which authors had the most influence on important legal cases in the past twenty years. We also sought to understand the impact of funding from the Social Sciences and Humanities Research Council on research into language rights and

Life After Forty: Official Languages Policy in Canada / *Après quarante ans, les politiques de langue officielle au Canada*,
J. Jedwab et R. Landry (dir.). Montréal et Kingston : Queen's Policy Studies Series, McGill-Queen's University Press.
© 2011 The School of Policy Studies, Queen's University à Kingston. Tous droits réservés.

francophone minorities. To assess the influence of academic research on language issues in Canadian society, we used a retrospective and regressive approach, moving up the chain of intellectual actors who have participated in social change worthy of mention. (We chose not to use a progressive and forward-looking approach, which explores the effects of specific research on society.)

This method allows us to conclude that there is a glaring lack of communication between the public service and the academy. The public service tends to do its own internal studies when establishing public policies, especially with regard to language rights, thus neglecting the expertise of academia. In addition, the "ordinary" research on language issues is grossly underfunded – this again in a paradoxical context of legal battles and significant federal spending for minorities.

INTRODUCTION

Suivant en cela un mouvement international parmi les pays de l'OCDE, le gouvernement canadien a entrepris, par l'entremise de ses trois conseils subventionnaires, de favoriser la mise sur pied de mécanismes permettant de « mesurer » l'impact sur la société canadienne des projets de recherche financés par l'État. Il s'agit fondamentalement, pour le gouvernement, d'une question de saine gestion[2]. Cette initiative s'est cependant rapidement heurtée à la difficulté, sur le plan méthodologique, de mesurer l'impact souvent impalpable de la recherche en sciences sociales. En sciences appliquées, on peut observer directement les résultats de la recherche par le nombre de brevets d'invention ; en médecine, par de nouveaux traitements; en économie, par des montants chiffrés, et ainsi de suite. Les résultats sont quantifiables, directement ou encore indirectement à partir des sommes générées par la commercialisation des biens ou des services issus de la recherche. Mais qu'en est-il de l'impact d'une idée sur la société ? Comment peut-on mesurer ses effets ? À l'évidence, le défi est de taille. Nous allons montrer dans ce texte que, dans le cas de certaines politiques publiques au Canada – notamment la question linguistique, et en particulier du point de vue des minorités francophones –, il est possible de mesurer un tel impact si l'on accepte le principe que le temps est un facteur fondamental pour saisir l'impact des idées sur les politiques publiques provenant du domaine de la science politique et des sciences sociales en général.

Pour ce faire, nous avons choisi un domaine de politiques publiques important au Canada, celui de la langue. Nous avons cherché à établir quels auteurs ont eu le plus d'influence dans les causes juridiques importantes des 20 dernières années dans ce domaine. Nous avons aussi cherché à comprendre l'impact du CRSH sur le financement de la recherche portant sur les droits linguistiques et les minorités francophones.

Le texte est donc divisé en trois grandes parties. Tout d'abord, nous esquissons les grandes lignes des différentes approches utilisées pour mesurer l'impact d'une contribution scientifique. Nous expliquons ensuite notre démarche et les résultats de notre enquête. Nous terminons par un examen de la répartition linguistique des subventions « ordinaires » du CRSH.

LA FASCINATION POUR LA MESURE

L'éducation supérieure et, en particulier, la recherche universitaire font de plus en plus l'objet d'un examen minutieux[3]. En fait, la « mesure » de l'impact de la production universitaire est devenue une discipline, comme le montrent *Scientometrics, Informetrics* ou le *Journal of the American Society of Information Science and Technology*. Cette discipline a évolué de façon à produire une meilleure mesure de l'impact des « humanités » et des sciences sociales, les parents pauvres d'un système souvent perçu comme étant d'abord conçu par et pour les sciences exactes. Ainsi, certains ont proposé des éléments de mesure fort ingénieux pour évaluer par exemple l'impact des livres – et pas seulement des articles – publiés[4] dans le domaine des « humanités » et des sciences sociales. D'autres ont proposé la mesure de l'impact des départements d'universités – et des études ont été faites sur les départements de science politique[5].

Soulignons qu'en fait les premiers index de citations furent élaborés par des juristes dès 1873 avec le *Shepard's Citations*[6]. En 1960, Eugene Garfield lança le fameux ISI (Institute for Scientific Information), et le SCI (Science Citation Index), le premier index de citations d'articles publiés dans les revues universitaires, fut plus tard suivi de l'AHCI (Arts and Humanities Citation Index)[7]. Le SCI et les autres index de l'ISI font maintenant partie de Thomson Reuters et sont accessibles en ligne sous le titre de *Web of Knowledge*. D'autres index sont aussi disponibles, comme le CiteseerX pour les sciences informatiques, le RePEc pour la science économique, Google Scholar pour tous les sujets, ainsi que *Microsoft Academic Search* et *Arnetminer*[8].

La corporation Thomson fut fondée en 1934 en Ontario[9] par Ray Thomson, éditeur du *Timmins Daily Press*. En 1957, Thomson fit l'acquisition du journal le *Scotsman* et déménagea en Écosse. Après avoir acquis le réseau de télévision écossais, Thomson prit en 1959 le contrôle du Kemsley Group, dont faisait partie le *Sunday Times*. En 1967, Thomson acheta le *Times*[10]. En 1987, plusieurs années après la mort de lord Thomson, la compagnie se lança dans l'édition et fut en mesure d'abriter en 1996 West Publishing. En 2008, Thomson fit l'acquisition de Reuter, fondé à Londres en 1851 par Paul Julius Reuter, et devint alors un empire de 12 milliards de dollars de revenu par année[11].

C'est donc cet empire qui gère les index de citations qui ont un poids politique de plus en plus important dans le monde universitaire. À lui seul, le SSCI recense 1 700 revues universitaires. Dans certains pays, la mesure de ce type d'impact grâce aux index de citations est devenue un critère de promotion incontournable pour les universitaires.

Cela dit, ce système est parfois critiqué, comme l'ont démontré Howard D. White et son équipe de recherche[12]. Par exemple, on reproche au AHCI et au SSCI de Thomson de ne pas tenir compte de revues où sont discutés en premier lieu des livres et non des articles, de négliger les revues de petits pays anglophones (en termes de population) ou les revues publiées dans d'autres langues que l'anglais[13].

En 2005, un scientifique de la University of California at San Diego, Jorge E. Hirsch[14], a créé le désormais célèbre Hirsch Index ou Hirsch number (h-index), qui se veut une solution de rechange à la mesure plus tradition-nelle des index Thomson-Reuters. Ainsi, un universitaire qui a publié h articles ayant été cités par d'autres au moins h fois aura un indice h. Le h-index reflète la relation entre le nombre de publications et le nombre de citations par publication, alors que les autres index ne mesurent que le nombre total de citations ou le nombre total de publications[15].

Malgré son ingéniosité, le h-index a suscité à son tour des critiques, notamment parce qu'il ne tient pas compte du nombre d'auteurs par article, ou parce que la méthode utilisée dépend du nombre total de publications d'un auteur. Ainsi, certains scientifiques, futurs Prix Nobel, auraient eu un indice h très médiocre si leur carrière s'était interrompue plus tôt. C'est donc dire que le temps joue un rôle très important dans le développement de l'impact d'idées.

Or, en prenant l'exemple des droits linguistiques, un thème très impor-tant dans notre milieu universitaire (le Campus Saint-Jean, University of Alberta) et sociopolitique (la communauté francophone hors Québec), nous voulons justement faire ressortir l'importance du temps, voire de la longue durée, sur l'impact du travail intellectuel et de la recherche en sciences sociales. Alors que la méthode Hirsch permet de mieux mesurer l'impact du temps dans la carrière des universitaires, c'est une méthode qui reste confinée au monde universitaire. Nous voulons plutôt chercher à mesurer l'impact du temps sur la relation qui existe entre le travail des universitaires et les politiques publiques.

LE PROBLÈME

Nous présentons dans ce texte une piste méthodologique qui, loin d'être applicable à tous les cas, permettrait néanmoins de saisir l'impact sociétal de travaux en sciences sociales ou d'idées associées aux sciences sociales. Afin de tester cette approche méthodologique, nous avons choisi un champ d'investigation qui reflète notre réalité immédiate, à savoir la fran-cophonie dans l'Ouest canadien. De nature multidisciplinaire, les institu-tions universitaires francophones de l'Ouest – lesquelles sont en fait plutôt concentrées dans les Prairies canadiennes (Manitoba, Saskatchewan,

Alberta) –, en particulier le Campus Saint-Jean de la University of Alberta, à Edmonton, ont produit au cours des dernières décennies une recherche originale, créative et qui a eu dans certains cas un impact profond sur les communautés francophones de l'Ouest.

Parmi les champs d'investigation qui nous apparaissaient particulièrement intéressants et importants dans le contexte de la francophonie de l'Ouest canadien, soit les études démographiques, les études politiques et sociologiques et les études autochtones, nous avons restreint notre champ d'exploration aux seules études démo-linguistiques. Nous nous sommes ainsi assurés que notre recherche, plus ciblée, puisse être menée à bien.

La question juridique et démographique touchant à la francophonie de l'Ouest a été et continue d'être un terreau fertile pour la recherche scientifique. Compte tenu en particulier du phénomène de l'assimilation, le domaine de recherche démo-linguistique s'est fortement développé au cours des 30 dernières années. Le résultat en a été la production d'études extrêmement raffinées et détaillées sur les populations francophones des Prairies. Or, il s'est dégagé des derniers débats sur l'assimilation, où le cas des minorités francophones des Prairies a servi d'exemple-clé, que le concept de taux d'assimilation est un concept trompeur, parfois appliqué trop mécaniquement, qui ne tient pas compte de la *résistance* des francophones[16]. En effet, loin de disparaître, les communautés minoritaires des Prairies, en chiffres absolus, ont légèrement augmenté depuis 30 ans[17]. Par ailleurs, avec l'apport des communautés africaines des dernières années, notamment en Alberta, ces communautés changent rapidement, ce qui nécessite ainsi une réévaluation de l'état des lieux[18]. Débattue depuis le dernier tiers du XIXᵉ siècle, la question linguistique a impliqué un certain nombre d'individus dont la vision d'un Canada bilingue ne s'est vraiment matérialisée que depuis l'adoption de la *Loi sur les langues officielles* en 1969 et de la *Charte canadienne des lois et libertés* en 1982. Or, l'idée ici sera de mesurer l'impact potentiel de protagonistes d'une vision d'un Canada bilingue qui se réalise concrètement plusieurs décennies après qu'elle a été formulée publiquement dans des journaux ou d'autres types de publications.

En fait, la proportion que représentent les francophones dans la population canadienne n'a cessé de diminuer depuis un siècle, et elle se chiffre aujourd'hui à environ 23 %. Comme le montrent les tableaux 1 et 2, l'écart important entre le nombre de Canadiens se disant d'origine ethnique française et le nombre de Canadiens se définissant comme étant de langue maternelle française est un indice du malaise linguistique canadien. En Alberta par exemple, 332 625 Canadiens se disent d'origine ethnique française, mais seulement 64 749 se disent de langue maternelle française.

Curieusement, le lent déclin de la population francophone par rapport à la croissance de la population canadienne totale se poursuit malgré les gains importants qu'ont obtenus les francophones du Canada, notamment la *Loi sur les langues officielles* de 1969 et, bien sûr, la *Charte des droits et libertés* en 1982. Toutefois, malgré ces gains institutionnels importants, il a fallu depuis 20 ans, comme le montre le tableau 3, toute une série de luttes juridiques importantes pour que les principes reconnus en 1969 et en 1982 soient appliqués.

Dans un brillant livre de la dernière décennie[19], l'historien José E. Igartua (dont la recherche a été financée par le CRSH) a bien montré à quel point le passage d'une pré-modernité ethnique à une modernité multiculturelle a été pénible et profond au Canada anglais, à l'époque où le Canada français vivait, lui, sa Révolution tranquille. Or, d'une certaine façon, cette Révolution tranquille du Canada anglais n'est toujours pas terminée, et, sur le plan linguistique, comme le montre le tableau 3, les francophones hors Québec sont encore aujourd'hui dans un processus de contestation juridique pour faire appliquer leurs droits.

TABLEAU 1

Origine ethnique (2006) Réponses totales	Anglaise	Allemande	Française	Canadienne	Ukrainienne
Alberta	753 190	576 530	332 625	813 485	285 725
Saskatchewan	235 715	275 060	109 800	235 715	121 735
Manitoba	243 835	200 370	139 145	252 330	157 655
Colombie-Britannique	1 144 335	500 675	331 535	939 460	939 460
Ontario	3 350 275	965 510	1 235 765	3 350 275	290 925
Québec	218 415	88 700	2 111 570	4 897 475	24 030
Nouvelle-Écosse	252 470	89 460	149 785	425 880	6 305
Nouveau-Brunswick	165 235	27 490	193 470	415 810	1 970
Île-du-Prince-Édouard	38 330	28 410	28 410	60 000	320
Terre-Neuve	200 120	6 275	27 785	271 345	580

Source : Statistique Canada, Recensement 2006.

TABLEAU 2

Populations francophones (langue maternelle, 1981-2006)	1981	1991	1996	2001	2006
Alberta	60 605	56 730	55 288	62 241	64 749
Saskatchewan	25 090	21 975	19 901	18 629	16 794
Manitoba	51620	50 775	49 100	45 926	45 521
Colombie-Britannique	43 415	51 585	56 752	58 887	58 888
Ontario	465 335	503 345	499 689	509 266	510 245
Québec	5 254 195	5 585 650	5 741 433	5 802 024	5 916 843
Nouvelle-Écosse	35 385	37 725	36 311	35 379	33 704
Nouveau-Brunswick	231 970	243 690	242 408	239 357	235 268
Île-du-Prince-Édouard	5 835	5 750	5 718	5 883	5 611
Terre-Neuve	2 580	2 855	2 435	2 352	2 053

Source : Statistique Canada, Recensement 2006.

TABLEAU 3

1988
Jugements positifs et reculs législatifs. L'arrêt Forest et l'arrêt Mercure.

1990
Le jugement de la Cour suprême du Canada dans l'affaire Mahé. Maintenir les deux langues officielles au Canada.

1996
Création du Comité national de développement des ressources humaines de la francophonie canadienne.

1999
L'arrêt Beaulac de la Cour suprême du Canada précise que l'égalité des langues officielles du Canada signifie « l'accès égal à des services de qualité égale ».

2000
L'arrêt Arsenault-Cameron de la Cour suprême du Canada précise les pouvoir des conseils scolaires et les obligations des gouvernements.

2001
Un ministre responsable des langues officielles est nommé pour la première fois.

2002
Loi sur l'immigration et le statut de réfugié. Les langues officielles sont incorporées comme critères dont il faut tenir compte dans le recrutement.
La crise entourant l'Hôpital Montfort d'Ottawa se termine.

2003
Jugement Doucet-Boudreau c. Nouvelle-Écosse. La Cour suprême du Canada confirme que les tribunaux doivent accorder des réparations en fonction de l'objet du droit et qu'ils peuvent garder leur juridiction pour constater la réparation complète et efficace. Le gouvernement de Jean Chrétien annonce son Plan d'action pour les langues officielles.

2003-2010
L'affaire Caron. Jugement de première instance favorable à Gilles Caron qui conteste l'uni-linguisme provincial de l'Alberta. Cette cause ira sûrement en Cour d'appel de l'Alberta avant de se retrouver en Cour suprême du Canada.

Source : Commissariat aux langues officielles, Rapport annuel, *Édition spéciale 35ᵉ anniversaire 1969-2004*, volume 1, p. 14-17.

L'intérêt de notre étude, dans le contexte de cette idée d'une Révolution tranquille d'abord et avant tout canadienne-anglaise, est double, de par son fond et de par sa forme. Tout d'abord, elle contribue aux études sur la francophonie de l'Ouest canadien, en particulier en établissant quels intellectuels ont exercé le plus d'influence sur des politiques publiques touchant cette francophonie. Ensuite, elle propose une approche métho-dologique novatrice permettant de saisir un phénomène complexe. La méthode utilisée dans cette étude est tout à fait généralisable à d'autres domaines, et pourra éventuellement être utilisée par quiconque voudra mesurer l'impact des sciences sociales sur la société.

Précisons que cette analyse de l'impact des recherches sur les enjeux juridiques et démographiques de la francophonie de l'Ouest, contrairement à des recherches antérieures, ne cherchera pas à s'immiscer dans les débats sur cette question. Nous avons seulement cherché ici à rendre compte de l'impact avéré de chercheurs universitaires sur une dimension particulière de la société canadienne, à savoir la francophonie de l'Ouest. Nous verrons aussi, dans une partie subséquente, la contribution du CRSH à la recherche en français et sur la francophonie. En ce sens, des contributions, au contenu parfois controversé, peuvent très bien concourir, par une sorte d'effet « vertueux », à un résultat d'ensemble tout à fait bénéfique pour le débat scientifique et ainsi produire un impact significatif sur la société.

Dans ce qui suit, en raison de l'importance relative des multiples aspects de notre méthodologie, une bonne partie du texte sera consacrée à leur présentation. Nous ferons ensuite part de quelques résultats que nous jugeons intéressants et en tirerons des conclusions qui, nous l'espérons, pourront être prises en considération par diverses institutions politiques du Canada.

LA MESURE DE L'IMPACT – MÉTHODOLOGIE

Méta-contexte et élaboration de la méthodologie générale

Quand on pose la question de l'impact de la recherche sur la société, il faut d'abord clarifier ce que l'on entend par « impact » et par « société ». Si le premier terme n'a rien de problématique, puisqu'il doit être compris dans son acception courante, c'est-à-dire comme une influence – positive ou négative – s'exerçant sur une situation ou un phénomène, il en va autrement du second. Dans notre compréhension du concept de « société », nous nous en remettons à Jürgen Habermas, bien qu'une référence à un autre grand sociologue eût pu nous conduire à des observations similaires. Pour Habermas, la société se définit à partir d'un « modèle à deux niveaux[20] ». Selon ce modèle, qui intègre à la fois les paradigmes interactionnistes et fonctionnalistes, la société peut être abordée à deux niveaux distincts : le monde vécu et le système. Le monde vécu renvoie à un espace communicationnel – un espace public – où l'interaction des individus est coordonnée par la discussion. Le système, quant à lui, assure une coordination sociale qui dépasse souvent la conscience des acteurs sociaux et s'effectue ainsi par les moyens a-communicationnels de l'argent (économie) et du pouvoir (bureaucratie). La médiation entre ces deux niveaux est assurée en partie par le droit.

En conséquence de cette théorie (que nous brossons ici à très grands traits), nous pouvons établir quatre domaines institutionnels où un impact sociétal peut être mesuré. Il s'agit de l'espace public, du système juridique, des politiques publiques et de l'économie. Pour chacun de ces domaines, il est permis d'établir des artefacts qui se prêtent à l'analyse bibliométrique. C'est précisément ces produits institutionnels qui feront l'objet d'une mesure.

De façon plus concrète, on peut affirmer quatre choses.

1. *L'espace public* prend forme à travers les journaux et les périodiques qui servent d'instruments communicationnels. Certes, il faudrait aussi compter la radio et la télévision, mais, en raison de leur nature même (auditive et visuelle), ils se prêtent mal à l'analyse bibliométrique. Ainsi, au prix d'une certaine distorsion dans les résultats, nous avons décidé de ne pas intégrer à notre étude ces sources d'information. Cependant, on peut partir du postulat que les contenus radiophoniques et télévisuels pertinents (ceux qui touchent à l'impact de la recherche sur la société) se retrouvent de façon comparable dans les médias imprimés.

2. Le *système juridique* pourra être abordé grâce à des jugements de diverses cours de justice et aux rapports d'experts que celles-ci utilisent.

3. En *politiques publiques*, on pourra se tourner vers les divers documents gouvernementaux, les rapports de commissions d'enquête et les procès-verbaux des débats parlementaires.

4. Quant à l'*économie*, nous préférons ne pas aborder cette dimension, puisqu'elle fait déjà l'objet de recherches scientométriques avancées[21] et qu'elle est plus près, de par son caractère plus aisément quantifiable, des sciences naturelles. Nous nous concentrerons donc sur les trois autres domaines institutionnels.

Méthodologie générale

Pour évaluer l'impact, sur la société canadienne, de la recherche universitaire sur les questions démo-linguistiques, nous avons adopté une démarche *régressive* et rétrospective, qui remonte la filière des acteurs intellectuels ayant participé à un événement ou à un changement social digne de mention, plutôt qu'une démarche *progressive* et prospective, qui aurait plutôt permis d'explorer les effets d'une recherche particulière sur la société. À partir de documents officiels dont l'impact sur la société est direct et indéniable (jugements de la cour, commissions d'enquête, documents gouvernementaux, etc.), nous avons relevé les références à des auteurs universitaires canadiens, de même que les références à ces références – nous avons prévu trois niveaux de renvoi ; au fur et à mesure qu'un niveau s'éloigne de la référence initiale, il est pondéré de façon moins importante. À l'aide d'une modélisation mathématique somme toute assez élémentaire, nous avons assigné un indice d'impact à divers intellectuels, et nous avons ainsi pu produire une liste des auteurs les plus influents sur la société canadienne, par ordre d'importance.

Il est possible, conformément aux trois des quatre domaines institutionnels établis plus haut, de produire cinq indices différents, soit trois sous-indices et deux indices combinés. Les sous-indices sont les suivants : un indice de l'impact sur l'espace public (IIEP), un indice de l'impact sur le système juridique (IISJ), un indice de l'impact sur les politiques publiques (IIPP). Ces indices peuvent être réunis pour former deux indices combinés de l'impact sur la société ($ICIS_1$ et $ICIS_2$) : le premier combine les trois indices précédents en un seul, alors que le second n'inclut que les indices IISJ et IIPP. C'est ce second indice combiné que préféreront ceux qui croient que l'impact sur l'espace public ne constitue pas encore un impact proprement dit sur la société, puisqu'il n'y aurait impact qu'une fois que les contenus de l'espace public sont traduits en politiques publiques ou servent à appuyer une décision juridique. Cette façon d'établir les indices a l'avantage de reconnaître les difficultés propres aux divers domaines institutionnels. Par ailleurs, chacun des cinq indices pourra être perfectionné indépendamment l'un de l'autre dans des recherches ultérieures. Dans la présente étude, nous nous en tenons à l'IISJ et l'IIPP.

Avantages de l'approche régressive

Notre méthode permet de saisir un phénomène complexe en cernant un champ d'investigation fini et défini. On sait qu'en logique mathématique les axiomes permettent une infinité de conséquents dans la suite des démonstrations, alors que les théorèmes ne comportent qu'une série finie d'antécédents. En d'autres termes, les thèses permettent une infinité de déductions, alors qu'elles comptent un nombre fini de présuppositions. Partant de ce postulat, on reconnaît bien l'avantage de la démarche régressive : il est plus aisé d'établir les antécédents intellectuels d'une occurrence sociale, qui sont en nombre fini, que de mesurer les conséquents – c'est-à-dire les effets – sociaux d'une recherche universitaire, lesquels sont potentiellement infinis.

Notre méthode a aussi l'avantage d'offrir une réponse à plusieurs « défis » établis par le CRSH, défis que présente, en sciences sociales, la tentative de mesurer l'impact de la recherche sur la société[22]. En voici quatre.

1. Les mesures d'impacts posent un problème d'*attribution*, puisqu'une innovation peut être le fruit de plusieurs sources, et, inversement, une source peut influencer plusieurs innovations. Dans notre méthode, l'attribution d'une influence se fait de façon univoque grâce aux sources citées dans les documents choisis. Certes, les paternités voilées (c'est-à-dire les références non explicites) sont ainsi ignorées, mais il faut postuler que les influences déterminantes dans les documents

officiels sont celles qui y sont citées. L'affectation d'une influence ne se pose pas, puisqu'il ne s'agit pas de chercher l'impact du nouveau savoir découlant de la recherche, mais au contraire de chercher la source intellectuelle d'une occurrence contemporaine où l'impact est clair.

2.   Le problème de l'*appropriation* met en relief la difficulté de discerner l'impact de la recherche. Notre approche évite ce problème, puisque le point de départ n'est non pas le travail de recherche, mais le document ayant un impact avéré, duquel on retrace les sources explicites.

3.   Le facteur *temps* est neutralisé, puisqu'il ne s'agit pas d'attendre que les effets d'une recherche se fassent sentir, mais d'établir en aval les sources intellectuelles déterminantes. Dans une telle étude, on peut remonter aussi loin que l'on veut dans le temps, bien qu'il soit méthodologiquement plus avisé de fixer une limite qui soit compatible avec les raisons qui motivent l'évaluation des impacts des sciences sociales sur la société canadienne (pour prendre un exemple évident : l'impact d'un scientifique du siècle dernier sur les occurrences contemporaines n'est guère pertinent aujourd'hui pour les bailleurs de fonds nationaux).

4.   Le problème du *sophisme de projet (project fallacy)* met en garde contre la tendance à vouloir établir un lien direct entre un projet ponctuel de recherche et un impact observé, puisque ce dernier est souvent le fruit de plusieurs travaux qui s'étalent dans le temps. Ce problème est amoindri par la méthode régressive, qui considère la somme des sources, et par le recours à plusieurs niveaux de renvois parmi ces sources. Ici aussi, la question des paternités voilées représente une difficulté que la méthode ne permet pas surmonter.

Calcul des indices

IISJ et IIPP
Un indice peut être associé à un ouvrage ou à un auteur. Nous l'avons associé à un auteur afin d'établir quels sont les individus les plus influents sur les questions juridiques et démographiques touchant la francophonie de l'Ouest canadien. On obtient les différents indices grâce à la sommation des valeurs accordées à chaque référence pour chaque mesure d'impact selon le niveau de renvoi. Par « niveau de renvoi », on entend le degré de proximité d'une référence par rapport à un document public dont l'impact est incontestable. Ainsi :

niveau 1 = référence directe (la référence à un document public)

niveau 2 = référence de deuxième ordre (la référence à une référence)

niveau 3 = référence de troisième ordre (la référence à une référence à une référence).

On définit x_i comme la somme de toutes les références de niveau i que l'on associe à un auteur (où $i = 1$, 2 ou 3). On a alors :

x_i = nombre total de références de niveau i pour un même auteur.

L'indice correspondrait ainsi simplement à :

$$I = x_1 + x_2 + x_3$$

Cependant, cette somme est trop rudimentaire, puisqu'elle accorde le même poids à chacun des niveaux, alors que certaines références sont plus directes que d'autres. C'est la raison pour laquelle nous croyons que la valeur x_i doit être pondérée différemment suivant le niveau de renvoi (c'est-à-dire le degré de proximité de la référence par rapport au document public évalué). Cette pondération correspond à la fonction :

$$f(i) = \frac{1}{\delta^i} = \delta^{-i}$$

où δ correspond au facteur d'équivalence entre niveaux de renvois, c'est-à-dire au nombre de livres d'un niveau de renvoi inférieur qui équivaut à l'indice du niveau immédiatement supérieur. Après comparaison entre $\delta = 3$, 4, 5, 6, nous avons noté que les individus apparaissant sur la liste des 40 personnes les plus influentes ne changeait que marginalement. Nous avons donc opté, intuitivement mais arbitrairement, pour $\delta = 5$. En d'autres mots, nous avons convenu que 5 références à un niveau inférieur équivalent à une référence de niveau immédiatement supérieur (et donc que 25 références de troisième niveau équivalent à une référence de premier niveau).

Compte tenu de la fonction de pondération, on obtient alors, pour le calcul de l'indice, la sommation suivante :

$$I = \frac{(x_1 \times \delta^{-1}) + (x_2 \times \delta^{-2}) + (x_3 \times \delta^{-3})}{\delta^{-1} + \delta^{-2} + \delta^{-3}} = \frac{\sum_{i=1}^{3}(x_i \times \delta^{-i})}{\sum_{i=1}^{3}\delta^{-i}}$$

Le nombre de niveaux de renvoi n est fixé arbitrairement à 3. Parce que nous utilisons la fonction de pondération $f(i) = \delta^i$, le poids des trois premiers niveaux change alors très peu si l'on ajoute des niveaux supplémentaires ($n > 3$). Il y a en effet une rapide convergence à partir de $n = 3$. Ainsi, la pondération, et par conséquent l'importance relative des valeurs attribuées, variera peu avec l'ajout d'un niveau additionnel. Néanmoins, si l'on voulait généraliser le calcul de l'indice pour n niveaux de renvoi, on aurait :

$$I = \frac{(x_1 \times \delta^{-1}) + (x_2 \times \delta^{-2}) + \ldots + (x_n \times \delta^{-n})}{\delta^{-1} + \delta^{-2} + \ldots + \delta^{-n}} = \frac{\sum_{i=1}^{n}(x_i \times \delta^{-i})}{\sum_{i=1}^{n}\delta^{-i}}$$

IIEP

On doit présenter les analyses bibliométriques différemment selon que l'on aborde les ouvrages de l'espace public ou les documents juridiques et gouvernementaux. En effet, dans le premier cas, les références sont plus imprécises : dans les journaux, on cite souvent un auteur sans renvoyer explicitement à un ouvrage précis. Il devient alors plus difficile, voire impossible, de remonter la filière des références.

Cependant, il importe de pondérer différemment les références à un auteur selon le tirage du périodique dans lequel il est cité, puisque l'on peut présumer que l'impact sur l'espace public varie selon le tirage du périodique (de toute évidence, plus un journal compte de lecteurs, plus l'impact sur l'espace public est grand). Nous proposons de créer trois niveaux de pondération :

niveau 1 = tirage hebdomadaire > 800 000

niveau 2 = 100 000 > tirage hebdomadaire > 800 000

niveau 3 = tirage hebdomadaire < 100 000[23]

Le calcul de l'indice d'impact sur l'espace public (IIEP) se fait alors de la même façon que celui de l'IISJ et IIPP, décrit ci-dessus, soit à l'aide de la fonction :

$$IIEP = \frac{\sum_{i=1}^{n}(x_i \times \delta^{-i})}{\sum_{i=1}^{n}\delta^{-i}}$$

Il faudrait faire des essais avec différents niveaux de $n > 3$ (correspondant au tirage du périodique considéré) pour voir comment l'indice est influencé par l'ajout de niveaux, et donc par le raffinement de la procédure. S'il y a plus d'un niveau de renvoi, il faut appliquer à nouveau la formule sur la valeur obtenue. Cependant, tel que mentionné ci-dessus, nous n'abordons pas ici l'étude de l'espace public ; cela devra être fait dans une recherche ultérieure.

Étapes méthodologiques

Les documents pertinents des 25 premières années de la *Charte* (1982-2007) ont été colligés de cette façon :

a. À l'aide de CANLII, les jugements des différentes cours fédérales du Canada et des cours provinciales de l'Ouest (Colombie-Britannique, Alberta, Saskatchewan, Manitoba) qui se sont prononcées sur les questions démo-linguistiques ont été répertoriés et colligés.

b. Les documents gouvernementaux dont l'impact sur la question démo-linguistique est indéniable (par exemple, les commissions d'enquête, les textes officiels des gouvernements, fédéral et provinciaux, les discours des premiers ministres, les procès-verbaux des séances parlementaires, etc.) ont été établis, répertoriés et colligés.

c. Tel que mentionné ci-dessous, nous n'avons pas répertorié ni colligé, dans les journaux dits « nationaux » (*Globe and Mail, National Post*), dans les journaux francophones (puisqu'ils sont plus susceptibles de s'intéresser à la question des minorités francophones) et dans les journaux régionaux de l'Ouest canadien, tous les articles touchant à la question démo-linguistique. Nous réservons cette étape méthodologique à une étude ultérieure.

L'ordre des références a été retracé comme suit :

Il s'agissait ici de trouver les auteurs cités dans les documents colligés à l'étape 1, tout en en prenant soin d'indiquer le niveau de renvoi (1 pour un renvoi direct, 2 pour un renvoi de deuxième niveau, et ainsi de suite). Pour faciliter cette deuxième opération, nous avons placé les auteurs et les références dans une base de données.

Ex. : le jugement d'une cour peut s'appuyer sur les travaux d'un chercheur, sur une commission d'enquête (comme l'affaire Mahé, où l'on s'est appuyé sur la commission Laurendeau-Dunton sur le bilinguisme et le biculturalisme), ou sur d'autres sources. Ce sont des renvois de niveau 1. Ces sources comportent elles-mêmes des références à d'autres travaux (renvois de niveau 2), et ainsi de suite (renvois de niveau 3).

Et le calcul des indices a été fait comme suit :

Une fois les sources pondérées suivant leur proximité par rapport au document officiel servant de point de départ, il a été possible de produire un indice suivant la formule énoncée dans la section « Calcul des indices » (voir plus haut). Cette opération s'est faite automatiquement à partir de fonctions programmées à même la base de données. Elles ont pu ainsi être modifiées pour $\delta = 3, 4, 5$ et 6. Finalement, $\delta = 5$ a été retenu.

À chacune des étapes, nous avons eu recours au travail d'assistants de recherche.

DESCRIPTION DES RÉSULTATS

Notre étude a produit une description des ouvrages et des chercheurs du domaine des droits et de la démo-linguistique les plus influents quant à leur impact sur la francophonie de l'Ouest canadien. L'application de cette méthode pourra être généralisée à divers domaines et à l'ensemble du pays dans des études ultérieures, et permettra une évaluation de l'impact des investissements en éducation postsecondaire dans la création du savoir.

Contrairement aux études qui font usage des index de citations, lesquels ne mesurent en fait que l'influence d'un ouvrage ou d'un auteur sur la communauté scientifique, notre méthode mesure directement l'impact d'un auteur sur la société elle-même. La distinction n'est pas sans pertinence, puisque l'on peut sans peine imaginer une recherche qui demeure en vase clos au sein d'une communauté de chercheurs et qui n'aurait que des effets négligeables sur une société.

Rappelons que notre méthode se présente davantage comme une description de l'impact de la recherche en sciences sociales à l'intérieur d'une période historique donnée. Elle est moins appropriée à l'évaluation directe et prospective d'une recherche particulière. Néanmoins, si une certaine recherche a eu un impact suffisamment important au cours d'une période donnée, elle apparaîtra dans le relevé descriptif de l'évaluation.

Indice de l'impact sur le système juridique

Parmi les 1 210 individus répertoriés, nous ne présentons ici que les 40 premiers, dont l'indice est supérieur à 0,39.

TABLEAU 4
Les gens les plus influents sur le système juridique relativement à la question des francophones de l'Ouest canadien (δ = 5)

Nom	Années	Lieu	Emploi	Indice
Bourassa, Henri	1868-1952	Québec	Politicien	4,48
Groulx, Lionel	1878-1967	Québec	Universitaire	3,00
Driedger, Elmer A.	1913-1985	Canada	Universitaire	2,39
Aunger, Edmund A.	1949-	Canada	Universitaire	1,81
Asselin, Olivar	1874-1937	Québec	Journaliste	1,45
Wade, Mason	1913-1986	Canada-USA	Universitaire	1,42
Montpetit, Édouard	1881-1954	Québec	Universitaire	1,06
Lower, Arthur R. M.	1889-1988	Canada	Universitaire	1,00
Sheppard, Claude-Armand	1935-	Québec	Juriste	1,00
Rumilly, Robert	1897-1983	France-Québec	Historien	0,94
Garigue, Philippe	1917-2008	R.-U.-France-Canada	Universitaire	0,84
Barbeau, Raymond	1930-1992	Québec	Écrivain, politicien	0,77
Dawson, Robert MacGregor	1895-1958	Canada	Universitaire	0,77
Hughes, Everett C.	1897-1983	USA	Universitaire	0,77
Scott, Francis Reginald	1899-1985	Anglo-Québec	Universitaire	0,77
Dantin, Louis	1865-1945	Québec	Écrivain	0,68
Falardeau, Jean-Charles	1914-1989	Québec	Universitaire	0,68
Alvarez, Alejandro	1868-1960	Chili	Universitaire	0,65
Fishman, Joshua A.	1926-	USA	Universitaire	0,65
Minville, Esdras	1896-1975	Québec	Universitaire	0,61
Dion, abbé Gérard	1912-1990	Québec	Universitaire	0,58
Riddell, William Renwick	1852-1945	Canada	Juriste, historien	0,58
Surveyer, Édouard Fabre	1875-1957	Québec	Universitaire	0,58
Skelton, Oscar Douglas	1878-1941	Canada	Universitaire	0,55
Chaput, Marcel	1918-1991	Québec	Politicien	0,48
Laurendeau, André	1912-1968	Québec	Écrivain, politicien	0,48
Chapais, Thomas	1858-1946	Québec	Universitaire	0,45
Ollivier, Maurice	1896-1978	Québec	Juriste, historien	0,45
Blanchard, Raoul	1877-1965	France	Universitaire	0,42
Frégault, Guy	1918-1977	Québec	Universitaire	0,42
Morton, William L.	1908-1980	Canada	Universitaire	0,42
Perrault, Antonio	1880-1955	Québec	Universitaire	0,42
Waite, Peter B.	1922-	Canada	Universitaire	0,42
Bonenfant, Jean-Charles	1912-1977	Québec	Universitaire	0,39
Bouchette, Errol	1862-1912	Québec	Juriste, écrivain	0,39
Nadeau, Alfred	-	Québec	Juriste	0,39
Pope, Joseph	1854-1926	Canada	Fonctionnaire	0,39
Smith, Goldwin	1823-1910	R.-U.-Canada	Universitaire	0,39
Trudeau, Pierre Elliott	1919-2000	Québec	Politicien, universitaire	0,39
Tyndale, Orville Sievwright	1887-1952	Anglo-Québec	Universitaire, juriste	0,39

Indice de l'impact sur les politiques publiques

Bien que nous ayons appliqué la même méthodologie pour mesurer l'impact sur les politiques publiques, nous n'avons pu arriver à des résultats significatifs. En effet, trop peu d'auteurs indépendants des différentes instances gouvernementales ont pu être répertoriés comme références dans les documents publics. Règle générale, les gouvernements conduisent leurs propres études internes, sans consulter les études réalisées dans le monde universitaire. Ainsi, bien que des études sérieuses soient faites dans les universités, et bien que des experts y soient présents, il semble y avoir peu de communication entre la fonction publique et le monde universitaire. Compte tenu de la portée de notre recherche, cette affirmation ne peut s'appliquer ici qu'au domaine étudié, soit la question des francophones de l'Ouest. Cependant, comme le déplore William Rees, en général, les politiques publiques sont très peu influencées par la recherche universitaire : « *Unfortunately, politics is among those domain of human activity least beholden to sound academic research*[24]. » Ce constat de Rees se confirme dans le cas de notre étude. Or, il est fascinant de constater dans les chiffres que nous présentons l'influence d'un auteur comme Bourassa un siècle plus tard.

HENRI BOURASSA

Henri Bourassa est issu de l'une des familles les plus réputées de la province de Québec : son père, Napoléon, était un peintre bien connu, et son grand-père, Louis-Joseph Papineau, est un célèbre héros populaire de la Rébellion de 1837[25]. Bourassa entra très jeune en politique ; il fut élu maire de la ville de Montebello à l'âge de 22 ans ; 6 ans plus tard, en 1896, il entra en politique fédérale, où il resta jusqu'en 1907 ; il quitta alors son siège au Parlement pour devenir député provincial au Québec[26].

Bourassa fut élu à l'Assemblée législative (aujourd'hui Assemblée nationale) en 1908, où il siégea jusqu'en 1912. Entre-temps, en 1910, il fonda *Le Devoir*, l'un des grands journaux canadiens les plus influents, dont il fut le rédacteur en chef jusqu'en 1932. En 1925, il fut de nouveau élu dans son ancienne circonscription fédérale de Labelle et demeura député jusqu'à sa défaite, en 1935. Comme il était sensible aux enjeux fondamentaux de la société canadienne-française, Henri Bourassa inspira au Canada français une vision reposant sur trois thèmes principaux : les rapports entre le Canada et l'empire britannique, la situation de la culture française par rapport à la culture anglaise et les valeurs qui devaient guider la vie économique[27].

La carrière et l'œuvre de Bourassa coïncidèrent avec une période pendant laquelle la plupart des Canadiens anglais insistaient beaucoup sur le caractère britannique du pays[28]. Sur cette question, Bourassa, alors jeune député libéral prometteur, se fit connaître en 1899 en protestant contre la décision du Cabinet libéral, prise sans consultation du Parlement, d'envoyer des troupes canadiennes combattre aux côtés des forces britanniques pendant la Guerre des Boers[29]. En 1900, il fut de retour à la Chambre, ayant gagné une élection partielle par acclamation, et il tenta de faire adopter une motion établissant le Parlement comme la seule autorité pouvant déclarer la guerre au nom du Canada. Sa motion fut défaite, mais sa vision autonomiste a eu une profonde influence sur la politique canadienne durant le demi-siècle suivant[30].

En 1910, Bourassa s'opposa au projet de loi fédéral sur la marine parce que, mis à part la création d'une marine canadienne, il conférait au Conseil des ministres le droit de remettre à l'Amirauté britannique le commandement de la marine sans la permission du Parlement. Déçu par le leadership de Laurier et l'orientation des libéraux sur cette question, Bourassa abandonna le Parti libéral, et, aux élections fédérales de 1911, il réussit à organiser une campagne contre Laurier qui s'avéra suffisamment efficace pour priver Laurier d'une bonne part de son appui électoral au Québec. Après avoir hésité, Bourassa en vint à s'opposer à la participation du Canada à la Première Guerre mondiale parce que le gouvernement conservateur de Robert Borden avait annoncé l'entrée en guerre du Dominion sans consulter le Parlement. Il redoutait qu'un tel geste ne renforce les revendications des impérialistes canadiens et britanniques, pour qui le Canada devait automatiquement participer à toutes les guerres britanniques[31].

Mais l'aspect le plus important de Bourassa fut sans doute son insistance à rappeler l'obligation du Canada de reconnaître sa double nature anglaise et française. Sur ce point, dès 1905, il devint publiquement associé à ce qui s'appellera, plus tard dans les années 1960, le biculturalisme, à la suite de la campagne toutefois infructueuse qu'il mena en faveur du droit des catholiques d'administrer leurs propres écoles dans les nouvelles provinces de la Saskatchewan et de l'Alberta. Il déclara aussi que l'égalité des cultures était un principe fondamental pour les Canadiens français[32]. Ainsi, quand l'Ontario adopta en 1913 le règlement 17, lequel limitait sérieusement l'usage du français comme langue d'enseignement dans les écoles élémentaires, Bourassa milita contre ces mesures discriminatoires, et ce, jusqu'en 1916.

Au début des années 1920, la conception qu'avait Bourassa d'une nation canadienne se heurta à celle de nationalistes québécois comme Lionel Groulx. Bourassa resta fidèle à une conception fédérale et binationale du Canada, et il est ironique, dans un sens, de voir, notamment grâce à cette étude, que sa vision est encore au cœur des débats et des conflits juridiques actuels. Il a en fait fallu presque un siècle avant que sa vision ne se réalise ; cela montre bien que, quand on souhaite mesurer l'impact de visions, de valeurs ou de textes d'idées, qu'il faut laisser au temps une place importante.

LIONEL GROULX

Selon Susan Mann Trofimenkoff [33], les rêves nationaux de Lionel Groulx (1878-1967) allaient à contre-courant de la réalité urbaine et industrielle du Canada et du Québec du début du XXe siècle. Toutefois, Groulx, né dans un milieu rural, défendait aussi l'idée que la présence britannique était bénéfique pour le Canada français, et l'idée d'un pacte entre les deux « races[34] », comme on disait à l'époque, ou les deux communautés linguistiques. La controverse des dernières décennies autour du racisme de Groulx a fait oublier son point de vue non défaitiste sur la Conquête et son ouverture au monde britannique par sa défense de la théorie du pacte comme lancement de l'*Acte de l'Amérique du Nord britannique*. D'une certaine façon, sa vision rejoignait celle de Bourassa. Bien que les deux auteurs aient été définis comme des leaders du futur nationalisme québécois, ils furent en fait tout au long de leur vie des visionnaires d'un Canada diversifié, ne serait-ce que par leur idée d'une égalité des deux grandes communautés linguistiques. Ainsi, l'abondante littérature des années 2000 sur Groulx, du moins les ouvrages majeurs et finement articulés[35], font bien ressortir les contradictions de cet auteur, c'est-à-dire celles d'un homme hanté par le monde urbain et protestant – source de danger pour le Canada français catholique –, mais paradoxalement favorable à l'insertion après la Conquête du Canada francophone et catholique du XVIIIe siècle dans un ensemble britannique et protestant.

OLIVAR ASSELIN

Né au Québec en 1874, Olivar Asselin émigra en 1891 aux États-Unis. Il fut journaliste dans de nombreuses publications franco-américaines des années 1890. Après avoir participé à la guerre de 1898 entre l'Espagne et les États-Unis, il revint à Montréal en 1899[36]. Nationaliste, Asselin défendait l'autonomie du Canada face à la Grande-Bretagne. Il contribua à fonder *Le Devoir*, mais se brouilla avec Bourassa et travailla par la suite dans de nombreux journaux, dont *Le Nationaliste*, et, plus tard dans les années 1930, pour *Le Canada*. Volontaire pendant la Première Guerre mondiale, il participa à la bataille de Vimy. Il fut membre de la délégation canadienne à la signature du Traité de Versailles en 1919. La même année, la France lui remit la Légion d'honneur.

Tout au long de sa carrière journalistique, Asselin défendit l'idée d'un Canada bilingue et de plus en plus influent sur la scène internationale, autonome face à la Grande-Bretagne. Oublié aujourd'hui, il fut sans doute de son vivant plus célèbre que Bourassa et Groulx.

ELMER A. DRIEDGER

Elmer A. Driedger[37] (1913-1985[38]) fut professeur de droit à l'Université d'Ottawa ; il enseigna également à l'Université Queen's. Ses travaux sur le « principe moderne » d'interprétation ont eu une grande influence sur l'évolution du droit canadien. Il travailla également pour le ministère canadien de la Justice, fut consul général à Hambourg, joua un rôle important dans le Renton Committee à Londres et fut consultant pour le gouvernement de l'Australie. En tant que spécialiste des statuts du système constitutionnel et légal, il insista sur l'aspect « textualiste » des textes juridiques mais aussi sur l'intention des auteurs. Il fut donc souvent cité à la défense d'une vision bilingue de la nation canadienne.

ED AUNGER

Ed Aunger est professeur au Campus Saint-Jean (University of Alberta) depuis plus de 30 ans. Ses recherches récentes portent sur le rôle joué par l'État dans les sociétés plurilingues et sur l'impact des politiques linguistiques sur la population minoritaire. Dans un projet en cours, il examine les origines historiques et les fondements constitutionnels de la dualité linguistique dans l'Ouest canadien. Il a découvert que, contrairement aux idées reçues, le français jouissait, dans les vastes territoires de l'Ouest et du Nord, d'un statut de langue officielle reconnu en droit et par la coutume dès 1835. Quand le Canada a annexé ces territoires en 1870, il s'est engagé solennellement à respecter les droits existants, y compris le bilinguisme officiel, et a fait enchâsser cet engagement dans la Constitution du Canada. Par la suite, toutefois, divers gouvernements ont systématiquement enfreint ces règles afin d'assimiler la population francophone.

Dans un autre projet, également en cours, il dresse un profil des principales institutions francophones – notamment les écoles primaires, les établissements de soins de santé, les paroisses catholiques et les caisses populaires –, dans les 1 861 municipalités à l'extérieur du Québec qui abritent des francophones. Ce profil permet de vérifier la thèse de la complétude institutionnelle selon laquelle le taux d'utilisation du français dans une localité dépend de la présence d'une gamme d'institutions francophones. Parmi les plus importantes publications du professeur Aunger, notons :

- Aunger, Edmund A. (2005). « Diversité régionale et inégalité politique : les minorités de langue officielle et le problème de deux poids, deux mesures », dans *Vitalité des communautés, confiance des communautés : analyse et réflexion sur le sondage de GPC International portant sur les attitudes et les perceptions à l'égard des langues officielles*, William

Floch et Yves Frenette (dir.). Ottawa : Ministre des Travaux publics et des Services gouvernementaux, p. 7-27.

- Aunger, Edmund A. (2005). « De la répression à la tolérance : les contrariétés du néolibéralisme linguistique en Alberta », dans *La gouvernance linguistique : le Canada en perspective*, Jean-Pierre Wallot (dir.). Ottawa : Presses de l'Université d'Ottawa, p. 111-126.
- Aunger, Edmund A. (2004). « Legislating Language Use in Alberta: A Century of Incidental Provisions for a Fundamental Matter ». *Alberta Law Review*, vol. 42, n° 2, p. 463-497.
- Aunger, Edmund A. (2002). « Obsèques prématurées : la disparition des minorités francophones et autres illusions nationalistes ». *Revue d'études constitutionnelles/ Review of Constitutional Studies*, vol. 7, n° 2, p. 120-42.
- Aunger, Edmund A. (2001). « Justifying the End of Official Bilingualism: Canada's North-West Assembly and the Dual-Language Question, 1889-1892 ». *Canadian Journal of Political Science/ Revue canadienne de science politique*, vol. 34, n° 3, p. 451-486.

Ed Aunger a aussi été le témoin vedette de M. Caron dans la poursuite que ce dernier a intentée contre la province de l'Alberta à cause de l'unilinguisme en vigueur. La thèse du professeur Aunger dans ce témoignage était que le bilinguisme de l'Ouest canadien a en fait été établi par les Britanniques de la Compagnie de la Baie d'Hudson.

LE CRSH ET LES DROITS LINGUISTIQUES

En somme, dans les textes juridiques des 20 dernières années sur les droits linguistiques, les auteurs les plus cités sont en fait des personnes décédées. Dans notre liste d'auteurs cités, des cinq premiers qui, selon nos indices, ont eu le plus grand impact, seul Ed Aunger est un contemporain. Mais tous, de Bourassa à Aunger, ont exprimé en un siècle une même vision d'un Canada bilingue. En tant qu'expert de ces questions, Aunger a donc pris la relève de ses prédécesseurs et a défendu une vision dont l'application coûte aujourd'hui des millions, voire des milliards de dollars, à l'État canadien. Selon Matthew Hayday, l'État fédéral aurait dépensé, au seul chapitre du soutien financier à l'enseignement de la langue de la minorité et de la langue seconde, entre 178 millions et 200 millions par année entre 1982 et 2002[39]. Par ailleurs, selon le Conseil des ministres de l'Éducation du Canada, le gouvernement fédéral aurait dépensé en 2009-2010 250 millions pour l'enseignement dans la langue de la minorité et dans la langue seconde, et il prévoit dépenser plus de un milliard d'ici 2013[40].

On peut donc se demander, face aux revendications juridiques des minorités francophones hors Québec et aux dépenses importantes du gouvernement fédéral dans ce domaine de politiques publiques, quelle a été la part de la recherche universitaire financée par l'État fédéral. Il est vrai que le financement de la recherche sur les politiques publiques dans le domaine des droits linguistiques et la recherche sur les aspects légaux et constitutionnels des droits linguistiques peut se faire à partir de nombreux programmes de Patrimoine canadien et du CRSH. Mais, si nous examinons les résultats des 10 dernières années au niveau des résultats de la recherche subventionnée dans les concours de subvention « ordinaires » du CRSH, les chiffres sont inquiétants.

En effet, tout au long de la période étudiée ici, de 1999 à 2010, le pourcentage de projets en français acceptés par rapport à l'ensemble des projets acceptés (voir annexe 1) varie entre 12 % et 17 %, ce qui est systématiquement sous la barre du pourcentage de la population francophone du Canada (23 %). Par ailleurs, si les projets en français d'institutions hors Québec constituent un pourcentage relativement acceptable (entre 7 % et 18 %) du total des projets en français, seulement 3 % des projets subventionnés en français portent sur les francophones hors Québec, et très peu sur les droits linguistiques. En fait, la plupart des projets en français qui sont subventionnés et qui proviennent d'universités hors Québec sont des projets réalisés par des départements de français des grandes universités anglophones et qui portent sur la littérature française ou québécoise.

On peut donc se demander pourquoi, dans un contexte de luttes juridiques importantes, la recherche sur les droits linguistiques, qui montre que le processus de la Révolution tranquille au Canada anglais est en cours et alors que plusieurs de ces revendications juridiques ont entraîné d'importantes dépenses du gouvernement fédéral, a été si peu subventionnée, du moins dans le cadre du programme de subventions « ordinaires ».

CONCLUSION

Nous pouvons tirer un certain nombre de conclusions des résultats que nous avons obtenus. La liste des individus qui ont eu le plus d'influence sur le système juridique canadien relativement aux enjeux juridiques et démographiques de la francophonie de l'Ouest nous permet d'attirer l'attention sur les éléments suivants :

1.   L'impact d'une personne prend du temps à se manifester. Dans plusieurs cas, il faut même attendre la mort de cette personne. En 1982, la première année considérée dans notre étude, 58 % des personnes (23 sur 40) de la liste du tableau 4 étaient déjà décédés.
2.   Ce sont avant tout les personnes d'âge mûr qui exercent une influence sur la société. Parmi celles qui font partie de la liste courte et qui sont vivants, la moyenne d'âge est de 66 ans. La seule exception notable est

Ed Aunger, professeur au Campus Saint-Jean (University of Alberta), qui se retrouve en quatrième position.

3. La plus grande influence sur le système juridique est exercée par les universitaires, soit 58 % (22 sur 38) des personnes du tableau 1.

Quant à l'analyse de l'impact sur les politiques publiques, on peut tirer la conclusion suivante :

1. Il y a un manque flagrant de communication entre la fonction publique, qui tend à faire ses propres études internes en vue de la conception de politiques publiques, notamment (sinon surtout) en ce qui concerne les droits linguistiques, négligeant ainsi l'expertise du milieu universitaire. Or, comme le montre l'analyse de l'impact sur le système juridique, les universitaires peuvent apporter une contribution importante lorsqu'ils sont consultés.

2. La recherche « ordinaire » sur les questions linguistiques est nettement sous-financée, et ce, paradoxalement, dans un contexte de luttes juridiques et de dépenses importantes de l'État fédéral pour les minorités. On a l'impression, devant ces résultats, que le colonialisme canadien-britannique est reproduit dans les structures mêmes de la recherche subventionnée. Curieusement, dans cette apparente reproduction du colonialisme britannique vis-à-vis du « fait » français au Canada, il semble que le paradigme postcolonial, important au Canada anglais depuis 20 ans au moins, ait contribué à cette situation en proclamant, à tort, l'égalité des cultures coloniales au Canada.

3. Finalement, dans le système de Thomson-Reuter ou dans le système de Hirsch, l'impact d'Ed Aunger serait limité, et le professeur occuperait un rang sans doute inférieur à celui de politologues qui, au fond, sont des commentateurs des politiques publiques mais n'ont aucune influence sur ces politiques. Pourtant, il est clair que l'impact des travaux du professeur Aunger est important dans la littérature légale associée aux innombrables cas juridiques concernant les droits linguistiques. C'est donc dire qu'un auteur comme le professeur Aunger peut avoir un impact très important sur les politiques publiques même si cet impact sur le monde universitaire est moindre – ou apparaît moindre dans le système de mesure par citations. Il faudrait donc inventer un nouveau système capable de mesurer l'impact public d'un auteur.

ANNEXE 1

TABLEAU 1
Projets en français acceptés / population francophone au Canada

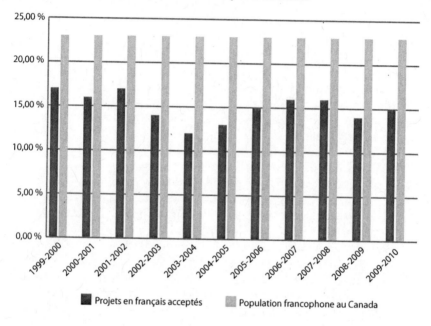

Légende :
■ Projets en français acceptés   ■ Population francophone au Canada

TABLEAU 2
Données sur les concours du CRSH 1999-2010

Années	Projets acceptés	Projets en français	Projets en français hors Québec
1999-2000	663	113 (17 %)*	12 (10 %)**
2000-2001	642	106 (16 %)*	8 (7 %)**
2001-2002	737	130 (17 %)*	21 (15 %)**
2002-2003	738	109 (14 %)*	7 (6 %)**
2003-2004	772	98 (12 %)*	18 (18 %)**
2004-2005	948	129 (13 %)*	19 (14 %)**
2005-2006	981	156 (15 %)*	23 (14 %)**
2006-2007	1 014	165 (16 %)*	16 (9 %)**
2007-2008	841	137 (16 %)*	13 (9 %)**
2008-2009	904	134 (14 %)*	21 (15 %)**
2009-2010	941	148 (15 %)*	20 (13 %)**
Total		1 425	178

* Pourcentage des projets en français par rapport au total des projets acceptés.
** Pourcentage des projets en français hors Québec par rapport au total des projets en français.

TABLEAU 3
Données sur les concours du CRSH 1999-2010

Années	Français hors-Québec	Minorités francophones*
1999-2000	12 (10 %)	4
2000-2001	8 (7 %)	2
2001-2002	21 (15 %)	6
2002-2003	7 (6 %)	1
2003-2004	18 (18 %)	5
2004-2005	19 (14 %)	4
2005-2006	23 (14 %)	5
2006-2007	16 (9 %)	5
2007-2008	13 (9 %)	4
2008-2009	21 (15 %)	7
2009-2010	20 (13 %)	5
Total minorités francophones		48 (3 %) du total en français
Total en français		1 425

* Il s'agit ici des projets portant spécifiquement sur les minorités francophones.

TABLEAU 4
Taux d'acceptation 1999-2010

Années	Anglais	Français
1999-2000	43,0 %	42,0 %
2000-2001	41,8 %	41,1 %
2001-2002	41,7 %	39,2 %
2002-2003	42,0 %	37,0 %
2003-2004	41,6 %	38,6 %
2004-2005	42,8 %	43,6 %
2005-2006	40,5 %	38,4 %
2006-2007	39,7 %	43,1 %
2007-2008	33,9 %	30,0 %
2008-2009	33,7 %	30,9 %
2009-2010	33,5 %	29,3 %

TABLEAU 5
Donnée sur les concours du CRSH 1999-2010

Années 1999-2010	Pourcentage des projets hors Québec qui portent sur les minorités francophones
Projets sur les minorités francophones	48
Projets en français subventionnés	1 425
%	3 %

ANNEXE 2

Protocole d'entente entre le gouvernement du Canada et les gouvernements provinciaux et territoriaux relatif à l'enseignement dans la langue de la minorité et à l'enseignement de la langue seconde.
Budget total de 2009-2010 à 2012-2013 (en dollars)

Provinces et territoires	Contributions fédérales annuelles		
	Langue de la minorité	Langue seconde	Total
Terre-Neuve-et-Labrador	1 301 551	2 639 295	3 940 846
Île-du-Prince-Édouard	1 545 732	1 076 602	2 622 334
Nouvelle-Écosse	3 896 725	3 761 355	7 658 080
Nouveau-Brunswick	16 236 833	5 465 859	21 702 692
Québec	46 525 473	18 406 662	64 932 135
Ontario	54 992 678	24 090 634	79 083 312
Manitoba	6 774 749	5 540 451	12 315 200
Saskatchewan	2 693 018	4 039 526	6 732 544
Alberta	5 310 966	8 894 859	14 205 825
Colombie-Britannique	6 036 572	10 067 846	16 104 418
Yukon	1 135 800	830 823	1 966 623
Territoires du Nord-Ouest	1 148 148	939 407	2 087 555
Nunavut	772 885	434 746	1 207 631
Total partiel	148 371 130	86 188 065	234 559 195
Pourcentage L1/L2	63,26 %	36,74 %	100,00 %
Programmes nationaux Explore/Destination Clic			16 923 407
Odyssée			7 114 398
Total partiel			24 037 805
Budget total			258 597 000

Provinces et territoires	Total sur 4 ans		
	Langue de la minorité	Langue seconde	Total
Terre-Neuve-et-Labrador	5 206 204	10 557 180	15 763 384
Île-du-Prince-Édouard	6 182 928	4 306 408	10 489 336
Nouvelle-Écosse	15 586 900	15 045 420	30 632 230
Nouveau-Brunswick	64 947 332	21 863 436	86 810 768
Québec	186 101 892	73 626 648	259 728 540
Ontario	219 970 712	96 362 536	316 333 248
Manitoba	27 098 996	22 161 804	49 260 800
Saskatchewan	10 772 072	16 158 104	26 930 176
Alberta	21 243 864	35 579 436	56 823 300
Colombie-Britannique	24 146 288	40 271 384	64 417 672
Yukon	4 543 200	3 323 292	7 866 492
Territoires du Nord-Ouest	4 592 592	3 757 628	8 350 220
Nunavut	3 091 540	1 738 984	4 830 524
Total partiel	593 484 520	344 752 260	938 236 780
Pourcentage L1/L2	63,26 %	36,74 %	100,00 %
Programmes nationaux Explore/Destination Clic			67 693 628
Odyssée			28 457 592
Total partiel			96 151 220
Budget total			1 034 388 000

NOTES

1. Nous remercions le CRSH pour le financement de cette recherche. Nous aimerions également remercier Rémi Léger et Dustin McNichol, les deux assistants de recherche qui ont travaillé sur ce projet, pour leur précieuse contribution. Nous remercions aussi Maryse Lavigne pour son précieux travail et le mathématicien Hassan Safouhi pour ses conseils.

2. Claire Donovan (2007). « Special Issue on future pathways for science policy and research assessment: metrics vs peer review, quality vs impact ». *Science and Public Policy*, octobre, vol. 34, n° 8, p. 538-542. Voir aussi : Forum Ciel Bleu-OCDE (2006). *Technology and Innovation Indicators in a changing world*, 25-26 septembre ; Forum Ciel Bleu-OCDE (2007) *Assessing the socioeconomic impacts of public investment in R&D*, 25-26 octobre ; Chris L. S. Coryn, John A. Hattie, Michael Scriven et Daniel J. Hartman (2007). « Models and Mechanisms for evaluating Government-funded Research: An International Comparison ». *American Journal of Evaluation*, vol. 28, n° 4, p. 437-457.

3. Ellen Hazelborn (2009). « Impact of Global Rankings on Higher Education Research and the Production of Knowledge ». *UNESCO Forum on Higher Education, Research and Knowledge Occasional Paper no. 15*, 14 p.

4. Howard D. White *et al.* (2009). « LIBCITATIONS: A Measure for Comparative Assessment of Book Publications in the Humanities and Social Sciences ». *Journal of the American Society for Information Science and Technology*, vol. 60, n° 6, p. 1 083-1 096.

5. Éric Montpetit *et al.* (2008). « What Does it Take for a Canadian Political Scientist to be Cited? ». *Social Science Quaterly*, vol. 89, n° 3, septembre, p. 802-816. Simon Hix (2004). « A Global Ranking of Political Science Departments ». *Political Studies Reviewer*, vol. 2, p. 293-313.

6. Voir le site www.thomsonreuters.com.

7. Voir le site http://thomsonreuters.com/products_services/science/free/essays/history_of_citation_indexing.

8. Voir le site http://thomsonreuters.com/products_services/science/free/essays/history_of_citation_indexing.

9. Voir le site www.thomsonreuters.com_about.

10. Voir le site www.thomsonreuters.com_about.

11. Voir le site www.thomsonreuters.com_about.

12. Voir note 4.

13. Howard D. White *et al.* (2009). « LIBCITATIONS: A Measure for Comparative Assessment of Book Publications in the Humanities and Social Sciences ». *Journal of the American Society for Information Science and Technology*, vol. 60, n° 6, p. 1 083.

14. Jorge E. Hirsch (2005). « An Index to Quantify an Individual's Scientific Research Output », *PNAS*, vol. 12, n° 46, 15 novembre, p. 16 569-16 572.

15. Jorge E. Hirsch (2005). « An Index to Quantify an Individual's Scientific Research Output ». *PNAS*, vol. 12, n° 46, 15 novembre, p. 16 570.

16. Charles Castonguay (1994). *L'assimilation linguistique : mesure et évolution, 1971-1986*. Québec : Publications du Québec. Charles Castonguay (1993). « Le déclin des populations francophones de l'Ouest canadien », *Cahiers franco-canadiens de l'Ouest*, vol. 5, n° 2, p. 147-153. Charles Castonguay (1999). « French is on the Ropes. Why Won't Ottawa Admit it? ». *Policy Options/Options politiques*,

octobre, p. 39-50. Charles Castonguay (1994). « Getting the Facts Straight ». *Inroads*, n° 8, 1999, p. 57-76. Charles Castonguay (1999). « L'assimilation durable ». *Le Devoir*, 3 juin. Charles Castonguay (1999). « Durham, Chrétien, même combat », *Le Devoir*, 22 août. Pour une contrepartie, voir : Claude Couture (2001). « La disparition inévitable des francophones à l'extérieur du Québec : un fait inéluctable ou le reflet d'un discours déterministe ? ». *Francophonies d'Amérique*, n° 11, p. 7-18.

17. Aunger (1991, 2002) et Aunger (1989).
18. Mulatris (à paraître).
19. José E. Igartua (2006). *The Other Quiet Revolution : National Identities in English Canada, 1945-1971*. Vancouver-Toronto : UBC Press, 280 p.
20. Habermas (1997) et Habermas (1987).
21. Voir par exemple Cozzarin (2006).
22. CRSH (2007).
23. Les données sur les tirage sont disponibles auprès de l'Association canadienne des journaux, http://www.cna-acj.ca/client/cna/ult.nsf/ccrecordsF R?OpenView&Start=1&count=10.
24. Reece (2008).
25. Levitt, Joseph. *Henri Bourassa : critique catholique*, Ottawa : Société Historique du Canada, 1977.
26. Levitt, Joseph. *Henri Bourassa : critique catholique*, Ottawa , Société Historique du Canada, 1977.
27. Lacombe, Sylvie (2002). *La rencontre de deux peuples élus : comparaison des ambitions nationale et impériale au Canada entre 1896 et 1920*. Sainte-Foy : Presses de l'Université Laval.
28. *Idem.*
29. Rumilly, Robert (2000). *Henri Bourassa*. Stanstead, Québec : Éditions du Marais.
30. *Idem.*
31. *Idem.*
32. *Idem.*
33. *The Dream of Nation. A Social and Intellectual History of Québec*. Toronto : McMillan, 1982, 334 p. Voir aussi, de la même auteure : *Action française : French Canadian Nationalism in the Twenties*. Toronto : University of Toronto Press, 1975, 157 p.
34. C'est un mot d'ailleurs très fréquemment utilisé par les auteurs anglophones jusqu'à leur Révolution tranquille des années 1960, comme l'a montré José E. Igartua (voir note 19).
35. Notamment : Marie-Pier Luneau (2003). *Lionel Groulx. Le mythe du berger*. Montréal : Leméac, 232 p. ; Gérard Bouchard (2003). *Les deux chanoines. Contradictions et ambivalences dans la pensée de Lionel Groulx*. Montréal : Boréal, 314 p. ; Robert Boily (dir.) (2005). *Un héritage controversé. Nouvelles lectures de Lionel Groulx*. Montréal : VLB, 192 p.
36. Voir deux ouvrages de Marcel-Aimé Gagnon : *Olivar Asselin toujours vivant*, Montréal, Presses de l'Université du Québec, 1974, 215 p. ; *La vie orageuse d'Olivar Asselin*, Montréal, Éditions de l'Homme, 1962, 302 p. Voir aussi : Denis Labarre (1991). *Olivar Asselin*. Montréal : Lidec, 53 p. et Hélène Pelletier-Baillargeon (2010). *Olivar Asselin et son temps*. Montréal : Fide, 370 p.

37   Voir : Stéphane Beaulac et Pierre-André Côté (2006). « Driedger's Modern Principle at the Supreme Court of Canada: Interpretation, Justification, Legitimation ». *Revue Juridique Themis*, vol. 40, n° 1, p. 135-171

38. F. Reed Dickerson (1986). « In memoriam ». Estates and Trusts Quaterly, vol. 7, n° 3, mars, p. 205-207.

39. Matthew Hayday (2005). *Bilingual Today. United Tomorrow*. Montreal-Kingston : McGill-Queen's Press, p. 188

40. Conseil des Ministres de l'Éducation (2009). *Protocole d'entente relatif à l'enseignement dans la langue de la minorité et à l'enseignement de la langue seconde 2009-2010 à 2012-2013 entre le gouvernement du Canada et le Conseil des ministres de l'Éducation*. Ottawa, 18 p.

BIBLIOGRAPHIE

Allaire, Gratien, et Laurence Fedigan 1993). « Survivance et assimilation : les deux faces d'une même médaille ». *The Canadian Modern Language Review*, vol. 49. n° 4, p. 672-686.

Aunger, Edmund A. (1991). « Obsèques prématurées : la disparition des minorités francophones et autres illusions nationalistes », texte présenté à la Conférence *Fédéralisme, nationalisme et identités*, 10, 11 et 12 décembre, Edmonton.

Aunger, Edmund A. (2002) « Obsèques prématurées : la disparition des minorités francophones et autres illusions nationalistes ». *Review of Constitutional Studies/ Revue d'études constitutionnelles*, vol. 7, n°s 1 et 2, p. 120-139.

Aunger, Edmund A. (1993). « The decline of a French-Speaking Enclave: A Case Study of Social Contact and Language Shift in Alberta ». *Canadian Ethnic Studies*, vol. 2, n° 2, p. 65-83.

Aunger, Edmund A. (1989). « Language and Law in the Province of Alberta », dans *Language and Law*, Paul Pupier et José Woehrling (dir.). Montréal : Wilson and Lafleur.

Bercuson, David J., et Barry Cooper (1991). *Goodbye et bonne chance*. Montréal : Le Jour.

Bernard, Roger (1990). *Le choc des nombres : dossier statistique sur la francophonie canadienne-française, 1951-1986*. Ottawa : Fédération des jeunes Canadiens français.

Bernard, Roger (1990). *Le déclin d'une culture*. Ottawa : Fédération des jeunes Canadiens français.

Bouchard, Gérard (1999). *La nation québécoise au futur et au passé*. Montréal : VLB éditeur.

Cardin, Jean-François, et Claude Couture (1996). *Histoire du Canada. Espaces et différences*. Sainte-Foy : Presses de l'Université Laval.

Castonguay, Charles (1994). *L'assimilation linguistique : mesure et évolution, 1971-1986*. Québec : Publications du Québec.

Castonguay, Charles (1993). « Le déclin des populations francophones de l'Ouest canadien ». *Cahiers franco-canadiens de l'Ouest*, vol. 5, n° 2, p. 147-153.

Castonguay, Charles (1999). « French is on the Ropes. Why Won't Ottawa Admit it? ». *PolicyOptions/Options politiques*, octobre, p. 39-50.

Castonguay, Charles (1999). « Getting the Facts Straight ». *Inroads*, n° 8, p. 57-76.

Castonguay, Charles (1999). « L'assimilation durable ». *Le Devoir*, 3 juin.

Castonguay, Charles (1999). « Durham, Chrétien, même combat ». *Le Devoir*, 22 août.

Couture, Claude, (2001). « La disparition inévitable des francophones à l'extérieur du Québec : un fait inéluctable ou le reflet d'un discours déterministe? ». *Francophonies d'Amérique*, nº 11, p. 7-18.

Cozzarin, Brian P. (2006). « Performance measures for the socio-economic impact of government spending on R&D ». *Scientometrics*, vol. 68, nº 1 (juillet), p. 41-71.

CRSH (2007). « Saisir les résultats et les impacts de la recherche subventionnée par le gouvernement ». *Conseil de recherche en sciences humaines du Canada*, en ligne : http://www.sshrc.ca/web/apply/program_descriptions/presidential_fund_outcomes_f.asp. [27 juillet 2010]

Dallaire, Louise M., et Réjean Lachapelle (1990). *Demolinguistic profiles of minority official-language communities*. Ottawa : Promotion of Official Languages Branch, Dept. of the Secretary of State of Canada.

Denis, Wilfrid L. (1993). « La complétude institutionelle et la vitalité des communautés fransaskoises en 1992 ». *Cahiers franco-canadiens de l'Ouest*, vol. 5, nº 2, p. 253-284.

Denis, Wilfrid L., et Peter S. Li (1983). *Les lois et la langue : l'oppression des Fransaskois de 1875 à 1983*. Saskatoon : Unité de recherche pour les études canadiennes-françaises, Université de la Saskatchewan.

Frénette, Yves (1998). *Brève histoire des Canadiens français*. Montréal : Boréal.

Habermas, Jürgen (1997). *Droit et démocratie*. Paris : Gallimard.

Habermas, Jürgen (1987). *Théorie de l'agir communicationnel*. Paris : Fayard, 2 tomes.

Hart, Edward J. (1980). *Ambition and Reality: The French-speaking Community of Edmonton, 1795-1935*. Edmonton : Salon d'histoire de la francophonie albertaine.

Hart, Edward J. (1976). « The Emergence and Role of the Elite in the Franco-Albertan Community to 1914 », dans *Essays on Western History*, Lewis H. Thomas (dir.). Edmonton : University of Alberta, p. 159-174.

Huel, Raymond J. A. (1976). « The French Language Press in Western Canada: Le Patriote de l'ouest, 1910-1941 ». *Revue de l'Université d'Ottawa*, nº 46, p. 476-499.

Joy, Richard J. (1972). *Languages in Conflict*. Toronto : McClelland and Stewart.

Lachapelle, Réjean (1988). *L'immigration et le caractère ethnolinguistique du Canada et du Québec*. Ottawa : Programme d'étude linguistique, Statistique Canada.

Lachapelle, Réjean (1986). « La démolinguistique et le destin des minorités françaises vivant à l'extérieur du Québec », dans *Mémoires de la Société royale du Canada*, 5e série, t. 1, p. 123-141.

Lachapelle, Réjean, et Jacques Henripin (1980). *La situation démolinguistique au Canada : évolution passée et prospective*. Montréal : Institut de recherches politiques.

Lalonde, André (1983). « Les Canadiens français de l'Ouest : espoirs, tragédies, incertitude », dans *Du continent perdu à l'archipel retrouvé : le Québec et l'Amérique française*, Dean Louder et Eric Waddell (dir.). Québec : Presses de l'Université Laval, p. 81-95.

Levitt, Joseph (1979). « L'intelligentsia du Québec et la migration des Canadiens français vers l'Ouest canadien, 1870-1930 ». *RHAF*, vol. 33, nº 2, p. 163-185.

Li, Peter S., et Wilfrid S. Denis (1983). « Minority Enclave and Majority Language: The Case of a French Town in Western Canada ». *Canadian Ethnic Studies*, vol. 15, nº 1, p. 18-32.

Mulatris, Paulin (2009). « Francophonie albertaine et inclusion des nouveaux arrivants : post mortem à un débat sur un changement de nom ». *Revue de l'intégration et de la migration internationale (RIMI)*, vol. 10, n° 2, p. 145-158.

Owram, Doug (1992). *Promise of Eden: The Canadian Expansionist Movement and the Idea of the West, 1856-1900*. Toronto : University of Toronto Press.

Painchaud, Robert (1975). « Les exigences linguistiques dans le recrutement d'un clergé pour l'Ouest canadien : 1818-1920 ». *Sessions d'études*, La société canadienne d'histoire de l'église catholique, p. 43-64.

Painchaud, Robert (1981). « The Franco-Canadian Communities of Western Canada since 1945 », dans *Eastern and Western Perspectives*, David J. Bercuson et Philip Buckner (dir.). Toronto : University of Toronto Press, p. 3-18.

Painchaud, Robert (1978). « French-Canadian Historiography and Franco-Catholic Settlement in Western Canada ». *CHR*, vol. 49, n° 4, p. 447-466.

Painchaud, Robert (1975). « Les origines des peuplements de langue française dans l'Ouest canadien, 1870-1920 : mythes et réalités ». *Société royale du Canada*, 4e série, tome 13, p. 109-111.

Painchaud, Robert (1986). *Un rêve français dans le peuplement de la Prairie*. St-Boniface : Éditions des plaines.

Painchaud, Robert (1977). « Situation de la recherche sur les communautés franco-canadiennes de l'Ouest ». *Colloque sur les archives et recherches régionales du Canada français*. Ottawa : Centre de recherche en civilisation canadienne-française de l'Université d'Ottawa, p. 113-121.

Rees, William (2008). « Science, Cognition and Public Policy ». *Academic Matters*, avril-mai, p. 9-12.

Reid, Scott (1993). *Lament for a Nation: The Life and Death of Canada's Bilingual Dream*. Vancouver : Arsenal Pulp Press.

Silver, A. I. (1966). "French-Canadian Attitudes Towards the North-West and North-West Settlement, 1870-1890", thèse de maîtrise, Université McGill.

Silver, A. I. (1988). *French-Canadian Idea of Confederation, 1864-1900*. Toronto : University of Toronto Press, 1re édition, 1982 ; 2e édition, 1988.

Silver, A. I. (1997). « Ontario's Alleged Fanaticism in the Riel Affair ». *The Canadian Historical Review*, vol. 69, n° 1, p. 21-50.

Smith, Donald B. (1985). « A History of French-Speaking Albertans », dans *Peoples of Alberta: Portraits of Cultural Diversity*, Howard et Tamara Palmer (dir.). Saskatoon : Western Producer Prairie Books, p. 84-108.

Thériault, Joseph-Yvon (1999). *Francophonies minoritaires au Canada : états des lieux*. Moncton : Éditions de l'Acadie.

Autres sources

Discours du Trône, 7 décembre 1983, 5 novembre 1984, 1er octobre 1986, 12 décembre 1988, 3 avril 1989, 8 septembre 1993, 1er janvier 1994, 27 février 1996, 22 septembre 1997, 12 octobre 1999, 29 janvier 2001, 30 septembre 2002, 2 février 2004, 4 octobre 2004, 3 avril 2006.

Rapports annuels du Commissariat aux langues officielles, de 1982 à 2006.

Patrimoine canadien, Conseil des ministres de l'Éducation (Canada), *Protocole d'entente relatif à l'enseignement de la langue seconde 2009-2010 à 2012-2013 entre le Gouvernement du Canada et la Conseil des ministres de l'Éducation (Canada)*, 2009

Jugements relatifs à la question francophone

Reference re French Language Rights of Accused in Saskatchewan Criminal Proceedings,
   1987 CanLII 204 (SK C.A.) — 1987-07-27
Saskatchewan — Cour d'appel de la Saskatchewan
Mahe v. Alta. (Govt.), 1987 CanLII 146 (AB C.A.) — 1987-08-26
Alberta — Cour d'appel
Musqueam Indian Band v. British Columbia (Minister of Sustainable Resource Manage-
   ment), 2005 BCCA 128 (CanLII) — 2005-03-07
Colombie-Britannique — Cour d'appel
Paquette v. R. in Right of Canada, 1985 CanLII 140 (AB Q.B.) — 1985-07-30
Alberta — Cour du Banc de la Reine
B. C. Teacher's Federation v. School District No. 39, 2003 BCCA 100 (CanLII) —
   2003-02-19
Colombie-Britannique — Cour d'appel
The Taku River Tlingit First Nation et al. v. Ringstad et al., 2000 BCSC 1001 (CanLII)
   — 2000-06-28
Colombie-Britannique — Cour suprême de la Colombie-Britannique
Lavoie v. Wills, 2000 ABQB 1014 (CanLII) — 2000-11-14
Alberta — Cour du Banc de la Reine
Spiers v. Spiers, 2003 ABQB 830 (CanLII) — 2003-10-06
Alberta — Cour du Banc de la Reine
Bucholtz v. Smith, 2001 BCSC 1176 (CanLII) — 2001-08-09
Colombie-Britannique — Cour suprême de la Colombie-Britannique
Old. St. Boniface Residents Assn. v. Winnipeg (City), 1989 CanLII 177 (MB C.A.) —
   1989-04-05
Manitoba — Cour d'appel
Johnston v. Johnston, 2004 ABQB 221 (CanLII) — 2004-03-19
Alberta — Cour du Banc de la Reine
Robin v. College de St.-Boniface, 1984 CanLII 42 (MB C.A.) — 1984-10-16
Manitoba — Cour d'appel
Baier v. Alberta, 2006 ABCA 187 (CanLII) — 2006-06-13
Alberta — Cour d'appel
Assn. des parents francophones de la Colombie Britannique v. British Columbia, 1998
   CanLII 3969 (BC S.C.) — 1998-11-23
Colombie-Britannique — Cour suprême de la Colombie-Britannique
HMTQ v. Moore et al., 2001 BCSC 336 (CanLII) — 2001-03-02
Colombie-Britannique — Cour suprême de la Colombie-Britannique
Albert v. Le Conseil Scolaire Francophone De La Colombie- Britannique, 2006 BCSC
   1539 (CanLII) — 2006-10-19
Colombie-Britannique — Cour suprême de la Colombie-Britannique
R. v. Oliynyk, Lepage and Ferris, 2006 BCSC 572 (CanLII) — 2006-04-10
Colombie-Britannique — Cour suprême de la Colombie-Britannique
Ha v. M.H., 2004 SKQB 34 (CanLII) — 2004-02-03
Saskatchewan — Cour du Banc de Sa Majesté la Reine de la Saskatchewan
St. Boniface General Hospital v. Board of Revision of the City of Winnipeg, 2003 MBQB
   9 (CanLII) — 2003-01-20
Manitoba — Cour du Banc de la Reine du Manitoba
Begin v. Begin, 2000 ABQB 319 (CanLII) — 2000-05-12

Alberta — Cour du Banc de la Reine
Foreman v. Foreman, 2004 ABQB 694 (CanLII) — 2004-09-27
Alberta — Cour du Banc de la Reine
Morrison v. Morrison, 2000 BCSC 1017 (CanLII) — 2000-06-29
Colombie-Britannique — Cour suprême de la Colombie-Britannique
Vinderskov v. Vinderskov, 2000 BCSC 744 (CanLII) — 2000-05-05
Colombie-Britannique — Cour suprême de la Colombie-Britannique
Vinderskov v Vinderskov, 2001 BCSC 994 (CanLII) — 2001-07-09
Colombie-Britannique — Cour suprême de la Colombie-Britannique
R. v. S.L.H., 2004 BCSC 410 (CanLII) — 2004-03-29
Colombie-Britannique — Cour suprême de la Colombie-Britannique
R. v. Therrien, 2006 BCSC 1739 (CanLII) — 2006-11-23
Colombie-Britannique — Cour suprême de la Colombie-Britannique
Grant v. Grant et al., 2006 BCSC 1974 (CanLII) — 2006-11-14
Colombie-Britannique — Cour suprême de la Colombie-Britannique
Canadian Broadcasting Corporation v. Lijun Luo, 2007 BCSC 971 (CanLII) — 2007-07-04
Colombie-Britannique — Cour suprême de la Colombie-Britannique
Kearl v. The Board of Education of the Ile-a-la-Crosse School Division No. 112 of Saskatchewan, 2003 SKCA 73 (CanLII) — 2003-08-11
Saskatchewan — Cour d'appel de la Saskatchewan
Conseil Scolaire Fransaskois De Zenon Park v. Saskatchewan, 1998 CanLII 13468 (SK Q.B.) — 1998-06-30
Saskatchewan — Cour du Banc de Sa Majesté la Reine de la Saskatchewan
Tremblay v. Corman Holsteins Ltd., 2003 SKQB 182 (CanLII) — 2003-04-16
Saskatchewan — Cour du Banc de Sa Majesté la Reine de la Saskatchewan
Metz v. Board of Education of the Prairie Valley School Division no. 208 of Saskatchewan, 2007 SKQB 269 (CanLII) — 2007-07-26
Saskatchewan — Cour du Banc de Sa Majesté la Reine de la Saskatchewan
R. c. Caron, 2007 ABQB 262 (CanLII) — 2007-04-19
Alberta — Cour du Banc de la Reine
R. c. Rottiers, 1995 CanLII 4003 (SK C.A.) — 1995-06-02
Saskatchewan — Cour d'appel de la Saskatchewan
R. v. Creekside Hideaway Motel Ltd; R. v. Jenkinson, 2007 MBCA 19 (CanLII) — 2007-02-13
Manitoba — Cour d'appel
R. c. Rémillard, 2006 MBCA 2 (CanLII) — 2006-01-04
Manitoba — Cour d'appel
P.(S.F.) v. MacDonald, 1998 ABQB 855 (CanLII) — 1998-09-29
Alberta — Cour du Banc de la Reine
Roy v. Champigny, 2001 ABQB 868 (CanLII) — 2001-10-24
Alberta — Cour du Banc de la Reine
Baier v. Alberta, 2004 ABQB 737 (CanLII) — 2004-10-13
Alberta — Cour du Banc de la Reine
Smyth v. Edmonton (City) Police Service, 2005 ABQB 652 (CanLII) — 2005-08-29
Alberta — Cour du Banc de la Reine
Caron v. Alberta (Human Rights and Citizenship Commission), 2007 ABQB 200 (CanLII) — 2007-03-23
Alberta — Cour du Banc de la Reine

Calgary Roman Catholic Separate School District No. 1 v. O'Malley, 2007 ABQB 574 (CanLII) — 2007-09-18
Alberta — Cour du Banc de la Reine
C.(C.M.) v. B.(C.D.), 2001 BCPC 201 (CanLII) — 2001-07-05
Colombie-Britannique — Cour provinciale de la Colombie-Britannique
L'association Des Parents Francophones De La Colombie- Britannique, La Federation Des Francophones De La Colombie-Britannique v. Woods, 1996 CanLII 1455 (BC S.C.) — 1996-08-19
Colombie-Britannique — Cour suprême de la Colombie-Britannique
Doise v. Doise, 1996 CanLII 3005 (BC S.C.) — 1996-05-30
Colombie-Britannique — Cour suprême de la Colombie-Britannique
M. (L.A.) v. D. (B.), 1997 CanLII 774 (BC S.C.) — 1997-08-08
Colombie-Britannique — Cour suprême de la Colombie-Britannique
Cassidy v. Abbotsford Police Department, 1999 CanLII 5214 (BC S.C.) — 1999-12-22
Colombie-Britannique — Cour suprême de la Colombie-Britannique
Assoc. des Francophones des Nanaimo v. Gill, 2001 BCSC 384 (CanLII) — 2001-03-13
Colombie-Britannique — Cour suprême de la Colombie-Britannique
Champagne v. Brodie, 2002 BCSC 910 (CanLII) — 2002-06-14
Colombie-Britannique — Cour suprême de la Colombie-Britannique
A.M.D. v. S.M.D., 2005 BCSC 481 (CanLII) — 2005-03-31
Colombie-Britannique — Cour suprême de la Colombie-Britannique
Al-Hendawi v. Sidhu, 2006 BCSC 522 (CanLII) — 2006-03-30
Colombie-Britannique — Cour suprême de la Colombie-Britannique
ob gyn — residency — medical — pain — disc
R. v. Oliynyk, Lepage and Ferris, 2006 BCSC 85 (CanLII) — 2006-01-17
Colombie-Britannique — Cour suprême de la Colombie-Britannique
Albert v. Le Conseil Scolaire Francophone de la Colombie- Britannique, 2007 BCSC 928 (CanLII) — 2007-06-27
Colombie-Britannique — Cour suprême de la Colombie-Britannique
Churchill v. Stockgroup Media Inc., 2008 BCSC 578 (CanLII) — 2008-05-07
Colombie-Britannique — Cour suprême de la Colombie-Britannique
WCAT-2008-00216 (Re), 2008 CanLII 9212 (BC W.C.A.T.) — 2008-01-24
Colombie-Britannique — British Columbia Workers' Compensation Appeal Tribunal
WCAT-2008-00279 (Re), 2008 CanLII 9275 (BC W.C.A.T.) — 2008-01-29
Colombie-Britannique — British Columbia Workers' Compensation Appeal Tribunal
R. v. Rottiers, 1995 CanLII 6047 (SK Q.B.) — 1995-01-19
Saskatchewan — Cour du Banc de Sa Majesté la Reine de la Saskatchewan
Thomson v. Saskatoon School Division No. 13, 1995 CanLII 6158 (SK Q.B.) — 1995-06-22
Saskatchewan — Cour du Banc de Sa Majesté la Reine de la Saskatchewan
Elliott v. Elliott, 2003 SKQB 523 (CanLII) — 2003-12-10
Saskatchewan — Cour du Banc de Sa Majesté la Reine de la Saskatchewan
R. v. Bonamy, 2005 SKQB 208 (CanLII) — 2005-05-05
Saskatchewan — Cour du Banc de Sa Majesté la Reine de la Saskatchewan
Gareau de Recio v. Jacques, 2006 SKQB 188 (CanLII) — 2006-04-20
Saskatchewan — Cour du Banc de Sa Majesté la Reine de la Saskatchewan
R. c. Dubé, 2004 ABPC 185 (CanLII) — 2004-10-21

Alberta — Cour provinciale
R. c. Caron, 2006 ABPC 278 (CanLII) — 2006-08-02
Alberta — Cour provinciale
Laliberté c. La Société du Centre Scolaire Communautaire de Calgary, 2007 ABPC 324 (CanLII) — 2007-11-13
Alberta — Cour provinciale
East Central Francophone Education Region No. 3 c. Alberta (Minister of Infrastructure), 2004 ABQB 428 (CanLII) — 2004-06-09
Alberta — Cour du Banc de la Reine
R. c. Caron, 2007 ABQB 632 (CanLII) — 2007-10-22
Alberta — Cour du Banc de la Reine
R. c. Desgagné, 2003 SKPC 102 (CanLII) — 2003-06-25
Saskatchewan — Cour provinciale de la Saskatchewan
United States of America v. Turenne, 1999 CanLII 14200 (MB Q.B.) — 1999-06-02
Manitoba — Cour du Banc de la Reine du Manitoba
R. v. Teerhuis-Moar, 2007 MBQB 165 (CanLII) — 2007-06-29
Manitoba — Cour du Banc de la Reine du Manitoba
R. c. Rémillard, 2005 CanLII 22807 (MB P.C.) — 2005-06-17
Manitoba — Cour provinciale du Manitoba
Division scolaire franco-manitobaine no 49 c. Qualico Developments (Winnipeg) Ltd., 1999 CanLII 14507 (MB Q.B.) — 1999-11-22
Manitoba — Cour du Banc de la Reine du Manitoba
Boille c. Vallières, 2000 CanLII 21116 (MB Q.B.) — 2000-01-28
Manitoba — Cour du Banc de la Reine du Manitoba
S.R. c. M.C., 2002 MBQB 56 (CanLII) — 2002-03-08
Manitoba — Cour du Banc de la Reine du Manitoba
Gestion des écoles françaises, Règlement sur la, Regl. du Man. 202/93
Manitoba — Codification des règlements du Manitoba
Local Authorities Election Forms Regulation, Alta. Reg. 106/2007
Alberta — Regulations of Alberta
The 2006-2007 School Grant Regulations, R.R.S. c. E-0.2 Reg. 17
Saskatchewan — Règlements de la Saskatchewan
En corporation le Collège de Saint-Boniface, Loi constituant, C.P.L.M. c. C150.2
Manitoba — Codification permanente des lois du Manitoba
Éducation, Loi de 1995 sur l', L.S. 1995, c. E-0.2
Saskatchewan — Lois consolidées de la Saskatchewan
Élections du Conseil scolaire fransaskois, Règlement sur les, R.R.S. ch. E-0.2 Regl. 4
Saskatchewan — Règlements de la Saskatchewan
Disposition of Property Regulation, Alta. Reg. 3/2001
Alberta — Regulations of Alberta
Services en français, Règlement sur les, Regl. du Man. 46/98
Manitoba — Codification des règlements du Manitoba
Sécurité à l'école, Règlement sur la, Regl. du Man. 77/2005
Manitoba — Codification des règlements du Manitoba
Association des enseignants du Manitoba, Loi sur l', C.P.L.M. c. T30
Manitoba — Codification permanente des lois du Manitoba
School Act, R.S.A. 2000, c. S-3
Alberta — Consolidated Statutes of Alberta
Teacher Membership Status Election Regulation, Alta. Reg. 260/2004

Alberta — Regulations of Alberta
Comités consultatifs scolaires, Règlement sur les, Regl. du Man. 54/96
Manitoba — Codification des règlements du Manitoba
Services en français, Règlement sur les, Regl. du Man. 199/2005
Manitoba — Codification des règlements du Manitoba
Société Voyage Manitoba, Loi sur la, C.P.L.M. c. T150
Manitoba — Codification permanente des lois du Manitoba
Teachers' Life Insurance (Government Contributory) Act, R.S.S. 1978, c. T-8
Saskatchewan — Lois consolidées de la Saskatchewan
Planning Exemption Regulation, Alta. Reg. 223/2000
Alberta — Regulations of Alberta
Student Record Regulation, Alta. Reg. 225/2006
Alberta — Regulations of Alberta
Application sur les jurés, Règlement d', Regl. du Man. 320/87 R
Manitoba — Codification des règlements du Manitoba
Stratégie « Enfants en santé Manitoba », Loi sur la, C.P.L.M. c. H37
Manitoba — Codification permanente des lois du Manitoba
Designation and Transfer of Responsibility Regulation, Alta. Reg. 38/2008
Alberta — Regulations of Alberta
Education Regulations, 1986, R.R.S. c. E-0.1 Reg. 1
Saskatchewan — Règlements de la Saskatchewan
Provincial Emblems and Honours Act, S.S. 1988-89, c. P-30.2
Saskatchewan — Lois consolidées de la Saskatchewan
Création de la Commission de révision des limites, Règlement sur la, Regl. du Man. 163/93
Manitoba — Codification des règlements du Manitoba
Saskatchewan Association of School Business Officials Act, 2004, S.S. 2004, c. S-8.2
Saskatchewan — Lois consolidées de la Saskatchewan
Freedom of Information and Protection of Privacy Regulation, Alta. Reg. 200/1995
Alberta — Regulations of Alberta
Écoles publiques, Loi sur les - 1 - 41(5), C.P.L.M. c. P250
Manitoba — Codification permanente des lois du Manitoba

THE *OFFICIAL LANGUAGES ACT:*
PAST, PRESENT, AND FUTURE

GRAHAM FRASER, *Commissioner of Official Languages*

Loin d'être une loi ordinaire, la Loi sur les langues officielles *a joué un rôle important dans la construction de l'identité canadienne. Quarante ans après son adoption, bien qu'il y ait encore des lacunes dans sa mise en œuvre, force est d'admettre que d'importants progrès ont été accomplis. Par exemple, le gouvernement est maintenant en mesure de communiquer avec les Canadiens de langue française et de langue anglaise, trois fois sur quatre, dans la langue choisie par ces derniers. On attend maintenant des dirigeants des partis politiques et du gouverneur général qu'ils soient bilingues. De plus, la majorité des Canadiens ont désormais une meilleure compréhension des avantages sociaux, politiques et économiques qu'offre le fait que le Canada ait deux langues officielles. Toutefois, il reste encore du chemin à parcourir afin que les Canadiens assument pleinement la dualité linguistique comme étant l'un des traits qui les définit. À l'occasion du 40ᵉ anniversaire de l'adoption de la* Loi sur les langues officielles, *le commissaire aux langues officielles, Graham Fraser, présente dans ce texte les grandes étapes de l'élaboration du régime linguistique canadien. Il aborde ensuite les défis qui persistent dans la mise en œuvre de la Loi, puis termine en faisant quelques observations sur l'avenir. Comment la* Loi *saura-t-elle évoluer avec les changements technologiques que nous connaissons aujourd'hui ? Quel rôle les autres paliers de gouvernements, et particulièrement les municipalités, devront-ils jouer dans la promotion de la dualité linguistique canadienne ? Comment les jeunes Canadiens, issus de communautés tant majoritaires que minoritaires, feront-ils évoluer la dualité linguistique canadienne ? Voilà des exemples des questions que soulève le texte.*

Life After Forty: Official Languages Policy in Canada / Après quarante ans, les politiques de langue officielle au Canada, ed. J. Jedwab and R. Landry. Montreal and Kingston: Queen's Policy Studies Series, McGill-Queen's University Press. © 2011 The School of Policy Studies, Queen's University at Kingston. All rights reserved.

Far from being an ordinary law, the *Official Languages Act* has played a significant role in building Canadian identity. In 1969, at a time when debates over language were heating up, it was with a certain sense of urgency that Pierre Elliott Trudeau's government decided to act and put an end to what had essentially been a laissez-faire policy. Despite strong opposition, his government vigorously defended the bill, which contained a strikingly bold and ambitious vision of a Canada rooted in equality, respect, and openness.

Forty years later, it now seems like a good time to stop and reflect on the progress Canada has made. Although there are still shortcomings in the way the act is implemented, our official languages history shows us that great strides have been made. In this chapter, I will revisit the major milestones in building Canada's linguistic framework and add my observations on the current situation as well as on the future of official languages.

In the 1950s, the French language had no place in government. Federal laws were written in English and then often poorly translated into French. Until 1958, there was no simultaneous interpretation in the House of Commons. Government cheques were printed in English only, and bilingual signs in federal government buildings were rare. It was always difficult and often impossible to communicate with the federal government in French (Coleman 1984, 194). It was taken for granted that French-speaking public servants would work in English, while English-speaking public servants merely had to excuse themselves for being unable to speak French. There were very few French-language schools outside Quebec – and no French-language school boards. The use of French had, in fact, been outlawed in schools in several parts of the country.

The need to address the situation began to be felt in the 1960s. Quebec was undergoing dramatic changes, which prompted Lester Pearson to establish the Royal Commission on Bilingualism and Biculturalism (RCBB). In a preliminary report published in 1965, commissioners Laurendeau and Dunton revealed a potentially explosive situation: "We believe that there is a crisis, in the sense that Canada has come to a time when decisions must be taken and developments must occur leading either to its breakup, or to a new set of conditions for its future existence" (Canada. RCBB 1965, 133). That same year, in a presentation before a parliamentary committee on the constitution, Pierre Trudeau argued that French-speaking Canadians should be able to compete on a level playing field with English-speaking Canadians – and that if they could not, they would retreat within Quebec, adopt a siege mentality, and conclude that Quebec's independence was their only option (quoted in Burelle 2005, 47).

In July 1969, in the wake of the RCBB's recommendations and under the leadership of Pierre Trudeau, Parliament adopted the first *Official Languages Act*. This first version of the act established the principle of equality between French and English and the equal status of the two languages as they would be used in Parliament and government institutions. Anglophones and francophones now had the right to be served by federal institutions in the official language of their choice. The act also created the position of commissioner of official languages. The commissioner's mandate was to ensure compliance with the letter and spirit of the act.

The act was often misunderstood by the public. Canadians and many media outlets believed that it would require Canadians and all federal public servants to become bilingual. This had never been the purpose of the act, however. What it did was make federal institutions responsible for serving Canadians in both official languages. Gérard Pelletier, the minister responsible for the act at the time, made a point of never using the word "bilingualism" and always talked about "official languages policy" (1992, 64).

It is also important to remember that in debates on the bill, there were major disagreements not only among political parties, but also within the Liberal Party itself. One of the many points of contention was the basis on which English and French should be given official status. Pierre Trudeau emphasized demographic, rather than historical, considerations. John Turner, then minister of justice, and Gérard Pelletier, secretary of state, preferred to focus on the historical and political contributions of the two language groups. What the two men added to Trudeau's vision was the notion that the act was a necessary measure to ensure national unity (Canada 1968, 1481). In the end, it was this vision, and not Trudeau's specifically, that was upheld by the Liberal Party as the basis for the bill.

In 1982, the *Canadian Charter of Rights and Freedoms* marked another important step in this eminently Canadian venture. It entrenched the official language status of English and French and affirmed the bilingual character of New Brunswick. It also expanded Canada's linguistic framework by providing guarantees for minority-language education. Finally, it strengthened the character – at once individual and collective – of language rights. Indeed, the act and the charter are both designed to ensure that Canada's official language communities are supported and continue to develop. Because certain rights apply only when "significant demand" has been established, the rights of individuals are, to some extent, premised on the very existence of linguistic minorities.

In 1988, after repeated requests from then commissioner of official languages D'Iberville Fortier, and under the government of Brian Mulroney, the *Official Languages Act* was amended and expanded to comply with the charter. This gave the act a quasi-constitutional status. The new act, still in effect today, included new obligations aimed at promoting the use of English and French as well as supporting the development of official language minority communities. It was to this new version of the act that Part V was added, which gave federal public servants the right to work in the language of their choice in regions designated as bilingual – namely, the National Capital Region, New Brunswick, parts of Quebec, and parts of northern and eastern Ontario.

The following ten years proved to be a difficult time for linguistic duality within Canada's federal government. Budget cuts resulted in major setbacks on all fronts. There was decreased support for official language communities, a reduced role for the Treasury Board, a lack of progress in the implementation of Part IV and Part V of the act, and stagnation in the application of Part VII.

In 2005, though, a new and important step was taken. Parliament amended the act to enshrine the government's obligation to take positive measures to support the development of official language minority communities and promote the use of English and French in Canada. Government institutions could now also face legal action if they failed to act or fell short in carrying out their obligations.

Apart from these major events, the past forty years of official languages history have seen a sprinkling of advances in a wide range of areas. Some have come in the form of court decisions, others in actions taken by provincial or territorial governments.

We cannot ignore the impact that the courts have had on the development of Canada's linguistic framework. The combination of the charter and the amended act provided the framework for the Supreme Court to hand down major rulings that advanced language rights in Canada. Each decade has seen important decisions that have led to a more comprehensive interpretation of the act and a better understanding of its guiding principle: equality.

The *Beaulac* and *DesRochers* decisions have been particularly meaningful. In the *Beaulac* case (1999), the Supreme Court adopted a broad and liberal interpretation of language rights. It held that "language rights are not negative rights, or passive rights: they can only be enjoyed if the means are provided."[1] This interpretation confirmed the principle that the government has an obligation to take actions so that Canadians can exercise their language rights.

Ten years after the *Beaulac* decision, the Supreme Court went a step further by setting parameters to guide the government in its efforts to promote substantive equality. In the *DesRochers*[2] case, the court stated that providing services to minority communities in their language was not sufficient to meet the obligations under Part IV of the *Official Languages Act* or section 20 of the charter. In fact, the court suggested that, in some cases, the principle of substantive equality required federal institutions to provide services that would meet the specific needs of minority communities. Thus, the court confirmed that developing and providing identical services for both language communities did not necessarily allow for true equality and that, in some cases, the communities should expect distinct treatment. This decision marked a significant move toward a greater and more liberal understanding of equality.

The contributions of the provinces and territories to building Canada's linguistic framework are also noteworthy. Of course, the scope of the legislation and policies put forward by the various governments varies and, admittedly, may be difficult for citizens to understand. While New Brunswick is officially bilingual, Ontario has a French-language-services law that guarantees the right to service in French in areas such as health and education as well as in the courts. Manitoba now has a French-language-services policy that has resulted in a number of government offices offering services in French. In 1999, Prince Edward Island's legislative assembly adopted its *French Language Services Act*, although, to this day, it is only partially applied. Although Quebec is officially unilingual, it offers guarantees, protections, and services to the English-speaking minority.

In 2009, Nunavut wrote an important chapter in its young history by adopting its own *Official Languages Act* and the *Inuit Language Protection Act*. In addition to recognizing the need to protect the Inuit language, these legislative advances are based on respect for the language rights of the Inuit, francophone, and anglophone communities.

Forty years after the *Official Languages Act* was passed, there are many advances to celebrate. The government is now able, three times out of four, to communicate with both English- and French-speaking Canadians in the language of their choice. Although the situation is not perfect, it is clearly an improvement. Most documents, forms, and procedures are now readily available in both languages. Today, it is expected that the leaders of political parties and the governor general will be bilingual. The recognition of English and French as official languages has also become an important piece of Canada's social fabric. According to a 2006 Decima Research survey, seven out of ten Canadians are in favour of bilingualism. This support is even greater among eighteen- to thirty-four-year-old Canadians, with eight out of ten in favour of bilingualism (Canada. OCOL 2007). It shows that the vast majority of Canadians understand the social, political, and economic benefits of having two official languages.

In short, we have enjoyed some success. That being said, whether fairly or not, these advances are often overshadowed by failures and go unnoticed because of the distance that remains to be travelled before both official languages achieve equal status. Clearly, we have not yet completed the considerable project we undertook forty years ago.

For example, more than twenty years after the concept of language of work was included in the act, it is still quite difficult for many public servants in designated bilingual regions to work in the official language of their choice. In terms of communication, writing, and supervision, anglophone and francophone employees in a minority situation have difficulty asserting their language rights. One-third of francophones, for instance, report that they do not feel comfortable using French in meetings, and the same proportion of anglophones say they do not always have access to professional development training in English (Statistics Canada 2009).

Part V of the act is complex and often misunderstood because it is contingent on human behaviour and organizational culture. It also relies on leadership: senior and middle managers have a major role to play in creating a truly bilingual workplace.

The language-of-work issue, however, is not simply an internal problem of the federal public service that does not concern other Canadians. In fact, the persistence of a unilingual work culture hinders the effort to provide services of equal quality in both languages. A bilingual work environment offers both language communities the opportunity to contribute fully, in their first official language, to the development and implementation of policies and programs that serve all Canadians. Creating a truly bilingual workplace also benefits official language minority communities as policies and programs become more tailored to their needs.

The *Official Languages Act* must be seen as a whole: its parts are interlinked and cannot be applied in isolation. Clearly, to improve services in both official languages, the status of English and French in the workplace must change. Anglophones and francophones in a minority setting must be actively encouraged to use their language when offered that choice. By doing so, the minority language increases its presence in the public sphere, and this, in turn, has a positive effect on the community's sense of belonging. Thus, language of work, language of service, and community development are clearly interdependent concepts, supporting and reinforcing each other.

Another component to add is second-language learning. To provide services in both official languages, we must have a workforce that is proficient in both languages. Unfortunately, our education system does not sufficiently address the importance of learning both official languages as early as possible. Even though immersion programs have proved to be successful, the demand for them largely outweighs the supply. Moreover, with a few exceptions, post-secondary institutions are not responding to the fact that Canada's largest employer, the federal government, needs bilingual employees. As a result, most of the hundreds of thousands of young people currently enrolled in immersion or higher-level French programs enter university and do not find programs that would allow them to improve or retain their knowledge of their second language.

As for official language communities, we have succeeded in developing tools to understand more about their challenges and their vitality. For some time already, there has been a growing consensus among community groups, as well as federal institutions, about the need to assess community progress. Under the reinforced *Official Languages Act*, since 2005 federal institutions have an obligation to enhance the vitality, and support the development, of official language communities. To fulfill these obligations, however, these institutions must have information and practical knowledge to better understand the specific situation of the various communities and identify which positive measures to adopt.

With this in mind, the Office of the Commissioner of Official Languages has been conducting studies in recent years on vitality indicators for official language minority communities. The studies seek to assess community vitality by involving community leaders and partners. Vitality is no longer measured only in quantitative terms; a number of qualitative measurements are now used, based on the needs of each community.

This approach to understanding the vitality of English-speaking communities in Quebec and francophones outside Quebec is more complex, but it is also more suited to their reality, which is itself elaborate and multifaceted. It also demonstrates the changes in the notions of equality and community development since the first *Official Languages Act* was passed.

Moreover, the portrait of the Canadian population has changed considerably since the act was adopted. Although diversity has always been a part of Canadian history, it has become much more pronounced in the past few years. The 2006 census recorded more than 200 unofficial first languages in use in Canada, and it revealed that 20 percent of Canadians reported a mother tongue other than English or French. In the face of such statistics, some people are calling into question the relevance of maintaining English and French as official languages in Canada. To them, Canada's linguistic duality is a thing of the past. Instead, they believe that in this era of globalization and openness, the country should adopt a multilingual vision in its place. In my view, these thoughts are based on a number of myths, and they require a nuanced response.

When I was first appointed to this position, I wanted to engage Canadians of diverse backgrounds in a dialogue on linguistic duality. Accordingly, the Office of the Commissioner of Official Languages held two discussion forums, one in Toronto in 2007 and another in Vancouver in 2008. These forums provided an opportunity for participants to reflect on the connections between linguistic duality and cultural diversity. We noted that in many cases, immigrants whose first official language is English are open to adopting the two official languages and show a keen interest in learning French. Indeed, for them, it is part of what it means to be Canadian.

The discussions confirmed that Canada's linguistic duality was not a barrier to Canadian multiculturalism or individual multilingualism. On the contrary, it is a bridge to other cultures, one that frequently leads to learning other languages. While Canada's experience as a bilingual country has been enriched by this great cultural diversity, our openness can be partly explained by our linguistic duality, which has taught us how to communicate and how to respect and appreciate each other's differences.

Although most Canadians consider linguistic duality a part of their identity, the notion that it is incompatible with cultural diversity is fairly widespread, and this poses a challenge to the future of official languages. We must find ways to communicate the fundamental compatibility of these two concepts as we engage Canadians in these discussions.

Some of the forum participants spoke of the problems they have experienced in accessing language-training programs or even minority-language services. In fact, participants wanted to be able to contribute, along with all Canadians, to the continued existence of our linguistic duality and our two official languages. I noted with great interest that those working in the French as a Second Language sector are increasingly concerned about the availability of these programs to youth from immigrant backgrounds.

The various initiatives put forward to promote francophone immigration and the integration of newcomers into official language minority communities add to my optimism. Just ten years ago, francophone community leaders became aware of the importance of immigration to the future and vitality of their communities. There are now francophone immigration networks across the country, and it has become a priority for many communities to attract, integrate, and retain newcomers.

Over the years, the work and dedication of community and university partners has also resulted in increased involvement by governments in this area and in defining common objectives.

Regardless of this progress, a great deal of work remains to be done so that francophones outside Quebec receive their fair share of immigrants. Although francophone communities represent approximately 4.4 percent of the Canadian population outside Quebec, they receive fewer than 2 percent (Statistics Canada 2006) of the total number of immigrants.

Immigration clearly poses identity challenges. This is a difficult and sometimes emotional issue, where feelings of openness and acceptance clash with fears of losing one's identity. In recent years, some very promising initiatives have been undertaken, such as those by the Fédération des communautés francophones et acadienne du Canada. There is a concerted effort to reflect on how these social changes affect identity and to raise awareness among host communities of the contributions newcomers make. In short, bringing in a growing number of immigrants poses challenges for both majority and minority communities. It is essential that all levels of government, civil society, and official language communities co-operate to facilitate the integration of newcomers.

When thinking about the future of official languages, we need to pay special attention to young Canadians. They sometimes have a reputation for being unengaged or even very individualistic. However, I have had the opportunity to meet with young people across Canada who are involved in their communities, who put a great deal of energy into learning their second official language, and who want to explore Canada and meet fellow Canadians. Our country is full of young people who know how to take advantage of the world of possibilities that our country's linguistic duality has to offer. For example, the Vancouver Olympics in 2010 introduced the world to athletes who are not only extremely talented, but who can also express themselves in both of Canada's official languages.

Youth from minority communities are seeking solutions to the challenges they face. One initiative that comes to mind is the "C'est MA communauté" project, begun by the Fédération des jeunes francophones du Nouveau-Brunswick, which focuses on leadership development among youth and on providing youth with opportunities to get involved in their community and participate in the municipal decision-making process. For their part, young English Quebecers are asking to participate fully in building the Quebec of the future, in partnership with their majority francophone counterparts. More bilingual than ever, young English Quebecers inspire us with their ability to speak two languages and belong to two different cultures at the same time. However, this openness should – and indeed must – be accompanied by the recognition of a distinct identity. Young English Quebecers are challenging us with a key question: How can one become comfortable with one's identity, something that requires support from community institutions, while at the same time embracing the wider society?

It is also encouraging and refreshing to see that young people are participating in debates on identity and proposing an often broader definition of it. In the Web 2.0 era, and with young people moving around for school or work, the redefinition of identity is a natural consequence.

As it renews its workforce, the federal public service must also invest in Canada's youth. Young federal public servants are demonstrating strong leadership skills and readily question approaches they consider too onerous or hierarchical. These employees want to contribute, and this should be an inspiring breath of fresh air to those who are looking for new ideas. Youth are more open to cultural diversity and understand the importance of being fluent in both official languages.

Over the past few years, the provinces and territories have played a more active role in promoting and protecting the two official languages. The future of official languages now demands the participation of other players. As a Canadian value, linguistic duality must not be solely a federal concern; it must also engage all governments, especially municipalities, which have a big impact on people's daily lives.

It is also vital that the *Official Languages Act* evolve in a way that keeps up with the technological reality of the 21st century. In 1969, blogs did not exist, and the print media was not concerned about its future. In response to the challenges posed by these new means of communication, new policies and approaches must be developed. This technological revolution is changing the way public employees work as well as the tools government uses to communicate with Canadians. On the other hand, it gives Canada's minority artists, as well as minority-language community groups wanting to communicate with their members, new avenues to explore. We must be innovative in taking advantage of new opportunities without weakening the language rights of Canadians.

The future of official languages also depends on the vigilance of official language communities. If it is up to the federal government to provide services in both official languages where sufficient demand exists, francophone communities outside Quebec must continue to request services in French. In this way, the communities affirm their commitment and their pride, and they show government that there is indeed a demand for French-language services in their province. For their part, English-speaking Quebecers will have to increase efforts to make francophones aware of their presence, their history, their contributions, their knowledge of French, and their needs.

The year 2010 marked five years since Part VII of the *Official Languages Act* was strengthened, obligating federal institutions to take positive measures in favour of official language communities and to promote English and French. The time has come for the federal government to work more closely, and perhaps in new ways, with its partners to fulfill its language obligations.

Forty years after the introduction of the *Official Languages Act*, signs of mutual understanding are slowly beginning to flourish. Examples of co-operation between majority and minority communities are becoming increasingly numerous. However, for the spirit of the act to be truly respected, we must fully assume linguistic duality as one of the hallmarks of our identity as Canadians. We must truly take ownership of our two official languages, regardless of whether we, as individuals, are bilingual or not.

Although the ideal of linguistic equality that Canada set for itself in 1969 has not yet been achieved, it continues to motivate us forty years on. Over the years, this ideal has changed and been adapted to new realities. Clearly, we could never have come so far without the hard work of my predecessors, the leaders of minority and majority communities, parliamentarians, and researchers. Faced with constant challenges, we must continue our collective efforts.

NOTES

1. *R. v. Beaulac,* [1999] 1 S.C.R. 768 (heard 24 February 1999; judgment rendered 20 May 1999).
2. *DesRochers v. Canada (Industry),* 2009 SCC 8 (heard 2004–09; judgment rendered 5 February 2009).

REFERENCES

Burelle, A. 2005. *Pierre Elliott Trudeau: L'intellectuel et le politique.* Montreal: Fides.
Canada. Parliament. House of Commons. 1968. *Debates,* 17 October. Ottawa: Canadian Government Publishing.
—. Office of the Commissioner of Official Languages (OCOL). 2007. "Spotlight on official languages – Public opinion from coast to coast." Available at http://www.officiallanguages.gc.ca.

—. Royal Commission on Bilingualism and Biculturalism (RCBB). 1965. *Report of the Royal Commission on Bilingualism and Biculturalism: Preliminary Report*. Ottawa: Queen's Printer.

Coleman, W.D. 1984. *The Independence Movement in Quebec, 1945–1980*. Toronto: University of Toronto Press.

Pelletier, G. 1992. *L'aventure du pouvoir, 1968–1975*. Montreal: Stanké.

Statistics Canada. 2006. *2006 Census*. Product 97-564-XCB2006008. Ottawa: Statistics Canada.

—. 2009. *2008 Public Service Employee Survey*. Ottawa: Statistics Canada.

Queen's Policy Studies
Recent Publications

The Queen's Policy Studies Series is dedicated to the exploration of major public policy issues that confront governments and society in Canada and other nations.

Manuscript submission. We are pleased to consider new book proposals and manuscripts. Preliminary enquiries are welcome. A subvention is normally required for the publication of an academic book. Please direct questions or proposals to the Publications Unit by email at spspress@queensu.ca, or visit our website at: www.queensu.ca/sps/books, or contact us by phone at (613) 533-2192.

Our books are available from good bookstores everywhere, including the Queen's University bookstore (http://www.campusbookstore.com/). McGill-Queen's University Press is the exclusive world representative and distributor of books in the series. A full catalogue and ordering information may be found on their web site (http://mqup.mcgill.ca/).

School of Policy Studies

From Innovation to Transformation: Moving up the Curve in Ontario Healthcare, Hon. Elinor Caplan, Dr. Tom Bigda-Peyton, Maia MacNiven, and Sandy Sheahan 2011. Paper ISBN 978-1-55339-315-3

Academic Reform: Policy Options for Improving the Quality and Cost-Effectiveness of Undergraduate Education in Ontario, Ian D. Clark, David Trick, and Richard Van Loon 2011. Paper ISBN 978-1-55339-310-8

Integration and Inclusion of Newcomers and Minorities across Canada, John Biles, Meyer Burstein, James Frideres, Erin Tolley, and Robert Vineberg (eds.) 2011. Paper ISBN 978-1-55339-290-3

A New Synthesis of Public Administration: Serving in the 21st Century, Jocelyne Bourgon, 2011. Paper ISBN 978-1-55339-312-2 Cloth ISBN 978-1-55339-313-9

Recreating Canada: Essays in Honour of Paul Weiler, Randall Morck (ed.), 2011. Paper ISBN 978-1-55339-273-6

Data Data Everywhere: Access and Accountability? Colleen M. Flood (ed.), 2011. Paper ISBN 978-1-55339-236-1

Making the Case: Using Case Studies for Teaching and Knowledge Management in Public Administration, Andrew Graham, 2011. Paper ISBN 978-1-55339-302-3

Canada's Isotope Crisis: What Next? Jatin Nathwani and Donald Wallace (eds.), 2010. Paper ISBN 978-1-55339-283-5 Cloth ISBN 978-1-55339-284-2

Pursuing Higher Education in Canada: Economic, Social, and Policy Dimensions, Ross Finnie, Marc Frenette, Richard E. Mueller, and Arthur Sweetman (eds.), 2010. Paper ISBN 978-1-55339-277-4 Cloth ISBN 978-1-55339-278-1

Canadian Immigration: Economic Evidence for a Dynamic Policy Environment, Ted McDonald, Elizabeth Ruddick, Arthur Sweetman, and Christopher Worswick (eds.), 2010. Paper ISBN 978-1-55339-281-1 Cloth ISBN 978-1-55339-282-8

Taking Stock: Research on Teaching and Learning in Higher Education, Julia Christensen Hughes and Joy Mighty (eds.), 2010. Paper ISBN 978-1-55339-271-2 Cloth ISBN 978-1-55339-272-9

Architects and Innovators: Building the Department of Foreign Affairs and International Trade, 1909–2009/Architectes et innovateurs : le développement du ministère des Affaires étrangères et du Commerce international,de 1909 à 2009, Greg Donaghy and Kim Richard Nossal (eds.), 2009. Paper ISBN 978-1-55339-269-9 Cloth ISBN 978-1-55339-270-5

Academic Transformation: The Forces Reshaping Higher Education in Ontario, Ian D. Clark, Greg Moran, Michael L. Skolnik, and David Trick, 2009.
Paper ISBN 978-1-55339-238-5 Cloth ISBN 978-1-55339-265-1

The New Federal Policy Agenda and the Voluntary Sector: On the Cutting Edge, Rachel Laforest (ed.), 2009. Paper ISBN 978-1-55339-132-6

Measuring What Matters in Peace Operations and Crisis Management, Sarah Jane Meharg, 2009. Paper ISBN 978-1-55339-228-6 Cloth ISBN 978-1-55339-229-3

International Migration and the Governance of Religious Diversity, Paul Bramadat and Matthias Koenig (eds.), 2009. Paper ISBN 978-1-55339-266-8
Cloth ISBN 978-1-55339-267-5

Who Goes? Who Stays? What Matters? Accessing and Persisting in Post-Secondary Education in Canada, Ross Finnie, Richard E. Mueller, Arthur Sweetman, and Alex Usher (eds.), 2008. Paper ISBN 978-1-55339-221-7 Cloth ISBN 978-1-55339-222-4

Economic Transitions with Chinese Characteristics: Thirty Years of Reform and Opening Up, Arthur Sweetman and Jun Zhang (eds.), 2009.
Paper ISBN 978-1-55339-225-5 Cloth ISBN 978-1-55339-226-2

Economic Transitions with Chinese Characteristics: Social Change During Thirty Years of Reform, Arthur Sweetman and Jun Zhang (eds.), 2009.
Paper ISBN 978-1-55339-234-7 Cloth ISBN 978-1-55339-235-4

Dear Gladys: Letters from Over There, Gladys Osmond (Gilbert Penney ed.), 2009.
Paper ISBN 978-1-55339-223-1

Immigration and Integration in Canada in the Twenty-first Century, John Biles, Meyer Burstein, and James Frideres (eds.), 2008.
Paper ISBN 978-1-55339-216-3 Cloth ISBN 978-1-55339-217-0

Robert Stanfield's Canada, Richard Clippingdale, 2008. Cloth ISBN 978-1-55339-218-7

Exploring Social Insurance: Can a Dose of Europe Cure Canadian Health Care Finance? Colleen Flood, Mark Stabile, and Carolyn Tuohy (eds.), 2008.
Paper ISBN 978-1-55339-136-4 Cloth ISBN 978-1-55339-213-2

Canada in NORAD, 1957–2007: A History, Joseph T. Jockel, 2007.
Paper ISBN 978-1-55339-134-0 Cloth ISBN 978-1-55339-135-7

Canadian Public-Sector Financial Management, Andrew Graham, 2007.
Paper ISBN 978-1-55339-120-3 Cloth ISBN 978-1-55339-121-0

Emerging Approaches to Chronic Disease Management in Primary Health Care, John Dorland and Mary Ann McColl (eds.), 2007.
Paper ISBN 978-1-55339-130-2 Cloth ISBN 978-1-55339-131-9

Fulfilling Potential, Creating Success: Perspectives on Human Capital Development, Garnett Picot, Ron Saunders and Arthur Sweetman (eds.), 2007.
Paper ISBN 978-1-55339-127-2 Cloth ISBN 978-1-55339-128-9

Reinventing Canadian Defence Procurement: A View from the Inside, Alan S. Williams, 2006. Paper ISBN 0-9781693-0-1 (Published in association with Breakout Educational Network)

SARS in Context: Memory, History, Policy, Jacalyn Duffin and Arthur Sweetman (eds.), 2006. Paper ISBN 978-0-7735-3194-9 Cloth ISBN 978-0-7735-3193-2
(Published in association with McGill-Queen's University Press)

Dreamland: How Canada's Pretend Foreign Policy has Undermined Sovereignty, Roy Rempel, 2006. Paper ISBN 1-55339-118-7 Cloth ISBN 1-55339-119-5
(Published in association with Breakout Educational Network)

Canadian and Mexican Security in the New North America: Challenges and Prospects, Jordi Díez (ed.), 2006. Paper ISBN 978-1-55339-123-4 Cloth ISBN 978-1-55339-122-7

Global Networks and Local Linkages: The Paradox of Cluster Development in an Open Economy, David A. Wolfe and Matthew Lucas (eds.), 2005.
Paper ISBN 1-55339-047-4 Cloth ISBN 1-55339-048-2

Choice of Force: Special Operations for Canada, David Last and Bernd Horn (eds.), 2005.
Paper ISBN 1-55339-044-X Cloth ISBN 1-55339-045-8

Centre for the Study of Democracy

Jimmy and Rosalynn Carter: A Canadian Tribute, Arthur Milnes (ed.), 2011.
Paper ISBN 978-1-55339-300-9 Cloth ISBN 978-1-55339-301-6

Unrevised and Unrepented II: Debating Speeches and Others By the Right Honourable Arthur Meighen, Arthur Milnes (ed.), 2011. Paper ISBN 978-1-55339-296-5
Cloth ISBN 978-1-55339-297-2

The Authentic Voice of Canada: R.B. Bennett's Speeches in the House of Lords, 1941-1947,
Christopher McCreery and Arthur Milnes (eds.), 2009.
Paper ISBN 978-1-55339-275-0 Cloth ISBN 978-1-55339-276-7

Age of the Offered Hand: The Cross-Border Partnership Between President George H.W. Bush and Prime-Minister Brian Mulroney, A Documentary History, James McGrath and Arthur Milnes (eds.), 2009. Paper ISBN 978-1-55339-232-3
Cloth ISBN 978-1-55339-233-0

In Roosevelt's Bright Shadow: Presidential Addresses About Canada from Taft to Obama in Honour of FDR's 1938 Speech at Queen's University, Christopher McCreery and Arthur Milnes (eds.), 2009. Paper ISBN 978-1-55339-230-9 Cloth ISBN 978-1-55339-231-6

Politics of Purpose, 40th Anniversary Edition, The Right Honourable John N. Turner 17th Prime Minister of Canada, Elizabeth McIninch and Arthur Milnes (eds.), 2009.
Paper ISBN 978-1-55339-227-9 Cloth ISBN 978-1-55339-224-8

Bridging the Divide: Religious Dialogue and Universal Ethics, Papers for The InterAction Council, Thomas S. Axworthy (ed.), 2008. Paper ISBN 978-1-55339-219-4
Cloth ISBN 978-1-55339-220-0

Institute of Intergovernmental Relations

Canada: The State of the Federation 2009, vol. 22, *Carbon Pricing and Environmental Federalism*, Thomas J. Courchene and John R. Allan (eds.), 2010.
Paper ISBN 978-1-55339-196-8 Cloth ISBN 978-1-55339-197-5

Canada: The State of the Federation 2008, vol. 21, *Open Federalism and the Spending Power*,
Thomas J. Courchene, John R. Allan, and Hoi Kong (eds.), forthcoming.
Paper ISBN 978-1-55339-194-4

The Democratic Dilemma: Reforming the Canadian Senate, Jennifer Smith (ed.), 2009.
Paper ISBN 978-1-55339-190-6

Canada: The State of the Federation 2006/07, vol. 20, *Transitions – Fiscal and Political Federalism in an Era of Change*, John R. Allan, Thomas J. Courchene, and Christian Leuprecht (eds.), 2009. Paper ISBN 978-1-55339-189-0 Cloth ISBN 978-1-55339-191-3

Comparing Federal Systems, Third Edition, Ronald L. Watts, 2008.
Paper ISBN 978-1-55339-188-3

Canada: The State of the Federation 2005, vol. 19, *Quebec and Canada in the New Century – New Dynamics, New Opportunities*, Michael Murphy (ed.), 2007.
Paper ISBN 978-1-55339-018-3 Cloth ISBN 978-1-55339-017-6

Spheres of Governance: Comparative Studies of Cities in Multilevel Governance Systems,
Harvey Lazar and Christian Leuprecht (eds.), 2007. Paper ISBN 978-1-55339-019-0
Cloth ISBN 978-1-55339-129-6

Canada: The State of the Federation 2004, vol. 18, *Municipal-Federal-Provincial Relations in Canada*, Robert Young and Christian Leuprecht (eds.), 2006.
Paper ISBN 1-55339-015-6 Cloth ISBN 1-55339-016-4

Canadian Fiscal Arrangements: What Works, What Might Work Better, Harvey Lazar (ed.), 2005. Paper ISBN 1-55339-012-1 Cloth ISBN 1-55339-013-X

Canada: The State of the Federation 2003, vol. 17, *Reconfiguring Aboriginal-State Relations*, Michael Murphy (ed.), 2005. Paper ISBN 1-55339-010-5 Cloth ISBN 1-55339-011-3

Centre for International and Defence Policy

Security Operations in the 21st Century: Canadian Perspectives on the Comprehensive Approach, Michael Rostek and Peter Gizewski (eds.), 2011. Paper ISBN 978-1-55339-351-1

Europe Without Soldiers? Recruitment and Retention across the Armed Forces of Europe, Tibor Szvircsev Tresch and Christian Leuprecht (eds.), 2010.
Paper ISBN 978-1-55339-246-0 Cloth ISBN 978-1-55339-247-7

Mission Critical: Smaller Democracies' Role in Global Stability Operations, Christian Leuprecht, Jodok Troy, and David Last (eds.), 2010. Paper ISBN 978-1-55339-244-6

The Afghanistan Challenge: Hard Realities and Strategic Choices, Hans-Georg Ehrhart and Charles Pentland (eds.), 2009. Paper ISBN 978-1-55339-241-5

John Deutsch Institute for the Study of Economic Policy

The 2009 Federal Budget: Challenge, Response and Retrospect, Charles M. Beach, Bev Dahlby and Paul A.R. Hobson (eds.), 2010. Paper ISBN 978-1-55339-165-4
Cloth ISBN 978-1-55339-166-1

Discount Rates for the Evaluation of Public Private Partnerships, David F. Burgess and Glenn P. Jenkins (eds.), 2010. Paper ISBN 978-1-55339-163-0 Cloth ISBN 978-1-55339-164-7

Retirement Policy Issues in Canada, Michael G. Abbott, Charles M. Beach, Robin W. Boadway, and James G. MacKinnon (eds.), 2009.
Paper ISBN 978-1-55339-161-6 Cloth ISBN 978-1-55339-162-3

The 2006 Federal Budget: Rethinking Fiscal Priorities, Charles M. Beach, Michael Smart, and Thomas A. Wilson (eds.), 2007. Paper ISBN 978-1-55339-125-8
Cloth ISBN 978-1-55339-126-6

Health Services Restructuring in Canada: New Evidence and New Directions, Charles M. Beach, Richard P. Chaykowksi, Sam Shortt, France St-Hilaire, and Arthur Sweetman (eds.), 2006. Paper ISBN 978-1-55339-076-3
Cloth ISBN 978-1-55339-075-6

A Challenge for Higher Education in Ontario, Charles M. Beach (ed.), 2005.
Paper ISBN 1-55339-074-1 Cloth ISBN 1-55339-073-3

Current Directions in Financial Regulation, Frank Milne and Edwin H. Neave (eds.), Policy Forum Series no. 40, 2005. Paper ISBN 1-55339-072-5 Cloth ISBN 1-55339-071-7

Higher Education in Canada, Charles M. Beach, Robin W. Boadway, and R. Marvin McInnis (eds.), 2005. Paper ISBN 1-55339-070-9 Cloth ISBN 1-55339-069-5

Our publications may be purchased at leading bookstores, including the Queen's University Bookstore (http://www.campusbookstore.com/) or can be ordered online from: McGill-Queen's University Press, at **http://mqup.mcgill.ca/ordering.php**

For more information about new and backlist titles from Queen's Policy Studies, visit http://www.queensu.ca/sps/books or visit the McGill-Queen's University Press web site at: **http://mqup.mcgill.ca/**